JN336875

国際英語としての「日本英語」のコーパス研究

シリーズ 言語学と言語教育

第11巻 コミュニケーション能力育成再考
　　　　−ヘンリー・ウィドウソンと日本の応用言語学・言語教育
　　　　村田久美子，原田哲男編著

第12巻 異文化間コミュニケーションからみた韓国高等学校の日本語教育
　　　　金賢信著

第13巻 日本語eラーニング教材設計モデルの基礎的研究
　　　　加藤由香里著

第14巻 第二言語としての日本語教室における「ピア内省」活動の研究
　　　　金孝卿著

第15巻 非母語話者日本語教師再教育における聴解指導に関する実証的研究
　　　　横山紀子著

第16巻 認知言語学から見た日本語格助詞の意味構造と習得
　　　　−日本語教育に生かすために　森山新著

第17巻 第二言語の音韻習得と音声言語理解に関与する言語的・社会的要因
　　　　山本富美子著

第18巻 日本語学習者の「から」にみる伝達能力の発達　木山三佳著

第19巻 日本語教育学研究への展望−柏崎雅世教授退職記念論集
　　　　藤森弘子，花薗悟，楠本徹也，宮城徹，鈴木智美編

第20巻 日本語教育からの音声研究　土岐哲著

第21巻 海外短期英語研修と第2言語習得　吉村紀子，中山峰治著

第22巻 児童の英語音声知覚メカニズム−L2学習過程において　西尾由里著

第23巻 学習者オートノミー−日本語教育と外国語教育の未来のために
　　　　青木直子，中田賀之編

第24巻 日本語教育のためのプログラム評価　札野寛子著

第25巻 インターアクション能力を育てる日本語の会話教育
　　　　中井陽子著

第26巻 第二言語習得における心理的不安の研究　王玲静著

第27巻 接触場面における三者会話の研究　大場美和子著

第28巻 現代日本語のとりたて助詞と習得　中西久実子著

第29巻 学習者の自律をめざす協働学習−中学校英語授業における実践と分析
　　　　津田ひろみ著

第31巻 国際英語としての「日本英語」のコーパス研究
　　　　−日本の英語教育の目標　藤原康弘著

シリーズ 言語学と言語教育 31

国際英語としての「日本英語」のコーパス研究

日本の英語教育の目標

藤原康弘 著

ひつじ書房

はじめに

　本書は大阪大学大学院言語文化研究科に提出した筆者の博士学位論文、『日本人英語使用者コーパスの編纂と応用：国際英語としての「日本英語」の特徴の分析』(2012年11月提出)に一部加筆修正をおこない、謹んで上梓するものです。

　本書には、序論でも述べますが、筆者の英語学習を開始してより抱き、英語教師を志望してからは避けようがなくなった疑問と、その疑問を一定程度解消した上での主張が背景にあります。筆者は大学進学時に英語教師を志望し、英語教員養成課程に在籍以降、「日本の英語教育の目標」とは何なのかを文字通り何度も考えておりました。個人の英語学習の目標はさまざまあることでしょう。いわゆるグローバル企業への就職のためにTOEIC900点以上の取得を目標としたり、海外旅行に困らない程度の英語力を目標としたり、はたまた洋楽をそれっぽく歌いたいので発音の習得のみを目標としたりと、さまざまあることと思います。それはみんな違ってみんないいのです。しかし、個の英語学習ではなく、公の英語教育において何を目指しているのか、教師を志望する以上、考えざるを得ない命題ではないでしょうか。学生の時間をとり、ある種の「権力」を振るうのですから。その行為をする以上、ぶれない芯となる「目標観」が肝要であると切に感じたのです。

　その際、一般的に広く信じられ、日本の英語教育上、現状でもなお主流と思われるいわゆる「ネイティブ」目標がひっかかったのです。英語非母語話者である日本人の教員が「ネイティブはそうは言わない」などと偉そうに述べたり、「ネイティブはこう発音する」と発音のモデルを示すことは滑稽ではないだろうか、と。自分がなりもしない、またなろうとする気もない「母語話者」の規範を押し付けるなんてできるのだろうか、またそのような行為は適切なのだろうか、と悶々と考えたのです。

さて、上記に示していますように、本書の中心的課題は「日本の英語教育の目標」です。その際、国際英語関連分野である EIL、WE、ELF、コーパス言語学、第二言語習得研究、応用言語学などの分野の研究に依拠し、さまざまな角度から論じます。本書中、この中心的課題を議論する上で、関連の深い分野を適宜挙げて時に価値判断を伴う解釈を行いますが、上記の特定の分野を必要以上に支持すること、また批判することは意図するところではありません。それぞれの分野はそれぞれの関連する場において意義あるものであることは言うまでもありません。むしろ、日本人が英語を学習し、最終的に使用者となり国際的に英語を使用する、その手助けを英語教師が行う過程を研究対象とするには、上記のどの分野も絶対的に欠かせないものと考えます。

近年、着目を浴びつつある新しい言語能力観に次のものがあります。本書で主として挙げる多言語能力 (multi-competence)、日本でも話題のヨーロッパ共通言語参照枠の複言語・複文化能力 (plurilinguistic/pluricultural competence)、米国の現代語学会が提唱した言語・文化横断能力 (translingual/transcultural competence)。これら個々に提唱された背景は異なりますが、明確な共通点が2つあります。1つめはいわゆる理想化された「母語話者」をモデルとしないこと、2つめは学習者の母語を含めた言語能力観であることです。これらの 21 世紀の言語能力観を鑑みても、日本の英語教育において、より一層建設的な議論がなされることを願っております。また功罪はあると思いますが、日本のいわゆる「訳読」の伝統は、本来的に母語と目標言語、双方を大事にする言語能力観を我々は有してきたことを示唆しているのかもしれません。

さておき、さまざまな学問分野に導いてくださった多くの先生方にお世話になり、本書の出版に至ることができました。とりわけ本書の基となる博士論文の指導を賜りました日野信行先生（大阪大学）、田畑智司先生（同大）に御礼申し上げたいと思います。またご協力いただいた英字記事出版社の皆様、日本アジア英語学会、英語コーパス学会、全国英語教育学会、大学英語教育学会のフィードバックをくださった先生方に深く御礼申し上げます。しか

し、本書の至らない個所の責任は全て私にあることは言うまでもありません。

　なお本書は巻末に記載の研究論文、および研究発表の内容に基づいており、本書刊行および発表成果の一部は同箇所に挙げさせていただいた研究助成金の支援を受けております。この場にて改めて厚く御礼申し上げます。

目　次

はじめに　v

略語表　xv

序論　日本の英語教育の目標 ——————————— 1
 1.　はじめに ……………………………………………………… 1
 2.　研究目的 ……………………………………………………… 5
 3.　本書の構成 …………………………………………………… 6

第１部　学術的背景
―日本人英語使用者コーパスの編纂―

第１章　コーパス言語学、国際英語関連領域、
   および両分野の学際的領域 ——————— 13
 1.1　概要 …………………………………………………………… 13
 1.2　コーパス言語学 ……………………………………………… 14
 1.3　国際英語関連領域：EIL、WE、ELF ……………………… 16
   1.3.1　English as an International Language（EIL） …… 17
   1.3.2　World Englishes（WE） ………………………………… 19
   1.3.3　English as a Lingua Franca（ELF） ………………… 23
 1.4　学際的領域 …………………………………………………… 27
 1.5　総括 …………………………………………………………… 34

第 2 章 「日本英語」と日本人英語使用者 —— 37
- 2.1 概要 ⋯⋯ 37
- 2.2 学習者と使用者 ⋯⋯ 38
  - 2.2.1 応用言語学の学習者・使用者概念 ⋯⋯ 38
  - 2.2.2 コーパス言語学の学習者・使用者概念 ⋯⋯ 41
    - 2.2.2.1 応用言語学の「使用者」概念をコーパス言語学へ応用する際の問題点 ⋯⋯ 41
    - 2.2.2.2 「使用者」コーパス設計時の「使用者」要件 ⋯⋯ 43
  - 2.2.3 学習者コーパスとの差異化を図る使用者コーパスの「使用者」要件 ⋯⋯ 47
    - 2.2.3.1 教育レベル ⋯⋯ 48
    - 2.2.3.2 社会的地位 ⋯⋯ 49
    - 2.2.3.3 能力要因 ⋯⋯ 51
    - 2.2.3.4 まとめ ⋯⋯ 56
- 2.3 日本人英語使用者 ⋯⋯ 57
  - 2.3.1 日本における言語教育政策:学習指導要領等 ⋯⋯ 57
  - 2.3.2 「英語が使える日本人」の研究 ⋯⋯ 58
  - 2.3.3 日本人英語使用者の構成概念 ⋯⋯ 61
- 2.4 研究焦点 ⋯⋯ 62
- 2.5 総括 ⋯⋯ 63

第 3 章 日本人英語使用者コーパス —— 65
- 3.1 概要 ⋯⋯ 65
- 3.2 研究対象の言語使用者と言語サンプル ⋯⋯ 65
  - 3.2.1 JUCE の全体的研究対象範囲と本書の限定的焦点 ⋯⋯ 65
  - 3.2.2 国際英語研究におけるジャーナリズムの英語の妥当性 ⋯⋯ 66
- 3.3 仕様 ⋯⋯ 69
  - 3.3.1 テクストカテゴリー ⋯⋯ 69
  - 3.3.2 ジャンル ⋯⋯ 72
  - 3.3.3 テクストマークアップ ⋯⋯ 73
  - 3.3.4 タグ付与 ⋯⋯ 73

3.4　想定される利用可能性 ……………………………………………… 75
　3.4.1　研究面 ……………………………………………………… 75
　3.4.2　教育面 ……………………………………………………… 77
3.5　総括 …………………………………………………………………… 78

第 2 部　実証的研究
―日本人英語使用者コーパスの応用研究―

第 4 章　語彙研究―日本語から英語への借用傾向の抽出 ── 81
4.1　概要 …………………………………………………………………… 81
4.2　先行研究 ……………………………………………………………… 82
　4.2.1　辞書研究 …………………………………………………… 82
　4.2.2　コーパス言語学的アプローチ …………………………… 84
　4.2.3　辞書研究・コーパス研究の折衷アプローチ …………… 86
　4.2.4　研究焦点 …………………………………………………… 87
4.3　研究手法 ……………………………………………………………… 87
　4.3.1　言語資料 …………………………………………………… 88
　4.3.2　分析手法 …………………………………………………… 90
4.4　結果 …………………………………………………………………… 91
　4.4.1　JBE-OED、JBE-JUCE の重複度 ………………………… 91
　4.4.2　形式 ………………………………………………………… 91
　4.4.3　意味 ………………………………………………………… 92
　　4.4.3.1　大項目 ………………………………………………… 92
　　4.4.3.2　中項目 ………………………………………………… 93
　4.4.4　レンジ分析 ………………………………………………… 95
　4.4.5　結果総括 …………………………………………………… 97
4.5　考察 …………………………………………………………………… 98
　4.5.1　意味範疇の大局的な普遍性、局所的な変移性 ………… 99
　4.5.2　英語への定着度合いを測る指標としてのレンジの有効性 …… 101
　4.5.3　「日本英語」として認知される可能性の高い語 ……… 101
4.6　結語 …………………………………………………………………… 102

第 5 章　談話・語用研究
―「日本英語」と内円英語の比較対照分析 ──── 105
- 5.1　概要 ·· 105
- 5.2　先行研究 ·· 105
- 5.3　品詞分析 ·· 107
  - 5.3.1　言語資料 ·· 108
  - 5.3.2　品詞分類 ·· 109
  - 5.3.3　分析方法 ·· 111
  - 5.3.4　結果 ·· 111
    - 5.3.4.1　クラスター分析 ·· 111
    - 5.3.4.2　コレスポンデンス分析 ···································· 113
    - 5.3.4.3　判別分析 ·· 114
    - 5.3.4.4　総括 ·· 115
  - 5.3.5　考察 ·· 116
- 5.4　語彙分析 ·· 117
  - 5.4.1　研究手法 ·· 118
  - 5.4.2　結果 ·· 120
    - 5.4.2.1　JACET8000 に基づく語彙難度 ······························ 120
    - 5.4.2.2　内容語・機能語比率 ······································ 122
    - 5.4.2.3　機能語 ·· 123
    - 5.4.2.4　内容語 ·· 128
    - 5.4.2.5　結果総括 ·· 130
- 5.5　考察 ·· 131
  - 5.5.1　内容語依存 ·· 131
  - 5.5.2　形式的スタイル ·· 134
  - 5.5.3　定型性 ·· 135
  - 5.5.4　社会的・伝統的義務意識 ·· 138
- 5.6　結語 ·· 141

第 3 部　「日本英語」と日本の英語教育
—教育モデルの抜本的改革へ—

第 6 章　「日本英語」の特徴 —————————— 145
  6.1　概要 ……………………………………………………………… 145
  6.2　総括：国際英語としての「日本英語」の特徴 ……………… 145
  6.3　使用者コーパス研究と学習者コーパス研究 ………………… 147
      6.3.1　語彙的特徴 ……………………………………………… 147
      6.3.2　談話的特徴 ……………………………………………… 151
      6.3.3　語用論的特徴 …………………………………………… 155
  6.4　結語 ……………………………………………………………… 159

第 7 章　中間言語モデルから多言語能力モデルへ ——— 163
  7.1　概要 ……………………………………………………………… 163
  7.2　中間言語モデルと多言語能力モデル ………………………… 163
      7.2.1　中間言語モデル ………………………………………… 163
          7.2.1.1　中間言語モデルに基づくコーパス研究 ………… 165
          7.2.1.2　中間言語モデルにおける本研究成果の解釈：化石化 …… 168
      7.2.2　多言語能力モデル ……………………………………… 169
  7.3　日本の英語教育における多言語能力モデルの利点 ………… 171
      7.3.1　実現可能な英語教育の目標の提示 …………………… 172
      7.3.2　両言語の相互の影響の理解 …………………………… 174
      7.3.3　第二言語としての英語変種に対する説明力 ………… 175
  7.4　結語 ……………………………………………………………… 175

第 8 章　結論と今後の展望 ————————————— 177
  8.1　概要 ……………………………………………………………… 177
  8.2　本研究の意義 …………………………………………………… 177
      8.2.1　研究的意義 ……………………………………………… 177
      8.2.2　教育的意義 ……………………………………………… 179
      8.2.3　英語教育関連者の意識に対する意義 ………………… 181

8.2.4　国外母語話者基準より国内使用者基準へ …………………………… 182
　　8.3　研究の限界 ……………………………………………………………………… 184
　　　8.3.1　サンプリングにおける代表性の問題 ………………………………… 185
　　　8.3.2　比較対照データの限定性の問題 ……………………………………… 187
　　8.4　今後の展望 ……………………………………………………………………… 189

Appendices　191

関連業績一覧　211

参考文献　213

おわりに　233

索引　237

略語表

ACE	The Asian Corpus of English
ACTFL	The American Council on the Teaching of Foreign Languages
BE06	The BE06 Corpus of British English
BNC	The British National Corpus
BoE	The Bank of English
BROWN	The Brown University Standard Corpus of Present-Day American English
CANBEC	The Cambridge and Nottingham Business English Corpus
CEFR	The Common European Framework of Reference for Languages
CIA	contrastive interlanguage analysis
CLAWS	The Constituent Likelihood Automatic Word-tagging System
COCA	The Corpus of Contemporary American English
COHA	The Corpus of Historical American English
CSUE	A Corpus of Successful Users of English
DDL	data-driven learning
EFL	English as a foreign language
EIAL	English as an international auxiliary language
EIL	English as an international language
ELF	English as a lingua franca
ELFA	The Corpus of English as a Lingua Franca for Academic Settings
ENL	English as a native language
ESL	English as a second language
ETS	Educational Testing Service
EX	expected frequency

FLOB	The Freiburg–LOB Corpus of British English
FROWN	The Freiburg Update of the Brown corpus
GWL	A Guardian Word List
ICE	The International Corpus of English
ICLE	The International Corpus of Learner English
ICNALE	The International Corpus Network of Asian Learners of English
IELTS	The International English Language Testing System
JACET	The Japan Association for College English Teachers
JBE	Japanese borrowings in English
JEFLL	Japanese EFL Learner Corpus
JUCE	A Japanese User Corpus of English
KWIC	keywords in context
L1	first language
L2	second language
LC	learner corpus research
LFC	Lingua Franca Core
LINDSEI	The Louvain International Database of Spoken English Interlanguage
LL	log-likelihood ratio
LOB	The Lancaster-Oslo/Bergen Corpus of British English
LOCNESS	The Lovain Corpus of Native English Essays
LSWE	The Longman Spoken and Written English Corpus
NICT JLE	The NICT Japanese learners of English Corpus
NNS	nonnative speakers
NS	native speakers
POS	part of speech
RAW	raw frequency
SEU	The Survey of English Usage
SLA	second language acquisition

TOEFL	Test of English as a Foreign Language
	iBT: Internet-based test, PBT: paper-based test
TOEIC	Test of English for International Communication
TTR	type-token ratio
VOICE	The Vienna Oxford International Corpus of English
WE	World Englishes
WLSP	Word List by Semantic Principles

序論
日本の英語教育の目標

1. はじめに

　「日本の英語教育の目標とは何か」、この命題は筆者が中学より英語学習をはじめ、高校、大学、日本・英国の大学院で英語を学ぶ期間、英語教員として中学、高校、中高一貫校、高専、短大、大学と教職経験を経る期間、そして現在、教員養成大学にて「英語教育」を専門領域とし、英語教員志望生を前にして教壇に立つ今も常に考えざるを得ない。教育行為において、校種が何であれ、領域・教科が何であれ、何らかの目的および目標があるゆえに、学習者と教員が「場」を共有すべきと考えるからである。具体的には、この「英語教育」という慣例に何らかの目的、そして最終的な目標をまず設定し、教師間、教師と学習者間で共有することが、実の上がる教育・学習環境として必要なのである。学習指導要領や言語政策の形態で、国としての統一見解は提示されているものの、実際の英語教育現場は目的（教養、実用、受験？）、目標（英語母語話者、日本人英語使用者？）において未だ論争は絶えない。当時、私が指導を享受した多くの英語の先生方は、時代背景上、最終的なゴールは母語話者であると信じていた人、またそう言わざるを得ない人が趨勢であったと思われる。今日に至るまでの言語学、応用言語学、第二言語習得論の多くの研究を紐解いてみても、母語話者が目標であることは暗示的、明示的な前提が見受けられるからである (e.g., Cook, 2007)。

　そして上記の「英語学習者」としての経緯を経る中、とりわけ英語教師を志望し、英語教員養成課程に在籍以降、時折、いわゆる「英語母語話者」は私の「範」と言えるのか、英語母語話者水準—それが何を指すにせよ—になることは可能なのか、また可能と仮定して自身はそのように自己実現したい

のか、と自問自答したことをよく記憶している。この問は、末端ながら英語教師として教壇に立ち始めてからは、目の前にいる学生達にどのようなメッセージを伝えるのか、という問に転化する。最終的に何を目指して、英語を学習、習得、使用すべきと伝えるべきか、この点に関して教師は哲学、ビリーフを持つことが重要であると思われてならない。目的の無い、最終到達点を見据えない教育行為ほど、空疎なものはない。

　巷には『「ネイティブ」はそう言わない』、また『ヘンな「日本人英語」』等を冠した一般書が未だにベストセラーにランクインする状況を鑑み、いわゆる「母語話者信奉」（native-speakerism, Holliday, 2005, 2006、詳細は第 7 章参照）は、日本の英語教育コンテクストで執筆時においても幅を利かせているといってよいだろう。その一方、さまざまな名称で「日本英語」を肯定的に評価する論客も、日本には歴史的かつ継続的に散見されてきた（代表的論者の詳細は中山，1990；Hino, 2009, 2012c；Morizumi, 2009 参照）。「国際英語」および「日本式英語」（脱英米化英語）（國弘，1970）、"Englic" および "Japlish"（鈴木，1971, 1975）、「ジャパングリッシュ」（加島，1981）、「ジャパリッシュ」（渡辺，1983, 2004）、「ニホン英語」（末延，1990, 2010）、「ジャパニーズ・イングリッシュ」（本名，1990, 2006）、"Japanese English as an International Language"（日野，2008）、"Japanese English for English as an International Auxiliary Language"（森住，2008；Morizumi, 2009）。また『日本人のための英語』（2001）の著者である斎藤兆史氏（2000）が日本の英語達人に挙げる英語学者、斎藤秀三郎（1866–1929）は、国際英語関連分野（詳細は第 1 章参照）の発祥の実に半世紀ほど前—母語話者規範の絶対性に疑義を挟む余地の無かった時代に—自身が編纂した『和英大辞典』（1928）の序文に次の言葉を寄せている。

> The first step of language-study is imitation. The student of English must be a good mimic. He must think and say things in the foreign way. He must learn to pronounce, gesticulate, emphasize, and even blunder in the English or American way. In short, he must make a foreigner of himself....

But language-study must not stop with imitation. Each language has a flavour of its own, and this flavour must be preserved. Japanese is a unique language, and awaits rendering into another unique foreign language, the English. The mastery of a language has for its final object the expression of the exact light and shade of meaning conceived by the speaker. In a word, the Japanese speaker of English should be original.... In short, the English of the Japanese must, in a certain sense, be Japanized.　　(Saito, H., 1928, p. 5)

　上記の論者が想定する「日本英語」の質は、言語的側面、および話者の能力水準等の側面において、多種多様である（第2章参照）。しかしながら、上記の論者達の述べる日本的なる英語の共通項を咀嚼し、「日本英語」を「日本語、および日本文化の影響を受けた英語」と定義すれば、「日本英語」が存在し得るという点はまぎれもなく一致している。つまり先達の日本人英語学者―本書の定義では「日本人英語使用者」（詳細は第2章参照）―は自身の英語への日本語、および日本文化の影響を認識し続けてきたといってよいだろう。その先人と名を連ねるには余りに未熟であるが、筆者もさまざまな局面で英語を使用する際、日本語、日本文化の基に成り立つ自身の英語の存在を感じない時は無い。
　しかしながら、「日本英語」の主張および研究には、先人達の偉業に対し恐れ入りながらも、主として次の2つの問題点がある。まず1）上記の多くの「日本英語」の提唱者は―これもおそらく時代の趨勢が関わると思われるが―実証的研究にて「日本英語」の「日本英語」たる特徴を示し得ていない。多くは経験則に基づく主観的、精神論的主張、または客観データがあるにせよ文献、限られた数少ない人工的な例文、逸話などに基づいている。たとえば森住（2008, p. 9）は過去の「日本英語」の提唱者の主張は「その日本英語がどのようなものかについては、ほとんど言及していない」という具体例の欠如、ないしは不十分さという問題点を指摘し、自身の示す「日本英語」の音声的、語彙的、表現的特徴を列挙している。しかしながら、これらの諸特徴も同様に何らかの客観データにて実証的な裏付けのあるものではない。

もちろん、彼らの「日本英語」のアプローチによっては、実証的証拠を示すことは不可欠では無いとも考えられ得る(Hino, 2012b)。すなわち先に「日本英語」を創造的に構築し、教師と学習者間の個人レベル、または社会的レベルの受容を経て教授を行うことで、言語使用実態に影響を与えるというアプローチ(Hino, 2012b)を想定し得るからである。このアプローチは、後述するように理念上、理解可能なものではあるが、「日本英語」の体系的描写を実証的に行うことは、現時点における「日本英語」の存在の可否、また特徴を明らかにし得るとともに、当変種の今後の発展可能性を相互補完的に示すものであることは間違いない。何より我々は「日本英語」たるものが実存するのか否かさえ、具体的に示し得ていないことを忘れてはならない。

　また2)「日本人英語」―「日本人による英語使用」―の研究では、a)研究者の立場の差異、すなわち英語母語話者を範とするEFL的発想、または日本人英語使用者を範とするEIL/ELF的発想の違い(詳細は第1章参照)、またb)研究対象とする「日本人」の英語力の偏りにより、「日本英語」を本質的に不十分なものと判断してきた経緯がある。上記のように日本の英語教育においては、EFL的発想が未だ多数派であり(末延, 2010；D'Angelo, 2013)、彼らは主として中高大生等の「学習者」英語を「日本人英語」と同定するため、母語話者英語には程遠く、本書の関心事である「国際英語としての「日本英語」」としても不十分なものを「日本英語」とみなしてきた。たとえば「日本人英語」の代表的かつ先駆的研究書として竹蓋(1982)、一般書としてマーク・ピーターセン(1988, 1990, 2013)がまず挙げられようが、彼らの研究や考察はEFL的発想、つまり母語話者規範に準ずる地平に立ち、かつ大学生の英文等を主たるデータベースとして研究を行っている。そして、その趨勢は現在の日本の英語学習者コーパス研究にも連綿と続いている。つまり学習過程にある「学習者言語」と、学習過程を十分なレベル、successful users of English (Prodromou, 2008)、proficient bilingual users of the language (Yang, 2006)といえるまで経て尚、残存する日本らしさを有する英語(本書における「国際英語としての「日本英語」」)とを区分して研究を実施していない。

要するに、EIL/ELF 的思想を有する先人達は、「日本英語」、すなわち「日本語、および日本文化の影響を受けた英語」の特徴を提唱および分析する上で、証拠が脆弱である一方、EFL 的発想に基づく研究者は、主として「学習者英語」を「日本英語」と同定し研究してきた向きがある。上記の経緯より、Saito (1928) が想定する習熟段階における Japanization とは何か、現在まで実証的に調査を試みた研究は無いと言ってよい。

2. 研究目的

そこで本研究プロジェクトでは、まず「日本人英語使用者」を定義し、次に「日本英語」の補集合を成す「国際英語としての「日本英語」」の分析を試みる。具体的にはコーパス構築時における「学習者」と「使用者」の区分を精査し、「日本人英語使用者」を「日本語を母語とし、日本で初等、中等教育課程を経て、仕事で英語を使用するもの」(Fujiwara, 2007b) と定義し、彼らの産出する英語を「日本人英語使用者コーパス」(Japanese User Corpus of English: JUCE) として、現実的に収集可能な領域から編纂を試み、その言語学的分析を行う。その分析を経て、先人達 (e.g., Saito, 1928；國弘, 1970；鈴木, 1971；本名, 1990；日野, 2008) が述べる日本語、および日本文化が影響した「日本英語」の特徴を実証的に探索することが第一の目的である。

また JUCE の編纂、分析過程を示す本書の出版を皮切りに、他の使用者コーパスの編纂プロジェクトが立ちあげられることも副次的な目標としている。まず研究面では、使用者コーパス群が編纂されることにより、言語学的研究、既存の数多ある日本人英語学習者コーパスとの比較により真の意味での発達的な言語習得研究への貢献が期待される（詳細は第 3 章、第 6 章、および第 8 章参照）。

また教育的視点において特筆すべき価値がある。それは多種多様な使用者コーパス編纂後に、日本人英語使用者コーパス群を reference corpus として利用することの意義、すなわち日本人英語学習者に対するモデルを英語母

話者から日本人英語使用者への変更を行うことの是非をより広く議論し吟味できることである。前述にてほのめかされたように、近年、「母語話者」の定義自体の妥当性、および目標言語として「母語話者」の英語を基準にすることの妥当性に関して議論がなされてきた（e.g., Kachru, 1976, 1986, 1992；Rampton, 1990；Medgyes, 1992；Widdowson, 1994, 1997, 1998；Kramsch, 1998；Bamgbose, 1998；Brutt-Griffler, 1998, 2002；Cook, 1999；Brumfit, 2001；Alptekin, 2002；Holliday, 2005, 2006）。その各議論を踏まえずとも、母語話者は定義上、生まれ・育ち（bio-development definition）によるため、至極明らかなことは非母語話者が母語話者になることは論理的に不可能である（e.g., Cook 1999）。それ故、当コーパスを教育利用することで、学習者に現実に合致したモデルを示すことは、学習者への英語母語話者では無く、「日本人英語使用者への統合的動機付け」が促進できると期待される上に、文部科学省による『「英語の使える日本人」の育成戦略構想』（2003）にも具体的なモデルを示すことが可能となると思われる（第2章、第3章参照）。つまり日本人の英語習得において、現実的に達成可能かつ国際的に通用する英語―「国際英語としての「日本英語」」―を教育上の1つの範として学習者に提示することが叶えば、教員間、教員と学習者間で確固とした目標を共有する事が可能になるであろう。日本の英語学習の実が上がらないこと（e.g., 大谷, 2007）の1つの原因は、実現不可能な目標設定を遠因とし、部分的に無目的となり下がる英語教育にあると筆者は考えている。以下では本書の構成をまとめる。

3. 本書の構成

　本書は3部構成であり、「日本人英語使用者コーパス」編纂に至る過程を示す第1部の「学術的背景」、当コーパスを応用し国際語としての「日本英語」の言語的分析に焦点を当てた第2部の「実証的研究」、日本英語の諸特徴をふまえ日本の英語教育への示唆を行う第3部の「日本英語と日本の英語教育」とに大きく分かれる。第1部は3つ、第2部は2つ、第3部は3

つの章で構成され、計 8 章から成る。以下に各章の概要を簡潔に示す。

まず第 1 章では、本書に最も関連する①コーパス言語学、②国際英語関連領域である a) 国際語としての英語 (English as an International Language: EIL)、b) 諸英語 (World Englishes: WE)、c) 国際共通語としての英語 (English as a Lingua Franca: ELF) の各分野の歴史的背景を概括し、それぞれの経緯から生じる研究目的、研究領域の差を俯瞰し、①、②の両者の学際的領域の変化を論じる。その分野間の差異は本書における骨子を成す構成概念である「日本人英語使用者」、すなわち「学習者」、「使用者」の区分に反映されており、①の伝統的主流を受け継ぐ領域では Kachru, B. (1985, 1992) の述べる内円 (NS) と外円／拡大円 (NNS) 間、b) の諸英語論では内円／外円 (established/institutionalized) と拡大円 (performance) 間で、使用者、学習者を区分している。つまり、これらの分野では、拡大円に属す日本人英語使用者は、実態がどうあれ、「使用者」ではなく母語話者規範を順守すべき従順な「学習者」として区分されざるを得ないことを指摘する (藤原, 2006；Fujiwara, 2007b；Seidlhofer & Berns, 2009)。一方、EIL/ELF においては分け隔てなく、母語性、制度性にかかわらず言語話者を使用者 (時に学習者) と概念化し、主として ELF 使用者コーパス構築のプロジェクトが行われてきたことを指摘する。上記の経緯ゆえに、拡大円、とりわけアジア圏における「使用者」レベルのコーパス言語学的研究の成果は執筆時においてほぼ皆無であることを指摘し、使用者コーパス構築の必要性を述べる。

第 2 章では、日本人英語使用者コーパス (Japanese User Corpus of English: JUCE) 編纂に際し、1)「学習者」「使用者」の区分に関しより焦点を当てて考察を深め、本研究における「日本人英語使用者」の定義と付随する留意条件を提示し、次に 2) 研究対象とする言語的側面を示す。より具体的には、応用言語学上、言語教育上の「学習者」、「使用者」の両概念を精査し、その定義の妥当性、有用性、必要性は認めつつも、当定義をコーパス構築において直接援用する場合、既存の学習者コーパス、新興の使用者コーパスが結局同質のものとなる危険性を指摘する。次に本書執筆時までに現存する英語「使用者」コーパス構築時の「使用者」要件、すなわち語用論的、心理的、

教育的、職業的、能力的要件を吟味し、第二言語習得論、コーパス言語学、国際英語関連領域の継続的発展のため、コーパス構築時の「使用者」定義に教育的、職業的変数を加味して差異化する重要性を主張する。

　第3章ではJUCEの研究対象サンプル、仕様を詳細に示し、当コーパスの利用可能性、展望を概括する。より具体的には、JUCEが研究対象とする言語使用者による言語サンプルの具体例を示し、当コーパスの仕様を関連する既存のコーパスであるthe International Corpus of English (ICE, Greenbaum, 1996)、またthe Micro Concord Corpus Collection A等を参考にし、テクストカテゴリー、ジャンル、テクストマークアップ、タグ付与について述べる。その後、想定される利用可能性について具体的に提案し、最後に第2部の実証的研究で具体的に分析する研究項目、語彙的側面と談話・語用論的側面を提示する。

　第2部、第4章では、「日本英語」の語彙的特徴の一側面と考えられる日本語から英語への語彙借用を深層的かつ包括的に分析する。具体的には、日本語から英語への借用語の形式的・意味的属性、および各種統計指標の計量的分析を通じ、過去、現在の借用傾向を明らかにし、その借用傾向から「日本英語」の一部として今後世界の英語使用者に認知される可能性の高い語を示す。本章の一連の分析により、「日本英語」の語彙的特徴の一側面である語彙借用、すなわち第二言語使用者である日本人英語使用者のコードスイッチング（Cook, 2007；Prodromou, 2008）の一端を明らかにし、またそのコードスイッチングによる日本語由来の借用語の産出を1つの遠因とし、今後「日本英語」の特徴となり得る可能性の高い語彙の属性を示す。

　第5章では、各種統計分析を通じ、「日本英語」の談話的・語用論的特徴を検出する。具体的には、「日本人英語使用者コーパス」の書き言葉コンポーネントと各種内円英語コーパス、ワードリストとのa) 品詞情報、b) 語彙情報を基に対照分析を行い、国際英語としての「日本英語」のテクストの特徴の同定を試みる。具体的には初段階として1) 抽象度の高い品詞情報に対し多変量解析（クラスター分析、コレスポンデンス分析、判別分析）を行い、職業人レベルの「日本英語」に特徴的な品詞タグの探索的調査を行う。

次に 2) JUCE と内円英語コーパスとの比較対照分析により一定程度キーワードとなる語彙を抽出し、国際英語としての「日本英語」における潜在的な談話的・語用的特徴とみなされ得る項目を提示し、その一部を先行研究結果、他コーパス等を活用し適宜分析を加える。

第3部、第6章では、第2部の実証的研究で見出された国際英語としての「日本英語」の語彙、談話、および語用の特徴を総括し、次にその国際英語としての「日本英語」の特徴の多くは、実は過去の日本人英語学習者コーパス研究において、その度合い程度は異なれど、同様の傾向が確認されてきたことを示す。当結果をもって、学習途上にある日本人英語学習者と学習過程を一定程度修了した日本人英語使用者に通底する要素を抽出した証左とし、さらにその要素が日本語、および日本文化に影響を受けていると説明し得ることにより、一定程度実証された「日本英語」の諸特徴として提示する。

第7章では、上記の研究成果を以て、日本の英語教育上、学習者と母語話者が連続体を成し、母語話者へのあくなき近似を「発達」と解釈されてしまった中間言語モデル (Selinker, 1972) を無批判に採用するのではなく、日本人英語学習者と日本人英語使用者が連続体を成す多言語能力モデル (multi-competence, Cook, 1992, 2002a, 2007) に基づく英語教育を模索することの重要性を主張する。つまり日本人英語使用者における言語習得のプロセスは、日本語から英語へ近似するのではなく、内在する日本語を第一言語、英語を第二言語として双方の影響を受けた多言語能力を構築することであることを再確認し、日本の英語教育において本能力を目標とすることが妥当かつ適切と述べ、今後の英語教育、および第二言語習得研究では二言語双方を考慮に入れた教育、研究が肝要であることを指摘する。

第8章では、本研究の意義および限界点を述べ、今後の展望を述べる。言うまでもなく、「日本英語」の総体は、本書を以てしても十分に網羅することはできない。本書では、日本人の英語使用を、学習者水準と使用者水準を明確に区別し、比較的信頼性の高い言語サンプルを収集し、内円英語とは異なる可能性の高い潜在的な「日本英語」の諸特徴の抽出に一定程度の成果

を収めた。しかしながら、今後さまざまな言語使用域のコンポーネントの構築 (Morrow, 1997a；藤原, 2006；Fujiwara, 2007b)、および研究成果の複層的な追検証を必要とすることは言うまでもない。今後、当使用者コーパス研究を皮切りに、各言語使用域に特化した更なる使用者コーパスの編纂を行い、継続的に研究を深める必要があることを述べ、筆を置く。

第1部
学術的背景
日本人英語使用者コーパスの編纂

第 1 章
コーパス言語学、国際英語関連領域、および両分野の学際的領域

1.1 概要

　第1章の主たる目的は、本書の研究内容に直接的に関連する①コーパス言語学、②国際英語関連領域である a) 国際語としての英語 (English as an International Language: EIL)、b) 諸英語 (World Englishes: WE)、c) 国際共通語としての英語 (English as a Lingua Franca: ELF) の各分野の歴史的背景を概括し、それぞれの経緯から生じる研究目的、研究領域の差を俯瞰し、①、②の両者の学際的領域の展開を論じることである。その分野間の差異は本書における骨子を成す構成概念である「日本人英語使用者」の取り扱い、換言すれば「学習者」、「使用者」の区分に反映されており、①の伝統的主流を受け継ぐ領域では Kachru, B. (1985, 1992) の述べる内円 (NS) と外円／拡大円 (NNS) 間、②の WE では内円／外円 (established/ norm-providing, institutionalized/norm-developing) と拡大円 (performance, norm-dependent) 間で、使用者、学習者を区分している。すなわち、コーパス言語学の主流、および諸英語論では、拡大円に属す日本人英語使用者は、実態がどうあれ、「使用者」ではなく母語話者規範を順守すべき従順な「学習者」として区分されてきた (Seidlhofer & Berns, 2009)。一方、EIL/ELF においては分け隔てなく、母語性、制度性にかかわらず言語話者を使用者 (時に学習者) と概念化しており、主として ELF 使用者コーパス構築のプロジェクトが行われてきたことを示す。この分野間の差異により、国際英語関連領域ではコーパス言語学的手法による研究は未だ多くなされていないこと (Bolton & Davis, 2006)、またその使用者コーパス構築における問題の所在—「学習者」と「使用者」の区分の曖昧さ—を指摘する。

1.2 コーパス言語学

　コーパス言語学の歴史は、Leech (1991) によると、英国ロンドン大学での the Survey of English Usage 計画 (1959 年開始:以下、SEU)、米国ブラウン大学での Brown Corpus 編纂計画 (1961 年開始) に始まる。その後、合理主義に基づく生成文法の台頭による停滞、閉塞を経て、1980 年代前後より the Lancaster-Oslo/Bergen Corpus of British English (LOB:1978 年完成)、the British National Corpus (1994 年完成) などの主要コーパスが編纂され、以降、言語学、第二言語習得論、応用言語学に多大な貢献を為してきた (詳細は齊藤俊雄, 2005 参照)。

　コーパス言語学を簡潔に定義するならば、「現実世界の言語運用の事例に基づく言語研究」(McEnery & Wilson, 2001, p. 1) であり、今日ではコーパス、すなわち言語集積体はコンピューター・テクノロジーの普及に基づき、機械可読化 (machine-readable) されたものを指す。また Leech (1992;齊藤俊雄訳, 2005, p. 4) によると、コーパス言語学は次の特徴を有する。

1) 言語能力 (linguistic competence) よりも、言語運用 (linguistic performance) に中心をおく。
2) 言語の普遍的特性 (linguistic universals) の解明よりも、個別言語の言語記述 (linguistic description) に中心をおく。
3) 質的な (qualitative) 言語モデルのみならず、数量的な (quantitative) 言語モデルにも中心をおく。
4) 言語研究における合理主義的 (rationalistic) な立場よりも、より一層経験主義的 (empirical) な立場におく。

上記の 4 特徴から確認できるように、対照してある言語能力、普遍的特性、質的言語を重視した合理主義的立場を特徴とする研究分野である生成文法とは相対し、コーパス言語学は経験主義的立場をとり現実世界の言語運用を記述し、質的だけでなく量的に言語分析を行う領域として発展を遂げてきた。

したがって、上記に明示された対立的特徴を有するものの、コーパス言語学の黎明期からの目的は生成文法において過剰に重視された「母語話者直感」を補うことであるため (McEnery & Wilson, 2001, p. 25)、研究焦点は内円における母語話者英語にあり、インド英語などの外円の英語、日本英語などの拡大円の英語は全て「非母語話者英語」として元より研究対象から除外視されてきた(藤原, 2006；Fujiwara, 2007b)。

　後にコーパス言語学は研究目的に応じ、多様化をはじめる (詳細は齊藤俊雄, 2005 等参照)。本章の関心事に限定して述べれば、次節で述べる World Englishes 論 (e.g., Kachru, 1986, 1992) の台頭を受け外円における英語を、第二言語習得論 (Granger, 1998)、および English as a Lingua Franca 論 (e.g., Seidlhofer, 2001) を背景に拡大円における英語を研究対象とし始めた。まず外円における英語コーパスとして、上記の SEU の Sidney Greenbaum (1988, 1996) は the International Corpus of English (ICE) の編纂を 1990 年より開始し、彼の亡き後には Gerald Nelson に継承され、現在も当プロジェクトは進行している。その同プロジェクト内で、Sylviane Granger (1998) の牽引の下、日本、中国、フランス、ドイツなどの拡大円の英語は、付随する the International Corpus of Learner English (ICLE) の下に、「学習者」のラベルをもって編纂が行われた。

　この上記の区分は、コーパス言語学の主流においては本書の執筆時においても維持されており、拡大円における英語はあくまで「学習者」英語として編纂がなされ、国内外で多種多様な学習者コーパスが現在では利用可能である (e.g., NICT JLE Corpus, 和泉・井佐原・内元, 2005；JEFLL Corpus, 投野, 2007；Nagoya Interlanguage Corpus of English, 杉浦, 2008；総括として投野・金子・杉浦・和泉 (2013) を参照のこと)。学習者コーパスの利用により、より実証的に言語習得過程の分析が可能となり、この功績は多大なものである一方、この母語話者・非母語話者区分、使用者・学習者区分は、後に詳述するように、WE、EIL、ELF の非母語話者英語を正当な独自変種と捉える学派、とりわけ EIL、ELF の 2 領域から批判がなされることになる (藤原, 2006；Fujiwara, 2007b)。

1.3　国際英語関連領域：EIL、WE、ELF

　EIL、WE、ELF は交換可能な同義語とされている場合も散見されるが、実際には各種異なる研究目的、研究焦点を有する (Hino, 2001, 2009, 2012a；日野，2003, 2008, 2011；Jenkins, 2006, 2007；Berns, 2008；Seidlhofer & Berns, 2009；Seidlhofer, 2009；Pakir, 2009 [1]；D'Angelo, 2013)。しかしながら、この 3 領域は、16 世紀から 20 世紀前半まで勢力を保持した大英帝国、19 世紀からの米国に牽引された英語使用の世界的拡大により (詳細は Crystal, 2003 参照)、20 世紀後半のポストコロニアル時代における英語使用状況が変化したこと、現地英語変種の多様性と変容への関心が高まったこと、およびその対処をどのように行うかの議論に端を発することは共通している (Pakir, 2009)。

　この英語の拡大化と多様化とその対処に対して最も初期になされた議論は次のようなものであった (詳細は矢野，1990 参照)。英米の植民地から独立したインドなどの国家は現地英語変種の正当性、つまり英語を利用しつつも言語教育上のモデルとして自身の規範を使用するという言語規範上の独立をも主張し始めた。その現地英語変種の正当化に対し、英国の大方の国民は否定的立場をとったが、容認する少数派意見が有力な識者からなされた (Halliday, McIntosh, & Strevens, 1964)。彼らは、イギリス英語、スコットランド英語、アメリカ英語、オーストラリア英語など、地理的・文化的差異から変種が存在することは避けがたいという認識から、「第三世界」におけるインド英語などの地域変種を同様に容認する見解を述べた。しかしながら、当時の ESL/EFL 専門家の多数派意見は「正統」英語の「分化」、および「劣化」を憂い、母語話者規範を維持し、相互理解性の担保に尽力すべきというものであった。その代表者として、米国カリフォルニア大学のクリフォード・プレイター氏が挙げられる (Prator, 1968)。

　当初の議論は英米の英語母語圏でのみ行われており、実際の「使用者」が生活する非英語母語圏の国が直接声を挙げていないことが興味深い [2]。この 1960 年代後半の議論を皮切りに、「異種」および「新種」英語に対し、容認

する立場を体系化した学問分野がEIL、WE、ELFの3分野である。以下に時系列順に、EIL、WE、ELFを概括する。

1.3.1　English as an International Language（EIL）

「国際英語」の提唱者、主張者は國弘正雄（1970）を始めとして、歴史的には日本にも散見されたが（Hino, 2009）、今日、English as an International Language（EIL）という分野にて世界的認知を得ている創始者は、多国籍社会であるハワイ、米国立東西センターに所属していたLarry E. Smith 氏（1976/1983）である。彼は、上記の英語使用の拡大、多様化を受け、その英語自体というよりはむしろ言語の「機能」、言い換えれば「使用目的」の多様化に着目し、従来のEnglish as a foreign language（EFL：外国語としての英語）、English as a second language（ESL：第二言語としての英語）の概念で捉えきれない国際コミュニケーション上の使用目的の英語をEnglish as an international (auxiliary) language（国際［補助］語としての英語）として提唱した（Smith, 1976, 1978）。換言すれば、イギリス英語・アメリカ英語の拡大という支配型言語観の内在するESL、EFLの枠組へのアンチテーゼとして（中山，1990；日野，2008）、使用目的上、機能上の差異により捉えなおした言語観を提供したのである。

彼のこのコンセプトの提起における特筆すべき主張は次の4点である。①英語「異種」への積極的評価、②英語の脱英米化の必要性（cf., 國弘，1970；鈴木，1971）、③母語話者と非母語話者間の平等、④教育モデルとして母語話者規範ではなく、各地の教育を受けた変種（educated variety）への変更。彼の上記の4点の英語観を端的に示す一節を下記に引用する。

English belongs to the world and every nation which uses it does so with different tone, color, and quality.... English is an international auxiliary language. It is yours (no matter who you are) as much as it is mine (no matter who I am). We may use it for different purposes and for different length of time on different occasions, but nonetheless it belongs to all of us. English is one of the languages of Japan, Korea, Micronesia, and the Philippines. It is one of the languages of the Republic of China, Thailand, and the United States. No one needs to become more like American, the British, the Australians, the Canadians or any other English speaker in order to lay claim on the language. (Smith, 1983, p. 2)

すなわち EIL は脱英米化した混淆の英語変種間でなされる国際コミュニケーションのための英語であり、機能上、国内語としての英語(English as an intranational language)と対を成す概念である(Smith, 1978, p. 5)。また注意すべき点として、日野(2008, p. 20)によれば、EIL は世界に広まった英語のみを特別視している訳ではない。つまり国際コミュニケーションに使用されるのであれば、国際タイ語、国際日本語[3]も同様に成立する。よって国際コミュニケーション上では、言語の規模・話者数、言語を母語とするか否か(母語性)、第一言語、第二言語としての使用国であるか否か(制度性)に関わらず、母語話者間(e.g., 英国人と米国人)、母語話者と非母語話者間(e.g., 米国人と日本人)、非母語話者間(e.g., 日本人と中国人)において双方が多様性を認めながら、相互理解達成に尽力すべきであること―すなわち多様性の中での統一を目指すこと―を提案している。付け加えて、その相互理解が達成される限り、それぞれの変種を積極的に推進するべく、教育モデルにおいても現地のモデル話者を最終的目標とすべきであると述べている(Smith, 1983)。

　以上、EIL の主要な観点をみてきた。本書において重要な「学習者」、「使用者」の区分に関しては、EIL では母語話者であろうと非母語話者であろうと(母語性)、第二公用語の制度があろうとなかろうと(制度性)、状況に応じて「学習者」であり「使用者」といえる(Smith, 1978)。この点は前出の母語性を重要視してきた伝統を持つコーパス言語学、次節で述べる主として制度性に重きを置いた WE とは明確に異なる。

1.3.2　World Englishes（WE）

　World Englishes（WE）はこの関連分野の最もよく知られた専門的国際誌の誌名（*World Englishes*, Blackwell, 1982–）であるためか、英語変種の記述、分析におけるアプローチの"umbrella label"（Bolton, 2004, p. 367）、つまり包括的名称として理解されている場合が多々ある。しかしながら、EIL/ELF とは研究焦点は異なる（e.g., Hino, 2001；Jenkins, 2006）。

　WE は米国イリノイ大学に所属するインド人である Braj B. Kachru 氏を創始者とする。彼は上記のポストコロニアル時代の英語の多様化自体に着目し、自身の出身国であるインドを含めた英米の旧植民地における土着化（indigenization）、母語化（nativization）を主たる関心事とした（Kachru, 1976；Hino, 2001；日野, 2003, 2008）。つまり Smith（1978）の用語を借りれば、WE は「国際語としての英語」というよりは「国内語としての英語」に焦点を当て、旧植民地国家の英語が独立後、新しく担うこととなる多民族・多言語国家統一という言語機能に着目し、新英語を描写、分析し、その独自性、正当性を主張するということを主たる方向性とした（Berns, 2008）。Jenkins（2006）は、WE は umbrella term としてでなければ、アジア、アフリカなどの ESL 国家の New Englishes の分析を指すか、Kachru を中心とする学派の研究領域（Kachruvian approach）を意味すると述べており、上記の記述と合致する。

　それゆえ、Smith（1976）が ENL/ESL/EFL の母語性、制度性に基づく英語支配的言語観[4]からのパラダイムシフトを試みた EIL の提唱とは異なり、WE は意図的ではないにせよ[5]、そのフレームワークを踏襲し、非常によく知られた 3 つの同心円（図 1-1）を提唱した。中央に位置する内円（Inner Circle）は母語話者英語国家（ENL：e.g., イギリス，アメリカ，オーストラリア，カナダ）、次に位置する外円（Outer Circle）は植民地化による英語使用の歴史を経た第二言語国家（ESL：e.g., インド，フィリピン，マレーシア）、最も外に位置する拡大円（Expanding Circle）では英語を公用語としない外国語国家（EFL：e.g., 日本，中国，韓国）を表している。なお、図内の数字は Crystal（2003）による「話者」数の概算であり、この種の試算は多数の「学習者」

```
        Expanding Circle
         Outer Circle
         Inner Circle
        320–380 million

        300–500 million

        500–1,000 million
```

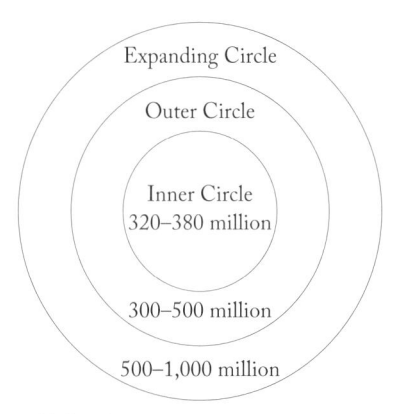

図 1-1　内円、外円、拡大円（Kachru, 1985, modified by Crystal, 2003, p. 61）

を含めていると強く推測されるため（Yang, 2006）、"optimistic view"（Takatsuka, 2008）、つまり過剰に見積もっている可能性が高いことを付記しておく。

　この 3 種の範疇に基づき、Kachru は内円の英語を established varieties ないしは norm-providing、外円の英語を institutionalized varieties ないしは norm-developing とし、前者はもちろん、後者も含めていずれも比較的安定した規範を有する確立された英語と主張する一方、拡大円の英語は performance varieties ないしは norm-dependent と称し、未だ不安定な言語規範であるため、母語話者英語規範に順ずることが賢明であると主張した（e.g., Kachru, 1985）。つまり、本書の重要関心事である「使用者」・「学習者」の区分において、内円・外円と拡大円の間に非常に明確な線引きを行ったといえる。当区分に基づけば、インドのような ESL 国家の英語は独自のインド英語規範を自前で構築し享受できる一方、日本のような EFL 国家は、米国（ないしは英国）の言語規範を順守すべきであり、日本語ないしは日本文化の影響を受けた「日本英語」は、程度の差こそあれ、「学習の失敗」に帰されることとなる（e.g., Seidlhofer & Berns, 2009）。つまり拡大円の英語話者は諸英語コミュニティ内においては、"second-class citizens"（Hino, 2012a, p. 1）に近い扱いを受けているといってよい。

　この区分設定における主たる理由の 1 つは、まさに Kachru が WE を創始

するにあたり重要視した項目である英語の「国内語」としての利用の有無である。国内における頻繁な国民的レベルでの英語使用、およびその英語使用の歴史が無い場合 (Kachru, 1976, p. 227)（概ね第二公用語の制度が与えられていない場合）、独自の英語変種が十分に発達するほどの言語使用域、言語機能、また自身の言語変種への愛着 (Kachru, 1992) を獲得しないと考えられるためであろう。次の引用を参照されたい。

> The Expanding Circle includes the regions where the performance varieties of the language [i.e., English] are used essentially in EFL contexts (i.e., varieties that lack official status and are typically restricted in their uses.)
>
> （Kachru, 1992, pp. 356–357：第一括弧挿入筆者）

この英語が国内ないしは地域内のさまざまな機能と役割を獲得することは ESL 国の New Englishes の成立要件の1つとされている (Platt, Weber, & Lian, 1984)。より具体的には、①言語使用範囲の広さ (range)、②言語使用浸透度の深さ (depth)、③地域文学の有無 (literature)、④内的言語規範の有無 (endonormative norm)、⑤公用語指定の有無 (official status) の5観点を吟味する必要があるとされている (Kachru, 1986)。

　上記の5観点に基づき、Morrow (1987) は日本の英語使用、および英語使用者に考察を包括的に加えた結果、日本において英語からの外来語の使用 (e.g., Stanlaw, 2005) という限定的な側面での言語使用浸透度の深さは確認されるものの、他の全てにおいて満たしていないことから、日本英語変種は institutionalized ではなく performance variety と結論づけている[7]。また近年では、Schell (2008) は "colinguals" という概念の提唱とともに、第一言語 (e.g., 日本語) を共有した相手でさえも第二言語 (e.g., 英語) 使用を行うことが、言語変種を生み出し安定した規範を獲得する上で必要と述べ、国内における第二言語使用の重要性を再度強調した。この立場と日本の英語の使用状況をふまえ、彼は日本における独自の英語変種 (i.e., 日本英語) の発祥はありえないと主張している (Schell, 2008, p. 119)。

確かにこの「国内語」としての英語の使用を言語規範の発展の条件とする考え方には一理あるとも思われる。その主たる理由は、おそらく英語使用者数の限定性と使用域の狭さからか (Yang, 2006；Terasawa, 2011；寺沢, 2013, 2014)、「正当」な拡大円の英語、たとえば「日本英語」の存在の共通認識には未だ至っていないからである。国際英語分野における国内最大の学術研究機関として、日本「アジア英語」学会がある。当会における近年の「日本英語」についてのシンポジウムのタイトルは、"The possibility of Japanese English" (2010 年第 26 回大会)、そして "The future of Japanese English for international communication" (2013 年第 32 回大会) であった。そのタイトル中の "possibility" や "future" という用語から、研究者達は「日本英語」の内的規範の権利と必要性を認めながらも、現時点では共通かつ「正当」な日本英語変種の認識には至っていないことを示していると言えよう (Fujiwara, 2010, 2013a)。

　実際に国内の「日本英語」を取り巻く言説には、「ジャパニーズ・イングリッシュ」をブロークンな英語として蔑む立場から、それを許容する見解 (e.g., 末延, 1990, 2010)、また達人水準を示唆した立場 (e.g., 斎藤兆史, 2000) まで、共通見解はみられない。また近年、国際語としての「日本英語」の教育的モデルを先行研究や研究者自身の観察と経験に基づき精査し、その結果より「創造」するという非常に画期的な試みが行われつつあるが (日野, 2008；Hino, 2009, 2012b, c)、その「日本英語」を厳密に描写し、実証的に特徴を示した研究は未だない。

　しかしながら、前述のように EIL では国内使用ではなく国際使用を通じても、独自の言語・文化に適合した言語規範の可能性を認めている上 (Smith, 1981)、第二言語制度の有無によらず母語話者規範ではなく、それぞれの国の教育を受けたモデル (educated variety) を規範とすることを推奨している (日野, 2008)。また Honna (2008) は言語の拡大化を internationalization (diffusion)、多様化を diversification (adaptation) と呼び、両者は必然的に同時発生すると主張している。つまり国際化 (拡大化) すれば、必ず多様化する (If there is to be diffusion, there has to be diversification [Honna, 2008, p. 10])。

次節で述べる ELF は、EIL と多少異なる点はあるものの、この拡大円にて国際使用される英語の独自性、正当性、および言語規範獲得の可能性の是認に関しては共有している。

1.3.3 English as a Lingua Franca（ELF）

「国際共通語としての英語」（English as a Lingua Franca: ELF）は 2000 年以降、国際英語関連領域において席巻した一分野であり、2008 年より当分野名を冠した国際学会が開催され、2012 年より専門的学術誌が刊行されている（*Journal of English as a Lingua Franca*, Walter de Gruyter, 2012–）。新興分野であるため、その評価は未だ定まっておらず（Pakir, 2009）、ELF の研究の発展とともに研究焦点、および研究領域の変化がみうけられ、現在では ELF 研究者内に相当の多様性があるとの主張も成されている（Prodromou, 2008）。しかしながら、明確なことは、主としてイギリスのキングズカレッジに在籍していた Jennifer Jenkins（現サウサンプトン大学）、オーストリアのウィーン大学の Barbara Seidlhofer の両氏によって牽引されてきたことである（Jenkins, 2000, 2006, 2007；Seidlhofer, 2001, 2004, 2009）。

ELF は①国内語ではなく国際語としての英語の機能への着目、②英語の多様性に対する積極的評価、③多様性の中での相互理解の達成への関心など、多くの点において EIL と共通する。実際に、当分野の嚆矢となった Jenkins（2000）の書名は、*The Phonology of English as an International Language: New models, new norms, new goals*[8] であり（下線筆者）、当書にて主たる関心事であった各英語変種話者間の音声面における相互理解度（mutual intelligibility）は EIL においても精力的に研究がなされてきた分野であった（Smith & Rafiqzad, 1979；Smith & Bisazza, 1982；Smith & C. Nelson, 1985、総括は C. Nelson, 2008 参照）。

しかしながら、初期の ELF は、主たる推進者の深層の意図とは必ずしもそわず（Seidlhofer, 2004, 2009；Jenkins, 2006）、EIL、WE と比較して次の 2 点の特徴があると過去に判断されたことがある。①多様性よりも統一性を重要視する傾向（Jenkins, 2007）、②母語話者を除く非母語話者間、とりわけ拡

大円における英語使用者間のコミュニケーションへの焦点化 (e.g., Berns, 2008；Prodromou, 2008；Pakir, 2009)。まず多様性の中の統一性の重視については、ELF の "lingua franca" という用語が共通性を暗示しており、World "Englishes" という複数形が示す多様性への志向との明確な差異が自然と感じとられるだろう。付け加えて、上記の Jenkins (2000) の研究成果である音声面における Lingua Franca Core (LFC) が共通性への志向を表している。彼女は、従来にみられた英語母語話者の音声規範の押し付けではなく、非英語母語話者間の実際に行われた国際コミュニケーションのデータから理解度を阻害する音声要因、阻害しない音声要因を分類し、前者を順守すべき「共通核」(common core)、後者を「非共通核」(non-core) として提示した (LFC の総括は Jenkins, 2003, pp. 126–128 を参照)。

　今後、この LFC の検証のための追調査が必要とされるものの、音韻面において母語話者による prescriptive アプローチから、非母語話者による descriptive アプローチへシフトしたこと (Jenkins, 2003)、また EIL の先行研究に暗示されていた相互理解達成のための重要な音声要因を実証的かつ包括的に提供した貢献は特筆すべきものである。しかしながら、ELF はこの研究成果のため、WE の一部の研究者から多様性を軽視し、この「共通核」を教育目標として押し付けるのではとの危惧から批判がなされるほど (Jenkins, 2006；D'Angelo, 2013)、共通性の重視という特徴を有していると考えられてきた (e.g., Berns, 2008)。実際に、後述する Seidlhofer (2001, 2004) の ELF コーパスプロジェクトは多種多様な第一言語話者 (主としてヨーロッパ人、詳細は第 2 章参照) を一括してデータを収集し、文法上の「非母語話者」的特徴の共通性の抽出を試みていることから、初期の ELF は多様性というよりは共通性への志向がみられると判断された経緯もうなずけるだろう。

　続いて、前述の Smith (1976/1983, 本書 pp. 17–18) の抜粋に示されるように、EIL は母語性、制度性にかかわらず言語使用者と認め、内円、外円、拡大円、全ての英語の国際使用を「国際語としての英語」として分析対象としたが、ELF は母語話者を除く非母語話者間、とりわけ拡大円における英

語使用者間のコミュニケーションへ過度な焦点を置いてきたと指摘されている (House, 1999；Jenkins, 2006, 2007；Prodromou, 2008；Berns, 2008；Seidlhofer, 2009；Pakir, 2009)。その主たる理由は、"lingua franca" の定義にある。Jenkins は lingua franca の定義を "a contact language used among people who do not share a first language, and is commonly understood to mean a second… language of its speakers" (Jenkins, 2007, p. 1) とし、ELF の最も "pure" な形態を次のように定義している。

> In its purest form, ELF is defined as a contact language used only among non-mother tongue speakers.　　　　　　　　　　　(Jenkins, 2006, p. 160)

つまり ELF の構成概念は本質的には「母語性」を除外するものであるため、「母語性」を明確に有する内円、また「母語化 (nativization)」した外円の英語は主たる研究対象から外し、拡大円に属する非英語母語話者間の国際コミュニケーションに特化した研究を行なってきた経緯がある (Jenkins, 2007, pp. 2-3)。Seidlhofer (2001, 2004) が構築の指揮をとった ELF コーパスである the Vienna Oxford International Corpus of English (VOICE) では、母語話者データは 10% しか含まれていない上、他 90% はヨーロッパの拡大円の英語使用者を中心とする。この ELF を拡大円英語に矮小する傾向を、Prodromou (2010, Preface) は明確に批判し、この研究焦点は *Jenkinsian* view of ELF として ELF の研究者間の立場の多様さを訴えている。

とはいえ、彼女達 (Seidlhofer, 2004, 2009；Jenkins, 2007) は ELF コミュニケーションにおいて、内円、外円の話者はもちろん含まれると述べてもいる。彼女達によると、この除外の主たる理由は、内円、外円の英語使用には "non ELF forms" (Jenkins, 2007, p. 2) が含まれ、データ分析が煩雑になり、「純粋」な "ELF forms" を分析するために拡大円の英語に焦点を当てることが最善であるため、と述べている。彼女等が念頭に置く "ELF forms" とは次のものである。

...frequently and systematically used forms that differ from inner circle forms without causing communication problems and override first language groupings. (Jenkins, 2006, p. 161)

これを体系化し、非母語話者間、つまり彼女の述べる「共通語」のやりとり上における英語使用者の言語的参照点にすることを ELF 研究は目的としていると述べている (Jenkins, 2006)。上記の ELF の研究目的からも Jenkins と Seidlhofer が牽引してきた、執筆時において ELF の主流と考えられる学派は、他関連分野と比較すると、①多様性よりは統一性を重視し、② 母語話者を除く非母語話者間、とりわけ拡大円における英語使用者間のコミュニケーションへの焦点化を特徴としてきたと述べてよいだろう。ただし、上述のように、これらの特徴は元より彼女達の真意とは合致していないこと、新興分野であるがゆえに、執筆時においても新たな展開をみせつつあることに注意が必要である(ELF を含め、国際英語関連領域の最新の動向は D'Angelo, 2013 参照)。

この経緯をふまえると、WE においては、内円・外円の英語に独自の規範を構成する特権を認め、拡大円の日本や韓国の英語には認めず、「単なる引き立て役として否定的に引用される傾向」(日野，2008，p. 21) が確認されるのに対し、一方、ELF では逆に母語性を有する内円、外円の英語を(少なくとも研究上)除外視し、拡大円の英語を "ELF forms" を明らかにする可能性を秘めたものとして特別視してきた傾向がみうけられることは興味深い。

またこの拡大円の英語の特別視から、本章での関心事である「学習者」、「使用者」の区分においては、拡大円の英語話者を「学習者」ではなく、積極的に「使用者」と同定する傾向が明らかにある。コーパス言語学の節で述べたように、フランス、ドイツ、オーストリアなどの拡大円の英語は「学習者コーパス」として編纂がなされてきたが、ELF の牽引者である Seidlhofer (2009) が編纂した VOICE、また Mauranen が指揮した the Corpus of English as a Lingua Franca for Academic Settings (ELFA, Mauranen, 2003, 2006, 2007) では、データの提供者を全て「使用者」とみなしている。これらの各

コーパスの仕様については第 2 章にて詳述することとし、次節では、今まで個別に概説したコーパス言語学、国際英語関連領域の両者間の学際的領域に焦点をあてて論じる。

1.4 学際的領域

以上、①コーパス言語学、② EIL、WE、ELF の各分野の歴史的背景を概括し、それぞれの経緯から生じる研究目的や研究焦点の差異を論じてきた。そして、その分野間の差異は「日本英語」、および「日本人英語使用者」を対象とする本研究において、重要な「学習者」と「使用者」の区分に反映されており、①の伝統的主流を受け継ぐ領域では Kachru, B.（1985, 1992）の述べる内円（NS）と外円／拡大円（NNS）間、②の諸英語論では内円／外円（established / norm-providing, institutionalized / norm-developing）と拡大円（performance / norm-dependent）間で、使用者、学習者を区分している一方、EIL/ELF においては分け隔てなく、母語性、制度性にかかわらず第二言語話者を使用者（時に学習者）と捉えており、主として ELF コーパスの構築プロジェクトが行われてきたことを示した。当節では、これらの分野が互いにどのように関連し、分野間、ないしは分野内で議論が行われてきたかを詳述する。

まずコーパス言語学における母語話者中心主義は、既にほのめかされているように、非母語話者の英語使用の独自性、正当性を主張する EIL、ELF の分野のみならず、第二言語習得研究者、応用言語学者、またコーパス言語学者からでさえも、様々な理由で批判や忠告がなされてきた（e.g., Bley-Vroman, 1983；Leech, 1998；Cook, 1999；Seidlhofer, 1999, 2001；Hino, 2001；Mauranen, 2003；Fujiwara, 2007b）。学習者コーパスを利用した典型的な研究手法は、何らかの言語項目に焦点を当て、学習者コーパスと母語話者コーパスを比較し、学習者側の過剰使用、過小使用を統計的に検出し、その過剰・過小使用、すなわち「差異」を "native-like" な言語使用に近付けていない、つまり「発達」の余地のある未完成な言語であると結論付けるもので

ある (cf. Contrastive Interlanguage Analysis, Granger, 1998)。この伝統的な研究慣例は、程度の差はあれど、今日においても学習者コーパス研究のみならず、あらゆる領域の第二言語習得論全般にみうけられるものである (e.g., Cook, 2002a, 2007)。

　語彙ないしは統語的側面で、明らかに未発達な学習者の言語能力を測る上で、絶対的な「規範」ではなく、ある１つの相対的参照点として母語話者英語を利用することは意義があると思われる。しかしながら、第一言語・文化の影響を明確に受けた文化的アイデンティティを示す「独自」の英語使用、かつ母語話者、非母語話者を含めた対話者とのコミュニケーション上の問題の可能性が低い言語項目まで、母語話者に近づくことを「発達」とする前提は受け入れられるものではない (Fujiwara, 2004, 2007a, 2007c, 2007d)。何より、英語母語話者の「参照コーパス」が学習者にとって望ましいモデルを提供するとは限らない上 (Leech, 1998)、母語英語間の差異も方々で観察されている。Cook (1999) は上記のような第二言語習得研究の典型的手法を「母語話者謬見」(native speaker fallacy) と「比較謬見」(comparative fallacy, Bley-Vroman (1983) も参照のこと) という誤った前提に基づいたものと述べ、言語使用者基準の言語発達モデルの必要性を訴えており[9]、コーパス言語学に関しては次の提言をしている。

　　"If the aim of teaching is to create L2 users, the descriptions of English that is logically required is a description of L2 English".　　(Cook, 1999, p. 203)

　次に実際に外円で構築された ICE、拡大円にて構築された学習者・使用者コーパスをより詳しく検討したい。まず ICE とは、上述のように、World Englishes 論の背景を有し構築されたコーパスであり、内円と外円の 1989 年以降の書き言葉と話し言葉の言語データ（各変種約 100 万語）を収集しているコーパスである。現在（2014 年 1 月）以下の 25 地域変種を対象とし、本書の執筆時において * で示されている変種は構築を終了し、有償、または無償で公開されている。

内円： アイルランド*、アメリカ*、イギリス*、オーストラリア、カナダ*、スコットランド、ニュージーランド*

外円： インド*、シンガポール*、スリランカ*、パキスタン、フィリピン*、香港*、マレーシア、フィジー、南アフリカ、東アフリカ*、ナイジェリア*、ウガンダ、ガーナ、バハマ、ナミビア、ジャマイカ*、トリニダード・トバゴ、マルタ

　ICE により各変種の比較対照研究が可能となり、英語変種間の普遍性、独自性において知見が残されてきており (e.g., Greenbaum 1996)、今後の更なる発展が期待される。しかしながら、この WE の主として制度性に基づくパラダイムでは、前述のように、日本のような英語に公用語の地位のない拡大円ではどれほど能力の高い多くの英語「使用者」が国内外で活躍しようとも、中学生、高校生、大学生と同様、母語話者規範を目指すことを前提とした「学習者」コーパスに所収されることとなる。Kachru, B. (1985, 1992) や Yang (2006) の指摘するように、インドなどの土着化した外円の英語と比較すると、拡大円の英語の使用者数、使用域は限定されることを考慮しても（日本の英語使用状況については第 2 章参照）、日本語を母語とし国内外に活躍する英語使用者は海外派遣の会社員、技術者、研究者、外交官、通訳・翻訳家、またジャーナリストなど、枚挙に暇がないにも関わらず、現存するコーパスは「学習者」のものに留まらざるを得ない（藤原，2006；Fujiwara, 2007b）。

　また当区分の問題点は、20 世紀後半以降のインターネットなどのテクノロジーを媒介として拡大し続ける国際コミュニケーションを考慮すれば、言語発達の要件としての「国内英語の使用」の妥当性はゆらぐことにもなる。つまり現在の情報基盤社会では、国内に多言語空間がなくとも、多種多様な機能を有する国際コミュニケーション (spoken, written いずれも含む) が可能である。このような現状を鑑み、Seidlhofer (2009) は伝統的な "community"（地域共同体）という用語の再定義の必要性を示唆している。

　続いて拡大円では、コーパス言語学の主流をゆく Sylviane Granger (1998)

の牽引の下、編纂がなされたICE付随の学習者コーパス（the International Corpus of Learner English: ICLE）、ELFの見地から編纂がなされたSeidlhofer (2001, 2004)のthe Vienna Oxford International Corpus of English (VOICE) を皮切りに多くの学習者コーパス、また近年では幾つかの使用者コーパスの編纂がなされてきた。後者については、フィンランドのヘルシンキ大学に所属するMauranen (2003, 2006, 2007)によるthe Corpus of English as a Lingua Franca for Academic Settings (ELFA)、Prodromou (2008)が構築したa Corpus of Successful Users of English (CSUE)は既に一定程度編纂を終えた「使用者コーパス」であり、それらを利用した研究成果が上げられている（仕様等、詳細については第2章参照）。付け加えて、Mauranen (2006, 2013)はELFAの書き言葉版の作成を構想し、2011年に構築が実際に開始され現在編纂中である。また近年、オーストラリア、グリフィス大学のKirkpatrick (2010)は、ヨーロッパ諸国の拡大円地域を対象としたVOICEの比較参照用コーパスとして、同様の仕様を持つアジア版使用者コーパス（the Asian Corpus of English: ACE）の編纂を開始し、同氏(2013, 3, personal communication)によると、既にデータの収集は完了しており、2014年中のオンライン公開に向け準備中とのことである。上記からも拡大円における英語話者の捉え方が「学習者」一辺倒から「使用者」へ推移しつつあることが確認できるだろう。

　ここで、拡大円における国際コーパスの先駆者であるGranger (1998)、Seidlhofer (2004)、両氏のコーパス編纂における「話者」の捉え方を比較したい。まず学習者コーパスを編纂したGrangerの見解は次のものである（Granger, 1998, p. 13、強調筆者）。

> ... everybody now recognizes that there are now more non-native speakers of English in the world than native speakers. ... In this context, a project such as The International Corpus of English (ICE) is particularly welcome, as in addition to featuring different native varieties of English, it gives non-native varieties of English the place they deserve. However, ICE only covers institutionalized varieties of non-native English such as Indian English or

Nigerian English. It leaves out a sizable - arguably the largest - group of non-native *users* of English in the world, i.e., foreign *learners* of English. It was to do justice to this rapidly expanding group of English *speakers* that I put forward a proposal to complement ICE with a corpus of *learner* English.

続いて Seidlhofer の見解は次のものである。

The Vienna-Oxford International Corpus of English..., while also gathering data from expanding circle speakers of English is different from ICLE in that it is a spoken corpus, and, more importantly that it conceives of these English speakers not as *learners* aiming at a more native-like competence, but as *expert users* of English for whom this language is the chosen lingua franca.　　　　　　　　　　　　（Seidlhofer, 2005, p. 163、強調筆者）

ここで特筆しておくべき点は、① Granger は、Seidlhofer を含めた EIL、WE、ELF 研究者と同様に、英語の拡大化とそれにともなう多様化を意識してコーパス編纂にいたるが、拡大円の話者に対し学習者 (learner)、使用者 (user) という用語を交換可能に用いておきながら、最終的には「学習者」のラベルをもって編纂を行っていること、② Seidlhofer は明確に「学習者」ではなく「使用者」、それも "expert user" として使用者コーパスの構築を試みていることである。第 2 章にて「学習者」、「使用者」の区分における考慮すべき条件は検討するが、確認すべきは、同じ拡大円 (ICE は VOICE と同様のヨーロッパ諸地域も対象にしている) の英語を対象としながら、最終的になされたラベルはコーパス言語学の主流では「学習者」、ELF のコーパス研究では「使用者」と異なる。また Seidlhofer のこの記述から判断すると、「学習者」、「使用者」の区分は社会言語学的要因ではなく、「話者の目指すべき目標が母語話者か否か」という心理的要因に大きくよるものであることに注意されたい。

　この心理的要因に大きくよる区分からか、VOICE は比較的研究の方向性

の近い ELF 研究者からでさえも批判を受けることとなる (Prodromou, 2006, 2008)。Seidlhofer は上記の「使用者」の最終的な抽出要件を心理的要因―第二言語話者が母語話者を目指すのではなく ELF 話者として英語を使用すると自己判断するか否か―に大きく依拠してコーパス編纂を行っており、以下のサンプルを提示した。

R：a German　S：a French
Choosing a picture for the front of a calendar to be sold in aid of a third world charity
R： I think on the front xx on the front page should be a picture who-which only makes p-people to er spend money, to the charity.
S： yes.
R： and I think er yeah, maybe
S： I think a picture with ( ) child
R： yeah, child are always good to
S： yes
R： to trap people spend money…
S： Yes. I think, erm, let me see, erm…
R： I don't know… but maybe we should er choose a picture who gives the impression …
（from Jenkins, 2003, p. 130）

そして上記のスクリプトを含むコーパス分析から、彼女が成果として文法的非共通核 (non core)、すなわち "ELF forms" として提示したものは、次のものであった (Seidlhofer, 2004)。

　　三単元の s の省略
　　不定・定冠詞の省略
　　who/which の関係代名詞の交換

動名詞／不定詞の交換(e.g., "I look forward to see you.")
「万能」(universal)な付加疑問の使用(i.e., "isn't it?")

　上記のスクリプト、および提示された文法的非共通核を参照する限り、挙げられている諸点は第二言語習得研究にて取り扱われてきた「学習者」的特長と大差ないように思われる。換言すれば、これらは ELF forms、すなわち「頻繁かつ体系的に使用され、第一言語が異なる話者達に共有され、母語話者規範とは異なるがコミュニケーションを阻害しない言語形式」(Jenkins, 2006, p. 161)と同定されるだろうが、この三単現の s の欠落、冠詞の欠落などは第二言語習得のみならず第一言語習得にも普遍的に起こりうる "developmental errors"(Dulay & Burt, 1974)として区分されるものである ("error" の性質については、Ellis, 2008 等を参照)。何を「言語習得」、および「発達」とみなすかは、上記のように複雑な問題ではあるものの、スクリプト中のポーズ(p, people to er spend money)や自己修正(self-repair: a picture who- which only makes...)などから彼らが "expert user" であるとは判断し難い。また研究参与者自身も "user" としては認めるものの、"expert" と捉えたか、疑義が残ろう。Prodromou(2006, p. 56)は VOICE の言語使用者の言語能力は「中位」レベルであったことを示唆している。"Some users will be of the kind of level indicated in Seidlhofer's samples, others will be lower but, more importantly, others will be of a higher level of proficiency".
　この能力層の妥当性を抱える VOICE、およびその主たる研究成果である文法的非共通核に対し、Prodromou(2006, 2008)が提起している問題点は、その非共通核の社会的容認度合いである。つまり、この伝統的に「学習者」的特徴と考えられるレベルが、学習者側が "successful" な言語使用者に自己実現する上で、目標とすべきレベルか否か、という論点である。確かにこれらを参照点として言語使用基準を体系的に構築したにせよ、多くの教育者、学習者がそのレベルを妥当と考えるか否かについては社会的現実性に欠けているようにも思える(Prodromou, 2008)。本書で対象とする日本と同じアジアの EFL 国家である中国の大規模調査では、大多数の大学教員、大学生

は、発音面では中国語の影響を受けた"China English"を認める傾向にあるが、文法においてはいわゆる「標準英語」への順守、および近似への志向が如実に確認されたと報告されている(He & Zhang, 2010)。

これらの批判の下、Prodromou (2006) は心理的要因のみではなく、言語能力テストによる証明などの能力的要因、教育、職業、社会的認知度合いなどの社会言語学的要因をも参考にし、彼の述べる "successful" な「使用者」の要件の提案を行っている。この点については次章にて詳述する。

1.5 総括

本章の主たる目的は、関連領域である①コーパス言語学、② EIL、WE、ELF の各分野の歴史的背景を概括し、それぞれの経緯から生じる研究目的、研究領域の差を俯瞰し、両者の学際的領域の変化、およびその問題点、議論点を論じることであった。その分野間の差異は本研究における骨子を成す構成概念である「日本人英語使用者」、すなわち「学習者」、「使用者」の区分に反映されており、①の伝統的主流を受け継ぐ領域では Kachru, B. (1985, 1992) の述べる内円 (NS) と外円／拡大円 (NNS) 間、②の諸英語論では内円／外円 (established/ norm-providing, institutionalized/norm-developing) と拡大円 (performance/ norm-dependent) 間で、使用者、学習者を区分している一方、EIL/ELF においては分け隔てなく、母語性、制度性にかかわらず言語話者を使用者 (時に学習者) と概念化しており、主として ELF コーパス構築のプロジェクトが行われてきたことを示した。次章では、このコーパス編纂上、議論の余地を残す「学習者」と「使用者」の曖昧な区分により焦点を当てて、「日本人英語使用者」について考察を深める。

注

1　Pakir (2009) は EIL を Randolph Quirk の提唱する母語話者規範に依拠した International English (IE) と同義として使用しており、Smith (1976) の提唱した EIL を World Englishes 内の一分野に抱合している。この抱合は EIL の提唱者である Smith (2004) 自身の認識にも合致するが、日野 (2011) が述べるように、EIL/WE は本質的に異なると解釈できる。よって本書では、EIL は IE、WE ともに異なる独自の領域として扱う。

2　非英語母語話者からの主張として、WE 論の創始者である Kachru, B. (1976) のものが嚆矢と考えられる。

3　「国際」ではないが、台湾における国内共通語（リンガ・フランカ）としての日本語の役割については、簡 (2011) に詳しい。また国際日本語推進派として、鈴木孝夫氏 (2009)、津田幸男氏 (2011) が挙げられる。

4　津田 (2006, p. 129) はこれらの用語を、ENL を頂点とし、ESL を中間、EFL を底辺とするピラミッド型英語支配の序列構造として捉えている。

5　Kachru, B (2008) は、Smith (1978) の EFL/ESL という用語には英語使用の「正しさ」を決める審判となるのは ENL 話者（つまり母語話者）という前提があるという主張の賢明さを賞賛していることから、この支配的言語観への認識は十分にあると考えられる。

6　日野 (2008, p. 29) は WE の英語母語国を中心とする大英帝国との縁の深さによる同心円の枠組み（図 1-1）を、徳川幕府の親疎関係によって全国の藩を「親藩」、「譜代」、「外様」と分類した枠組みと非常に近似していると主張している。

7　Morrow は「日本英語」を変種上、performance variety と位置付けているものの、日本英語の独自性の尊重を主張していることを付記しておく (Morrow, 1997a, 2004)。

8　実際に Jenkins (2000, p. 11) は同書内で以下のように述べている。"It remains to be seen whether ELF ultimately catches on. In the meantime, I will for present purposes restrict its use to describing the core of pronunciation features…as a model for international English phonology… and will continue to use the more widely-acknowledged EIL".

9　この点は EIL、ELF が示す教育上のモデル変更の提言と合致する。

第 2 章
「日本英語」と日本人英語使用者

2.1　概要

　第 2 章の目的は、日本人英語使用者コーパス (Japanese User Corpus of English: JUCE) の編纂に際し、1)「学習者」「使用者」の区分により明確な焦点を当てて考察を深め、「使用者要件」を提示し、本書における「日本人英語使用者」を定義すること、および 2) 研究対象とする言語的側面を示すことの 2 つである。より具体的には、近年の応用言語学上の「学習者」、「使用者」の両概念を精査した後、その定義の妥当性、有用性、必要性は認めつつも、コーパス構築において直接援用するとなると、既存の学習者コーパス、新興の使用者コーパスが結局同質のものとなる危険性を指摘する。次に現存する使用者コーパス構築時の「使用者」の要件を吟味し、第二言語習得論、コーパス言語学、国際英語関連領域の継続的な発展のため、コーパス構築時の「使用者」の定義に教育的、職業的変数を加味することが必要と主張する。また最後に教育的、職業的変数を考慮し、「学習者」と「使用者」の差異化を図るコーパスを構築することは、近年の日本の言語政策、英語教育カリキュラムの目的、目標にも合致する上、今後の日本の英語教育の目標におけるパラダイムシフトの議論―すなわち国外母語話者基準 (exonormative standard) ではなく国内使用者基準 (endonormative standard) へ変更することの是非―において参考資料を提供することができるため、有益であると主張する。

2.2 学習者と使用者

　Yang (2006) は「学習者」(learner)、「使用者」(user)、「話者」(speaker) という用語が、過去の諸英語研究や関連分野で、往々にして相互に交換可能に使用されている実態を指摘しており、この同義語としての用法は、既に確認したように、Granger (1998) の ICLE 構築時の趣旨にもみうけられる (1.4 参照)。事の本質を述べれば、母語であれ第二言語であれ、言語学習は生涯にわたって続けられるものであるため、母語話者、非母語話者にかかわらず、「学習者」は「使用者」、「使用者」は「学習者」であるといえる。しかしながら、英語の「グローバル化」について言及する際 (Yang, 2006)、とりわけコーパス設計においては (Fujiwara, 2007b)、両者を操作的に定義し区分することが必須であると考えられる。では①応用言語学、および②コーパス言語学と ELF の学際的領域において、「学習者」と「使用者」はいかに定義、および区分されてきたのか、この点について以下に詳述する。

2.2.1　応用言語学の学習者・使用者概念

　まず応用言語学・言語教育上の学習者・使用者の概念、および両者の区分を検討する。前述のように、第二言語習得研究 (second language acquisition: SLA) では、Chomsky の「理想的母語話者」のコンセプトの影響もあり、伝統的に「母語話者 (native speaker: NS)」を究極の達成目標としてきた (e.g., Cook, 1999, 2007)。それゆえ、英語教育上では、母語話者に相対する概念として、彼らの規範を目標として仰ぐ「学習者 (learner)」、母語話者と二項対立する「非母語話者 (nonnative speaker: NNS)」という 2 つの用語が、外円、拡大円の英語話者に、実態はどうあれ、用いられてきた。つまり SLA では非母語話者、学習者に対して、NS 規範を順守し、その近似へと努力、邁進する像が当然視されており、本書の執筆時にもその傾向は十分にみうけられるといってよい。

　その SLA の伝統的研究慣例の妥当性について―とりわけ拡大化、多様化する英語が目標言語の場合に―1990 年代初頭より議論が盛んに行われ (e.g.,

Kachru, 1986, 1992；Rampton, 1990；Medgyes, 1992；Widdowson, 1994, 1997, 1998；Kramsch, 1998；Bamgbose, 1998；Brutt-Griffler, 1998, 2002；Cook, 1999, 2002a, 2007；Brumfit, 2001；Alptekin, 2002)、その結果、「学習者」、「非母語話者」の代替物として、「使用者」という用語が散見されてきた。その導入の主たる動機は、多くの英語「学習者」は NS へのあくなき近似を絶対的な目標とせず (e.g., Smith, 1978；Cook, 1999；Seidlhofer, 2001；Alptekin, 2002；Mauranen, 2003；窪田、2005)、外円であれ拡大円であれ、彼らの「NNS 的」英語使用にはそれぞれ独自に一貫したシステムが存在するにもかかわらず (e.g., Kachru, 1992；Cook, 2002a)、NS モデルに基づく SLA の視座からは、「非母語話者」・「学習者」は永遠に「非母語話者」・「学習者」と同定されざるを得ないという問題点にある。Cook (2002a, p. 4) は述べる。

> One motivation for this usage [of users] is the feeling that it is demeaning to call someone who has functioned in an L2 environment for years a 'learner' rather than a 'user'. A person who has been using a second language for twenty-five years is no more an L2 learner than a fifty-year-old monolingual native speaker is an L1 learner. The term L2 *learner* implies that the task of acquisition is never finished, and it concentrates attention on how people acquire second languages rather than on their knowledge and use of the second language. (イタリック、原文ママ。括弧、下線筆者)

では、第二言語使用者 (L2 users) の定義は如何なるものであろうか？ここでは、ELF 研究 (e.g., Alptekin, 2002, 2010；Prodromou, 2006, 2008) においても少なからず影響を与えてきた応用言語学の権威である Vivian Cook (2002a, 2007) の第二言語使用者の定義を吟味する。彼の記述 (Cook, 2002a, pp. 1-3) によると、a) 使用者は第一言語 (母語) とは別の語の何らかの側面を現実社会の目的に使用するものであり、一方 b) 学習者は即座に必要とされる現実的目的ではなく、後の使用を目的とし、教室において第二言語を学習するもの

である。この定義において特筆すべきは、学習者・使用者を区分する要件は、即座の現実生活に根差した使用目的（immediate, real-life purpose）の有無という状況に依存したものであり、言語話者の出自、教育歴、社会的階層の社会言語学的要因のみならず、能力やNS志向などの個人差要因にも全く関係がないことである。彼は端的に第二言語使用者を次のように定義している。"...the term L2 user then refers to a person who knows and uses a second language at any level"（Cook, 2002a, p. 4）．また "any use counts, however small or ineffective"（Cook, 2002a, p. 3）と述べ、ごく少数の単語のコードスイッチングさえも「使用」に含めるため（Cook, 2007）、"an L2 user can be almost anyone anywhere"（Cook, 2002a, p. 2）と述べている。

　当定義を本研究における重要な構成概念である「日本人英語使用者」に関連付けると、いわゆる「日本人」は全て教室では「学習者」であり、教室外では「使用者」と同定されるだろう。現代の日本において英語教育は初等、中等、高等教育は言うに及ばず、社会人に対する教育も盛んであり（Morrow, 1995；Kanno, 2007）、教室外においても単語やフレーズレベルを「使用」とみなすのであれば、新聞、広告、テレビなどのマスコミュニケーションのみならず日常会話を含め、あらゆる場所で英語の使用は行われている（e.g., Morrow, 1987；Stanlaw, 2005；Honna, 2008）。この定義に含まれる条件によれば、コーパス言語学およびWE論が重視してきた母語性、制度性の社会言語学的要因はいうにおよばず（第1章参照）、能力要因にもかかわらず、日本人は教室では「学習者」、教室外では「使用者」であるといえる[1]。

　この母語性、制度性、および心理的要因、言語能力水準などの個人要因に無関係に、言語話者のNSからの自律性を積極的に認め、「使用者」と同定する立場は、英国を除き拡大円地域に属する欧州の言語教育政策の一環である「ヨーロッパ言語共通参照枠」（the Common European Framework of Reference for Languages; CEFR）においても確認される。CEFRとは対象言語にかかわらず外国語学習の習得状況を示す共通の到達度指標であり、近年では日本の英語教育コンテクストにも応用されつつある（投野（編），2013）。このCEFRの共通の到達度指標において、最も重要なことの1つは複言語主

義、複文化主義を理念的背景としており、いわゆる「母語話者」能力を絶対的な範としないと明記していることである[2] (Council of Europe, 2001/2002 [吉島・大橋他訳])。従って、到達度を示す言語能力段階は、全て「学習者」ではなく「使用者」の表現が用いられている (A (basic user)、B (independent user)、C (proficient user))。つまり初級者から専門家レベルまで、全能力レベルの言語「学習者」は言語「使用者」である。

当節では応用言語学上、着目されつつある「使用者」の概念を考察してきた。端的にまとめれば、「学習者」、「使用者」の区分は①現実目的の使用状況の有無という語用論的要件、および②母語話者近似願望の有無という心理的要件の2点があり、②の心理的要件を除けば、個人内における本質的差異はないといえる。

2.2.2 コーパス言語学の学習者・使用者概念

ここよりコーパス言語学に視点を移し、上述の応用言語学上、言語教育上の「使用者」の定義を「使用者」コーパス設計に直接援用した際に、どのような言語サンプルを所収すべきか、またその言語サンプルはどのような特徴を成すかを推察し、次に既存のELFコーパスの使用者要件を吟味する。

2.2.2.1 応用言語学の「使用者」概念をコーパス言語学へ応用する際の問題点

上記でみてきた応用言語学における「学習者」と「使用者」の区分は①現実目的の使用状況の有無、および②母語話者近似願望の有無という2点であり、②の心理状態以外、個人内における本質的差異はない。付け加えて①の使用状況においても、"sometimes using and learning come to the same thing" (Cook, 2002a, p. 3) という叙述が明示するように、現実社会のコンテクストにおいて使用しながら学習するという場合は多々ある。

それゆえ、この定義をコーパス言語学に直接援用する場合、包装のラベルは「学習者」であれ「使用者」であれ、中身は同じという状況が発生する危険性があるといわざるを得ない。すなわち、今までSLAとコーパス言語学の学際的領域において編纂されてきた多数の「学習者」コーパスと、ELF

パラダイムに基づき近年構築された希少な「使用者」コーパスは、見る眼鏡は異なれど、言語収集対象とした言語「話者」は同一という状況に陥りかねない。実際に学習者コーパス研究を牽引してきた Granger（2009, p. 25）は、ELF 研究の方向性に理解を少し示しつつも、学習者コーパスにおけるデータと ELF データは非常に近似していると指摘している。

　応用言語学、SLA において、「非母語話者」は全ての言語・非言語的側面において必ずしも「母語話者」を範と仰がない事実をふまえ（e.g., Siegal, 1996；Morrow, 1996；窪田，2005）、用語を「学習者」から「使用者」に変更すること、また多種多様な能力段階、および言語システム状態を NS 規範を参照して評価するのではなく、それ自体を捉え、描写し、説明すべきこと（e.g., Bley-Vroman, 1983；Cook, 2002a）、言語能力における参照点を母語話者から、同じ第一言語、文化を有するより能力の高い第二言語使用者に変更すべきこと（e.g., Kirkpatrick, 2006；Cook, 2007；Fujiwara, 2007d）という発想の転換の重要性は強調してもしすぎることはない（詳細な理由は、第 3 章、および Kirkpatrick, 2006；Cook, 2007；He & Zhang, 2010 参照）。

　しかしながら、現存する学習者コーパスの利用価値を十分に理解し、その知見をふまえて研究上の継続的発展を図る上では、コーパス編纂に際して「学習者」、「使用者」の区分を可能な限り明確にし、差異化を図った「使用者」コーパスを構築する必要性、およびその差異化の条件の妥当性を吟味する必要性は十二分にあるといえるだろう（Morrow, 1997a）。というのも、前述の①、②の両条件のみでは、第 1 章で示されているように、十分な差異化を図れないのである。つまり両方を満たし採取された言語サンプルは「学習者」、「使用者」というラベルは違えど、中身はほぼ同じという事態が発生するため、使用者コーパスのサンプルも、結局、less proficient "learner" のラベルが貼られてしまう。結果的に NS 規範から独立した言語発達段階を設計することができないのである。では、実際に現存する「使用者」コーパスは「使用者」をいかに定義しているのか、次項で確認したい。

2.2.2.2 「使用者」コーパス設計時の「使用者」要件

　ここでは ELF の分野において先駆的に構築されてきた「使用者」コーパスの「使用者」の要件を吟味し、どのようなものが考慮されてきたかを精査する。ELF の見地から編纂がなされた使用者コーパスは時系列順に the Vienna Oxford International Corpus of English (VOICE)、the Corpus of English as a Lingua Franca for Academic Settings (ELFA)、a Corpus of Successful Users of English (CSUE) の 3 種である。以下の表 2-1 に、それぞれの背景情報、および仕様を示す。

　まず、表 2-1 のタイプ (Type) に示されるように、3 種のコーパス全て、英語を学習対象とした教室コンテクストからは収集されておらず、第二言語話者間の自然発生的な会話、またはスピーチをサンプル対象としており、前述の①現実目的の使用状況の有無という語用論的要件を満たしている。ICLE の編纂代表者である Granger は ICLE にて対象とした EFL 国家(ヨーロッパ諸国を含む)を中心に話し言葉コーパス (LINDSEI: the Louvain International Database of Spoken English Interlanguage, Gilquin, Cock, & Granger, 2010) を近年構築したが(現在も一部構築中)、母語話者と非母語話者間のインタラクションを比較的多く含み(母語話者の発話の割合は 20% 程度)、「絵の描写」などの人工的なタスクを「学習者」に課していることから、表 2-1 に記載の 3 種のコーパスは「使用者コーパス」、LINDSEI は「学習者コーパス」という区分は使用状況の差異―すなわち現実目的の使用状況の有無―により保証される。また②母語話者近似願望の有無という心理的要件は、VOICE、ELFA、CSUE の構築者 (Seidlhofer, 2001；Mauranen, 2006；Prodromou, 2008) によれば、研究参与者は EFL 学習者ではなく、ELF 使用者であると自己認識していると報告されている。よって、2.2.1 でみた応用言語学上の「使用者」の要件はいずれも満たしている。

　これらの使用者コーパス群の「使用者」水準において比較検討すると、差異が確認されるのは、③教育レベル、④社会的地位の社会言語学的要因、およびこの 2 点に応じた⑤言語能力要因であり、おそらく③-⑤の変数において昇順に、VOICE、ELFA、CSUE と並ぶと推察される。ELFA、CSUE

表 2-1　使用者コーパスの仕様

	VOICE	ELFA	CSUE
Director	Seidlhofer (2001, 2004)	Mauranen (2003, 2006, 2008)	Prodromou (2008)
Date of recordings	2001–2007	2003–2008	2000–2003
Type	spoken, unscripted, natural, complete interaction	spoken, unscripted, natural, complete interaction (67%), monologue (33%)	spoken, unscripted, natural, complete interaction
Size	approx.1 million (10% L1 users)	approx.1 million (5% L1 users)	approx. 0.2 million (5% L1 users)
Length of recording	110.5 hours	131 hours	40 hours
N of participants	753	approx. 650	42
Gender	M: 47%, F: 52%; Unknown: 1%	registered	M: 50%, F: 50%
Nationality	49 (mostly European)	African (7) Asian (8) European (36: Finish, 28.5%)	European (18) Latin American (6)
Age	adult, 17–50 over	adult, 17–51 over	adult, 25–50
Education	mainly at the tertiary level	majority. at least one university degree	university graduates and postgraduates
Status	mainly undergraduate/ graduate students professionals	undergraduate/graduate students researchers/scholars/ lecturer	EFL teachers, trainers, lectures, applied linguists politicians, journalists, business people, publishers and administrators
Level of English	not controlled	not controlled	advanced/proficient

	VOICE	ELFA	CSUE
Register	conversation, interview meeting, panel press conference, question-answer session seminar discussion service encounter working group discussion workshop discussion	lecture presentation seminar thesis defense conference discussion workshop student group conference presentation	conversation, interview
Roles	international students, peers, friends, customers	professors, lectures, students, peers, etc.	family, friends, colleagues, acquaintances
Setting	academic settings, daily lives, etc.	academic settings	home, office, car, train, restaurant, cafe
Domains Topics	Educational (25%) Leisure (10%) Professional business (20%) Professional organizational (35%) Professional research/science (10%)	Social sciences (29%) Technology (19%) Humanities (17%) Natural sciences (13%) Medicine (10%) Behavioral sciences (7%) Economics & administration (5%)	Social chat, gossip conversation about work, friends, politics some discussion
Availability	+	+	−
Notes		A written version of ELFA (since 2011)	

の両者は、教育レベル、社会的地位の両方を詳細に描写している。まずELFA は教育言語として英語が使用されている大学院（ヘルシンキ大学、タンペレ大学など）で行われる多種多様なアカデミック・ディスコースでの言語使用を採集対象としたことから（Mauranen, 2006）、研究参与者の趨勢が大学既卒の修士・博士学生、および大学教員、研究者であり、各国において教育レベル、社会的地位、言語能力が比較的高い集団と推定可能である。またCSUE は前述（1.4 参照）のように VOICE のアンチテーゼとして、"successful users of English" に限定してデータ収集を行ったため、具体的に参与者は大学・大学院既卒者かつ英語教育者、応用言語学者、ジャーナリストなど、職業人の英語使用者のみを対象としたため（Prodromou, 2008）、かなり言語能力が高い集団といえよう。

　一方、VOICE における主たる文献（Seidlhofer, 2001, 2004, 2005, 2006；VOICE, 2011）によれば、研究参与者は "fairly fluent speakers from a wide range of first language backgrounds whose primary and secondary socialization (i.e., upbringing and education) did not take place through English"（Seidlhofer, 2004, p. 219）と述べられているものの、彼らの教育レベル、社会的地位に関する直接的な言及は、筆者が調査した限り、みうけられない。しかしながら、VOICE 編纂チームが ELF users と定義するものに "a Spanish Erasmus[3] student chatting with local colleagues in a student hall in Vienna"（VOICE, 2011、注挿入筆者）を含めていること、前章にてふれた VOICE の比較可能なアジア版である ACE プロジェクト（Kirkpatrick, 2010）において学部レベルの留学生間のインタラクションも収集対象としていること（D'Angelo, Sharma, & Thompson, 2012）、最後に構築者である Seidlhofer 自身が、当使用者コーパスの言語サンプルの特徴は既存の学習者コーパスと重複する可能性を認めていることから、VOICE には 3 種のコーパス群において最も学部レベルの大学生が多く含まれており、能力層に最も大きな変移が確認される可能性が高い。以下の引用を参照されたい。

> The main difference between ICLE/LINDSEI and VOICE thus lies in *the*

researchers' orientation towards the data and the purposes they intend the corpora to serve. However, it is possible that some of the findings emerging from learner corpora could also contribute to a better understanding of English as a lingua franca. …some so-called deviations from ENL norms reported in learner corpora research could serve as pointers in the process of profiling ELF.　　　　　　　　　　　　　　（Seidlhofer, 2004, p. 224、強調筆者）

　LINDSEI は書き言葉コーパスである ICLE を補完する話し言葉コーパスとして、各国の大学 3、4 年生を "higher-intermediate" から "advanced" の「学習者」とみなし研究対象としている（Gilquin et al., 2010）。よって、Seidlhofer の述べる "fairly fluent speakers"（2004, p. 224）、ないしは "expert users"（2005, p. 163）は、自身が指摘するように研究者の視点と研究目的が異なれば、「学習者」、ないしは「中位層」の使用者レベル（Prodromou, 2008）であり、成功した使用者（successful users）には距離があるとの批判がなされることとなる。既に述べたように、Granger（2009, p. 25）は、ELF 研究の方向性に理解を示しつつも、学習者コーパスにおけるデータと ELF データの酷似性を指摘している。
　また能力要因については、VOICE、ELFA のいずれも統制を行っていない（Seidlhofer, 2004；Mauranen, 2007）。しかし CSUE は英語試験（e.g., TOEFL, IELTS）、ヨーロッパ共通言語参照枠（CEFR）の指標が利用可能な場合は参照し、他に自己評価、他者評価の両方を実施して能力水準のコントロールをおこなった（Prodromou, 2008）。よって③教育レベル、④社会的地位の社会言語学的要因、および⑤言語能力の変数において昇順に、VOICE、ELFA、CSUE と並ぶと考えてよいだろう。

2.2.3　学習者コーパスとの差異化を図る使用者コーパスの 「使用者」要件

　上述の内容をふまえ、学習者コーパスとの差異化を図り得る「使用者コーパス」を構築する際に、③教育レベル、④社会的地位、および⑤言語能力の

変数において、どのレベルの使用者を教育を受け (educated)、社会的に成功し (successful)、能力のある (proficient) ものと捉え、言語サンプルの収集対象とすべきか、より詳細に検討を試みることが肝要となろう。以下にこれらの3項目について考察を深める。

2.2.3.1　教育レベル

　まず③教育を受けた話者 (educated speaker) といえる妥当なレベルはどのようなものであろうか。EIL の創始者である Larry Smith 氏によれば、"educated here refers to formal education, usually up to and including the tertiary level" (Smith & Rafiqzad, 1979, p. 371) とあり、大学生を含めた高等教育修了者である。次に WE 論者の Lowenberg (1992, p. 96) によれば、範とすべきモデル・スピーカーは "speakers who have received the highest level of education available in that country" である。この場合、日本のコンテクストでは大学院卒を視野に入れる必要がある。一方、日本の国際英語分野を牽引してきた Honna (2006, 2011) によれば、日本の英語学習者の高校卒業レベル、大学卒業レベルにおいて平均以上の達成度のものという水準である。このように教育レベルの水準はさまざまで、数名の代表的な識者の見解でさえ一致はみられない。

　一方、「学習者」、「使用者」の区分に考察を加えた Yang (2006) は日本と同じ EFL 環境にある中国の英語教育カリキュラムの不十分さ、教室外の英語使用の欠如を考慮して、一部地域のトップ・ユニバーシティ卒業の「エリート」を除き、ほぼ全て初級者か中位レベルの「学習者」に過ぎないと推察している。Yang (2006) が念頭におく基準を日本にも当てはめた際には、彼はほぼ同じ結論に至ることであろう。つまるところ、教育レベルにおける参照点は、前述のようにコンセンサスは全く得られておらず明確な線引きは困難を極める。

　また最も重要な懸念事項は、大学生という「学生」を言語の使用状況に応じて「学習者」コーパス、「使用者」コーパスに分別することは、前述のように、第二言語習得論、コーパス言語学、国際英語関連領域の学際的相互発

展を妨げる危惧があることである。上記の現実世界における言語使用の目的の有無という「使用者」要件は近年の応用言語学、および国際英語関連領域のパラダイムから考察すれば、十分に妥当性があり、VOICE、ELFA のいずれも量の差はあれど大学生の英語使用を収集している、しかしながら、前述のように SLA を背景としたコーパス言語学 (e.g., Granger, 1998; Gilquin et al., 2010) では、大学生の言語サンプルは伝統的に「学習者」コーパスとして集成され学術成果を残してきた歴史を斟酌する必要があるのではないだろうか。この見解の相違について、ただ平行線を辿る議論をしていたのでは、相互の研究領域発展上、無益かつ不毛といわざるを得ない。つまり相互の見解を弁証法的に止揚することが肝要と思われる。

付け加えて、大学生レベルは前述のように「学習状況」と「使用状況」が混在し (Cook, 2002a, p. 3)、結果的に十分な差異化が図れない危険性もある。なぜならば、至極当然のことながら、「学生」の本分は「学習」することである。よって、区別を可能とする「使用者コーパス」構築の際には、教育レベル以外の変数をより重要視する必要があろう。

2.2.3.2 社会的地位

次に④社会的地位に関しては、職業として英語を使用する者は、概ね教育課程は修了しており、主として学習目的ではなく、仕事の目的で第二言語を使用する。すなわち現実世界の使用目的に合致した使用者の要件 (Cook, 2002a) を多くの場合満たしているため、当変数はより明確に「学習者」と「使用者」の区別を図れると期待できるだろう。つまり、職業上の英語、たとえばビジネス関連の文書や会議などの言語使用が収集可能であれば、明確に「学習者」コーパスと弁別ができる。コーパス言語学と相性の良い対照修辞学 (contrastive rhetoric) においても、職業上の英語使用は「正当」な第二言語使用と判断されつつある。

> "Writing for professional purposes, such as business, is now considered a *legitimate* type of second language writing and worthy of research and teach-

ing". 　　　　　　（Connor, Nagelhout, & Rozycki, 2008, p. 3、強調筆者）

　近年、英国ノッティンガム大学では、ビジネスのコンテクストに特化したthe Cambridge and Nottingham Business English Corpus（CANBEC）の編纂を終了しており、約80％は英国英語話者であるが、拡大円に属するヨーロッパ諸国、日本の英語話者の言語サンプルも所収されている（Handford, 2010）。付け加えて、VOICE、ELFA、CSUEの使用者コーパスは全て、量の差はあれど、職業人の英語を「使用者」言語サンプルとして適とし所収していることは明確に一致すること、また既存の日本人による英語のコーパスは、筆者の知る限り、スピーキングテスト状況―すなわち自然な言語使用ではなく、人工的な状況―にて構築されたthe NICT JLE Corpus（和泉他, 2005）以外、職業人の英語を一切含めてこなかったことも注目に値しよう。すなわち仕事領域の英語使用は、学習者と使用者コーパスとしての区分を成立させ、かつ日本のコンテクストではほぼ未開拓のものである。
　「日本人の英語使用」に関する大規模かつ均衡データを採取した統計調査である「日本版総合的社会調査」（Japanese General Social Surveys [4]）を利用した研究（小磯、2009；Terasawa, 2011；寺沢、2013, 2014）によれば、彼らの英語の使用頻度、およびその質量は具体的にはわからないものの[5]、現代の日本において、概ね「仕事で英語を使用する」ものは約1割弱と推計される。換言すれば、少なくとも数百万人の英語使用者が存在していることになる。一方、寺沢（2013）によると、「仕事での英語の有用感」、すなわち主観的に自身の仕事にとって英語が多少なりとも役に立つと感じるものは、学歴、職種などに大きくよるものの、日本全体では4割程度と推計されている。付け加えて、近年では「グローバル人材」の育成が盛んに叫ばれており、英語使用者への潜在的な需要は未だ高いといってよいだろう。すなわち事態の好悪の判断は別にして、今後、仕事における日本人英語使用者は増える可能性が高い。上記を鑑みても、学習者コーパスとは明確に差異化した「使用者コーパス」、すなわち職業人レベルの英語使用をコーパス化する必要性はあるだろう。

2.2.3.3 能力要因

　最後に⑤の能力要因について考察する。この点は拡大円における学習者と使用者の弁別を試案した Yang (2006)、「日本英語コーパス」の編纂可能性を考察した Morrow (1997a) の両者とも、学習者と使用者を分別する"minimum threshold level"を規定する必要があると指摘している。しかしながら、使用者を定義する際の具体的な能力要件については、国際英語関連領域の立場を支持する研究者においても、困難を極めると指摘されてきた (Morrow, 1997a；Yang, 2006；Takatsuka, 2008)。Crystal (2003) は図 1-1 に示した英語「話者」数を推定する際に、"everything depends on just how great a command of English is considered acceptable to count as a speaker of English" (p. 68) と述べて、能力要因の重要性を指摘し、native-speaker-like fluency ではなく、教育レベルを基に推定した "reasonable" な達成度を基準としたと述べている。しかし、一方でこの "reasonable" な達成度についての具体的な描写は全くなされていないのである。このことからも、具体的な能力要件の提示の困難さが伺えるだろう。

　そこで、以下では学習者と使用者間の弁別特徴を考察した Yang (2006)、使用者コーパス編纂時に "successful users of English" を選別する上で Prodromou (2008) が参考にした次の資料に考察を加えたい。a) 英語試験結果 (e.g., TOEFL, IELTS, ACTFL)、b) ヨーロッパ共通言語参照枠 (CEFR)、c) 他者評価。まず a)、b) については、2012 年における TOEFL iBT (Test of English as a Foreign Language, Internet-based Tests) の国際比較調査 (Educational Testing Service [ETS], 2013)、および TOEIC/CEFR の相関表 (ETS, 2008) を参照し、どの程度の能力水準が学習者と区分可能な使用者レベルかを検討する。表 2-2 はアジア 20 カ国の受験者の TOEFL iBT スコアの平均結果を降順に並べ、各スコアを ETS が提示した相関表 (TOEFL-iBT – TOEFL PBT, ETS, 2011)、および計算式 (TOEFL PBT – TOEIC) に基づき TOEIC スコアに換算して示したものである。なお、この換算式は、TOEFL と TOEIC の測る英語力の質はかなり異なるため、今日では ETS は支持していないものである。しかしながら、TOEIC スコアは日本におけ

表 2-2　アジア 20 カ国の 2012 年 TOEFL iBT の結果と TOEIC 換算値

Circles	Geographic Region and Native Country	R	L	S	W	T	TOEIC
Outer	Singapore	24	25	24	25	98	865
	India	22	22	24	24	91	805
	Pakistan	21	22	24	23	90	805
	Malaysia	22	22	22	24	89	800
	Philippines	21	22	24	23	89	800
	Sri Lanka	20	21	22	21	85	770
	Bangladesh	20	20	22	22	84	770
Expanding	Korea, Republic of	21	21	20	22	84	770
	Hong Kong	19	20	21	22	82	740
	Korea, Democratic People's Republic of	19	19	20	21	80	730
	Indonesia	19	20	20	21	79	730
	Myanmar	18	19	21	21	79	730
	Taiwan	20	19	20	20	78	720
	China	20	18	19	20	77	720
	Thailand	18	19	19	20	76	700
	Viet Nam	19	18	19	20	76	700
	Afghanistan	14	17	22	19	72	680
	Lao, People's Democratic Republic	16	16	19	19	71	665
	Japan	18	17	17	18	70	650
	Cambodia	15	15	19	19	68	645

Notes: R = Reading, L = Listening, S = Speaking, W = Writing, T = Total

る社会的通用性が高いため、理解しやすいと判断した。

　TOEFL は主として米国留学希望者が受験する性質を持つため、受験者サンプルの代表性の問題がある上、TOEFL/TOEIC とも母語話者基準に基づく試験 (Prodromou, 2008) であることから、本書の議論における関連性、応用可能性は限定的なものである。またこの結果には受験者数、および分散が示されていない上、実際に受容・発信能力の総合的測定結果 (i.e., TOEFL iBT) をどこまで受容試験結果 (TOEIC) へ適切に換算されるのか、という統計的な問題があり、十分に注意を要する。しかしながら、「使用者」コーパス構築時における一定の能力基準が示される状況に至るまでは、この結果は "proficient" な使用者を査定する上での資料として参照する価値は認められると判断した。

　まず一見して明らかな傾向として、韓国 (Expanding Circle) と香港 (Outer Circle) が逆転しているものの、第二公用語として英語を使用してきた外円地域が上位を全て独占し、拡大円地域は全て下位を占めていることが確認されるだろう。なお、この外円諸国と拡大円諸国の TOEFL 結果の格差は、約 20 年前より継続的に指摘されており (大谷, 1991, 2007)、しかも 1991 年時点で「TOEFL 発足以来今日まで 25 年間、この傾向はほとんど変わっていない」(大谷, 1991, p. 9) とも指摘されている。

　この「能力」という観点における明確な区分から、Kachru (1985, 1992) が英語使用の歴史、および第二公用語の要件により、外円の英語話者を母語話者規範から独立した第二言語使用者、拡大円の英語話者を母語話者規範を順守すべき学習者と捉え、外円と拡大円間に線引きを行ったことに一定程度の合理性が確認されるだろう。この結果には国内使用および土着の言語使用の歴史が―それが母語基準であれ、独自変種基準であれ―各国の英語使用者の「英語力」に大きく寄与した事実が如実に示されている。

　しかしながら、本結果は同時に "proficient" な第二言語使用者の能力レベルを示す一資料と解釈することも可能であろう。つまり外円諸国において、英語を国内使用し、かつ米国留学を目的として英語試験を受験する、つまり国際使用をも射程に入れた層の英語能力の基準値がある程度示されていると

も考えられる。CEFR の能力段階においては、TOEIC/CEFR の相関表 (ETS, 2008) を参照すると、アジアの外円諸国の英語話者、すなわち WE 論における独自英語の話者の英語能力水準は、少なくとも B2 以上（independent user – Vantage, TOEIC 785 以上）と推定される。この点は "total minimum score frequently required by higher education and companies"（ETS, 2008, p. 1）と描写され、教育要件、職業要件における閾値と考えられている。

また英語試験は、高等教育機関への入学などの目標に必要とされるバーをなんとか越えるために、閾値レベル以下のものが何度も受験する性質があるため（鳥飼，2011）、当レベルより高い水準も考慮する必要があるだろう。CEFR における "proficient" user（C1、C2）の記述子は次のものである。

C1： いろいろな種類の高度な内容のかなり長いテクストを理解することができ、含意を把握できる。言葉を探しているという印象を与えずに、流暢に、また自然に自己表現することができる。社会的、学問的、職業上の目的に応じた、柔軟な、しかも効果的な言葉遣いができる。複雑な話題について明確でしっかりとした構成の詳細なテクストをつくることができる。その際テクストを構成する字句や接続表現、結束表現の用法をマスターしていることが伺える。

C2： 聞いたり、読んだりしたほぼ全てのものを容易に理解することができる。いろいろな話し言葉や書き言葉から得た情報をまとめ、根拠も論点も一貫した方法で再構成できる。自然に、流暢かつ正確に自己表現ができ、非常に複雑な状況でも細かい意味の違い、区別を表現できる
　　　　　　　　　（Council of Europe, 2001/2002［吉島・大橋他訳］, p. 25）。

また補足として、Yang（2006）は、英語の日常的な使用の必要性がない拡大円では四技能においてスピーキング能力が不足している場合が多いため、この技能の弁別力が高いと考え、『ACTFL 言語運用能力基準』において、少なくとも次のレベル以上の能力所有者を「使用者」、以下を「学習者」と

試案している。

> Speakers at the Advanced-Low level are able to handle a variety of communicative tasks, although somewhat haltingly at times. They participate actively in most informal and a limited number of formal conversations on activities related to school, home, and leisure activities and, to a lesser degree, those related to events of work, current, public, and personal interest or individual relevance.　　　　（ACTFL, 1999, p. 4, cited in Yang, 2006, p. 9）

上記の記述子において CEFR の段階的指標は、母語話者基準に依拠していなくとも（Council of Europe, 2001/2002）、伝統的に communicative competence (Canale, 1983；Bachman, 1990) にて重要視されてきた、文法的正確性（correctness）、心理言語学的流暢性（fluency）、社会言語学的適切性（appropriateness）、談話的結束性（cohesion, coherence）の要素が含められている。また ACTFL は the American Council on the Teaching of Foreign Languages、すなわち「全米外国語教育協会」が作成した基準であるため、英語の変種は米語で、母語話者基準と思われるが、日常生活から仕事まで幅広い言語領域、言語機能を達成し得る会話能力を示している。

　最後に c) 他者評価を考察する。Prodromou (2008) が他者評価の際に評価観点に選定した要素は、次の3つである："sufficient fluency, 'core' grammatical accuracy, pragmatically successfulness"。したがって、流暢さ、正確さ、適切さなどの観点は、NS モデルを適としない CEFR、および ELF 研究者（Prodromou, 2008）においても重要視されている指標といえる。付け加えて、EIL の Smith 氏の示す「教育を受けた英語」の判別指標は、"...educated English, wherever it is found, almost always has the same grammar" (Smith & Rafiqzad, 1979, p. 371) という記述から判断する限り、その文法性にある。よって、彼の示す教育を受けた話者（educated speaker）は、前述のように、大学生を含む高等教育修了者であったが、その判別指標は文法性にあったとも解釈しうる。つまり大学生を含む高等教育修了者が educated speaker では

なく、文法的正確性をある一定程度達成したものが educated speaker であるとみなしていたとも考えられよう。

　ここで我々が留意すべき点は、非母語話者準拠型の能力段階の創造においても、能力指標として流暢さ、正確さ、適切さ、また幅広い言語使用域での対応力が求められることである。たとえば、母語話者の発話速度(流暢性)、文法的規範(正確性)、社会語用論的振る舞い(適切性)などの到達目標を全て第二言語使用者基準に変更したにせよ、その要求される状況(日常生活や仕事など)、また指標自体(流暢性、正確性、適切性)は変わらず妥当である。よってジャパニーズ・イングリッシュを蔑む立場、上記の指標で「低い」レベルを本来的に設定する研究者、教育者、また巷の一般人に必要な理解は、ジャパニーズ・イングリッシュは本質的に「低い」能力基準を有するわけではないことである。このような誤解を払拭するためにも、今後、多数の日本人英語使用者が日本人としての第二言語としての英語能力の到達すべき像について議論し、決定することが切に望まれる。

2.2.3.4　まとめ

　以上、学習者コーパスとの差異化を図る「使用者コーパス」構築時に、③教育レベル、④社会的地位、および⑤言語能力の要因において、どのレベルの使用者を教育を受け(educated)、社会的に成功し(successful)、能力のある(proficient)ものとみなし、研究参与者対象とすべきか、考察してきた。総括すると、教育レベルにおいて、大学生は場合に応じて妥当と判断可能ではあるが、現存の学習者コーパスと選別するためには、いわゆる「学生」を除くことが賢明であること、社会的地位は、能力的変異は予測されるものの、現実生活に即した使用目的の要件をほぼ満たすため、明確な区分を示す変数となると期待されること、言語能力の変数については、尚早な具現化は憚られるものの、少なくとも CEFR において B2 以上、ACTFL において Advanced-Low 以上と考えられることが指摘できる。また能力要因について、最も重要なこととして、非母語話者基準の構築においても、多種多様な場面での対応力、文法性、流暢性、適切性などの観点が "proficient" と判断

する際に重要になることを確認しておきたい。上記の点をふまえ、次項では、日本のコンテクストに論を限定し、より詳細な「日本人英語使用者」の同定を試みる。

2.3 日本人英語使用者

上記では、応用言語学、ELF 研究内のコーパス編纂における「学習者」「使用者」要件を確認し考察を加えた。以下では日本における言語教育状況に焦点を限定し、「日本人英語使用者」を定義づけることを試みる。

2.3.1　日本における言語教育政策：学習指導要領等

まず日本における言語教育政策のアプローチを確認したい。21 世紀初頭より、日本政府、および政府関連機関はいわゆる「グローバル化」を意識し、小学校英語教育導入（厳密には「小学校外国語活動」）をはじめとして、さまざまな英語教育政策（文部科学省，2003, 2011）を施行してきたが、その背景となる理念は英米語、および英米文化に特化した EFL 的志向ではなく、EIL/ELF を志向した理念と考えられる。まず 2003 年より施行された英語教育改革の一環である「英語が使える日本人の育成プラン」には、「…英語は、母語の異なる人々の間をつなぐ国際的共通語として最も中心的な役割を果たしており、子どもたちが 21 世紀を生き抜くためには、国際的共通語としての英語のコミュニケーション能力を身に付けることが不可欠」（文部科学省，2003，p.2、下線筆者）と書かれている。そして、その 5 か年のアクションプランを引き継ぐものとして発布された政策名はまさに「国際共通語としての英語力向上のための 5 つの提言と具体的施策」（文部科学省，2011、下線筆者）である。

付け加えて、近年に政府関連機関である日本学術会議により出された「日本の展望—学術からの提言 2010・言語・文学分野の展望」では、英語使用の対話者を英米人と限定せず、「非日本語話者」、つまり英語を「国際共通語」と捉えた上で、目指すべき英語のモデルは母語話者規範ではなく、「国

際使用に特化した英語」としての言語教育を模索すべきであるとの提言がなされている。

「人間の生活と基本的環境（衣食住と言語文化）は…、地域と人間集団に応じて多様である。その多様性を標準化・画一化しようとするのは、文化環境の破壊を目指すことに異ならないし、そもそも不可能である。このように考えると、グローバル化の局面で問題になる英語は、国際使用に特化した英語、すなわち「言語に結合する文化的負荷を極端に軽減した」英語であり、国際化の局面で問題になるのは、「それが通用する国・地域の文化を負荷された言語としての英語といえる。」

(日本学術会議言語・文学委員会，2010，p. 10)

この提案は、長年、英米母語話者中心主義のみうけられた日本の英語教育上では(e.g., 末延，2010；D'Angelo, 2013)、「英語教育のコペルニクス的転回」(鳥飼，2011，p.116)とも呼ぶべき変化といえるだろう。

　この政策的観点における EFL から EIL/ELF への転換は、新学習指導要領の文言、検定教科書の内容、非母語話者の言語補助教員の雇用増進など、具体的に英語教育現場にも反映されつつある(Hino, 2009)。よって、使用者要件の１つである母語話者近似願望の有無については、個人レベルでは各人の自由と考えられる上、人間の信条は確認しがたいものの、少なくとも日本の公の英語教育の理念上は、EFL ではなく、EIL/ELF、すなわち母語話者近似目標を有していないといえるだろう[6]。

2.3.2 「英語が使える日本人」の研究

　ここでは前記の言語教育政策プラン（文部科学省，2003, 2011）において、「英語が使える日本人」、換言すれば本論が対象とする「日本人英語使用者」はいかに定義されているか、また研究者によりどのような能力層や言語的特徴を有する者と検討されてきたかを確認する。まず文科省のプランでは、「英語が使える日本人」の定義は、「国際社会に活躍する人材」、および「仕

事で英語が使える人材」である。この定義の仕事目的の明記により、使用者要件であった現実社会の目的という語用論的要件、および社会的地位要因を含むことが確認される。その一方、「仕事」の内容により必要とされる技能や水準は当然異なるため、明確に定義することの困難さは理解できるものの、他の属性を示すものは何もない。それゆえ、不明瞭との批判をまぬがれない(e.g., Shimamura, 2009)。

そのため、教育現場(野地・江村, 2007)、ビジネス現場(寺内・小池・高田, 2008)の英語関係者の意識調査が行われてきた。野地・江村(2007)の教育現場における研究では、公立中・高等学校の英語教員は、日本の英語教育カリキュラムを鑑みると、文法、方略的能力に比して、発音、談話、社会言語学的側面において熟達可能性が低くならざるを得ないとの認識を示していると報告されている。興味深いことに、国際英語関連の研究において、母語話者規範からの逸脱を独自使用と是認すべき動きが比較的みられる発音(e.g., Smith & Rafiqzad, 1979; Jenkins, 2000)、語用論的側面 (e.g., Fujiwara, 2004, 2007b, 2007d; Morrow, 1996, 2004) にて、達成可能性が低い。この結果はおそらく達成目標を「理想の母語話者」に設定しているためであり、日本人英語話者基準に変更した際には、指導可能性はむしろ高いと考えられる側面かもしれない。前述のように現在の英語教育コンテクストに多大な影響を与えた伝統的コミュニケーション能力の構成概念(Canale, 1983; Bachman, 1990)はSLA研究の主流と同様、母語話者基準に基づいていることを思い起こされたい(Alptekin, 2002)。

またビジネス現場の研究では、7000名以上の日本人ビジネスパーソンに「英語が使える日本人」、すなわち職業上英語を使用するものに必要とされる英語能力を問い、その結果、最低水準でCEFRにおけるB2、大半(60%以上)がC1以上が必要との見解が示された(寺内他, 2008)。この結果は、前述のTOEFL iBTの結果(ETS, 2013)により推定したアジアの外円国家の英語能力水準とほぼ合致する上に、広範な日本人ビジネスパーソンにより抽出された水準であるため、日本人英語使用者の達成すべき能力基準として援用する価値はあるだろう。能力の水準などは2.2.3.3を参照されたい。

しかしながら、上記の母語話者基準コミュニケーション能力、CEFRなどに示される能力指標のいずれも、「使用者」の指標であり、「日本人」を示す特徴ではないことに注意が必要である。つまり「日本人英語使用者」を同定する上での一指標とはなり得るが、これらのみでは具体的な日本的英語使用の特質を明らかにすることはできない。Prodromou (2008, p. 99) は次のように指摘している。

> The models of expertise represented by the CEFR and the more native-speaker-driven models promoted by international examination bodies can be seen as one part of the mosaic that makes up contemporary uses of international English; *they may be referred to but should not be deferred to* (Timmis 2003). （Prodromou, 2008, p. 99、強調筆者）

つまり各言語話者の母語における言語的、文化的背景に根差す特異性（linguistic, cultural heterogeneity）を示すことが、特定の言語を冠とする「第二言語使用者」の同定につながる。

既に上記で幾度かふれたように、先行研究に基づき、日本的英語使用のtentativeな教育上の発話モデルを創造する画期的な試みが行われている（日野, 2008；Hino, 2009, 2012b）。日野が示すモデルによれば、発音（e.g., シラブル拍リズム）、語彙（older/younger sister/brother）、文法（定冠詞の多用）、イディオム使用（"in a forward looking manner" などの日本的イディオムの使用）、談話（起承転結論法[7]）、社会言語学的言語使用（姓名において、姓使用）、非言語的振る舞い（握手ではなく、お辞儀）まで、多岐にわたり、日本的なる英語使用のモデルの一端が示されている。しかしながら、これらの特徴群はHino (2012b) が自身の体験と観察、および先行研究を応用して抽出したものであり、再現可能性を担保して実証的に示したものではない。なお、彼の見解では、現在の日本人による英語使用の大部分は "the degenerate product of copying native-speaker English" (p. 28) であるため、描写研究による実証の必要性は限定的とみなしている。

しかしながら、Saito (1928) が述べるように、学習段階の当初は母語話者モデルに基づいていたにせよ、最終的に残る日本人らしさを描写することにより、研究上の相互発展ができると考える。つまり実際の言語使用を描写し、考察を加えることにより、今後の日本英語のあり方の議論が広がることが期待できよう。よって本研究では実際の「国際英語としての「日本英語」」のコーパスを一部構築、応用し、実証的に何らかの日本的英語使用の特徴の抽出を試みる。

2.3.3　日本人英語使用者の構成概念

今まで「日本人英語使用者」を定義づける上で、重要となる「学習者」「使用者」の概念、区分、および使用者要件を、応用言語学、コーパス言語学、日本の英語教育政策など、多方面にわたり、精査してきた。以下に要件として妥当と思われるものを総括する。

①語用論的要件　（言語使用が現実生活の目的を有している）
②心理的要件　　（話者が母語話者近似の願望を有していない）
③教育レベル　　（話者が教育レベルを高等教育程度達成している）
④社会的地位　　（話者が職業目的で英語使用を行い、社会的に認知されている）
⑤能力　　　　　（話者の言語能力レベルが流暢性、正確性、適切性などの指標において一定程度以上、優れている）

また上記の要件において、高等教育課程在籍者(たとえば大学生)は①、③、④と関連し、「学習者」「使用者」を選定する上で、混在要因となることを確認してきた。

　よって、本書では「日本人英語使用者」を「日本語を母語とし、日本で初等、中等教育課程を経て、仕事で英語を使用するもの」(Fujiwara, 2007b) とする。当定義は職業条件を有するため、多くの場合において①、④を満たし、母語話者規範であれ非母語話者規範であれ、学習コンテクストにある

「学習者」と区分を図ることができる。また②の心理的要件は、上述で確認したように、日本の言語教育政策上は「国際共通語としての英語」を標榜しているため、個人的差異は不明瞭なものの、国レベルの全体としては満たしていると判断できる。③、⑤の要件の確認は個人情報であるがゆえに、入手困難な場合が多いことが予測されるが、流暢性、正確性（体系性）、適切性などの指標を確認することで、「学習者」との差異化は可能と推定する。つまり上記の定義を包括的に適用し、後に必要であれば①から⑤の使用者要件を吟味することで、使用者コーパスとして適切なサンプルの収集ができるだろう。

2.4 研究焦点

この「日本人英語使用者」の定義をふまえ、本書ではまず次章に示す手続きを経て「使用者」コーパスを構築し、「日本英語」の語彙的特徴（第 4 章）、談話的・語用論的特徴（第 5 章）の実証的抽出を試みる。その語彙、談話、および語用への焦点化の主たる理由は、言語的、文化的影響を受けた英語変種の特徴は、形式よりも意味の領域（Brutt-Griffler, 2002）、より具体的には、次の順にみうけられるからである（Kramsch, 1998）。1) 語彙・意味・語用、2) 音韻、3) 形態素・統語。前述のように EIL の提唱者である Smith 氏（Smith & Rafiqzad, 1979）は、教育を受けた英語変種の文法は、どの変種であれ、あまり差異はないと指摘しており、この見解は諸英語における上層態の文法が多くの場合、いわゆる標準英語の規範に近いとの指摘にも合致する[8]。また文法事項は EIL/ELF 研究者からも慎重に扱うべきとの指摘（Prodromou, 2008；Morizumi, 2009）、および EFL 諸国において英文法における母語話者規範の順守は必要との見解（He & Zhang, 2010）から、現時点では、意味の領域などの影響を受けやすい領域に焦点を当てるべきと思われる。付け加えて、米国生まれであるため、本書の「日本人英語使用者」の定義からは逸脱するものの、日英同時通訳者の草分け的存在である西山千氏は "Speaking English with a Japanese mind" という題目の論文で、次のように述べている。

"Japanese who speak English are likely to express themselves using a *style* and *vocabulary* originating in Japanese". (Nishiyama, 1995, p. 1、強調筆者)

上記の指摘より、本論では「日本英語」の語彙的特徴、談話的・語用論的特徴に研究焦点をおき、実証的に抽出を試みる。

2.5　総括

本章の目的は、日本人英語使用者コーパス (Japanese User Corpus of English: JUCE) 構築に際し、1)「学習者」「使用者」の区分に関しより焦点を当てて考察を深め、「使用者要件」を提示し、本論における「日本人英語使用者」を定義すること、および 2) 主たる研究対象の言語的側面を示すことの 2 つであった。上記の議論をふまえ、本研究では「日本人英語使用者」を「日本語を母語とし、日本で初等、中等教育課程を経て、仕事で英語を使用するもの」(Fujiwara, 2007b) と定義し、現実世界の目的に即した言語使用の資料を収集することとする。その際、能力要因は、学習者コーパスとの差異化を図ること、および国外母語話者基準 (exonormative standard) ではなく国内使用者基準 (endonormative standard) の英語習得段階を構築する上でも、重要となり得るため、利用可能であり、有益な情報と判断される場合、加味することとする。2) については、現存する研究資源を参照する限り、日本語、日本文化の影響を受けた言語的特徴は、形式よりも意味、具体的には語彙と談話・語用について見出されると考えられるため、本書ではコーパスを応用し語彙と語用の側面について実証的に分析することを試みる。次章では、「日本人英語使用者コーパス」の仕様について言及する。

注
1　この見解は英語のみに焦点を当てているものではないものの、前述の Smith

(1978/1983) の EIL 提唱時に出された見解と多くが一致する。1.3.1 記載の彼からの引用を参照されたい。

2. 米国に母体を置く the Modern Language Association (MLA) (2007) の教育目標にも同様に母語話者ベースである communicative competence から非母語話者使用者に準拠した translingual/transcultural competence へ変更すべきであるとの議論がみうけられる。

3. ERASMUS (The European Community Action Scheme for the Mobility of University Students) とは EU 加盟国間の学術交流計画の一つであり、「ヨーロッパ大学間ネットワーク」を構築することを目的とした、EU 内の相互留学生交換プログラムである。EU の言語政策の詳細については Nelde (2006 [藤原訳]) 等参照のこと。

4. JGSS (Japanese General Social Surveys) とは、アメリカの the General Social Survey (GSS) に対応する総合的社会調査を日本で毎年実施し、その個票データをデータ・アーカイブから提供することを目的として開始されたプロジェクトで、中心的な実施母体は東京大学社会科学研究所、および大阪商業大学比較地域研究所である。日本人の英語使用に関する調査は、JGSS の 2002 年版、2003 年版、および 2006 年版、2010 年版に含まれる。

5. なお、JGSS の 2002・2003 年版、と 2006・2010 年版では、設問の言葉づかいが異なるため、注意が必要である。詳細は寺沢 (2013, 2014) にゆずるが、前者は仕事における恒常的な使用を問い (「あなたは、日常生活や仕事で英語を使いますか」)、後者は過去 1 年間の使用経験を問うている (「あなたは過去 1 年間に、以下のことで英語を読んだり、聞いたり、話したりしたことが少しでもありますか」)。

6. ただし、英語の産出のためのモデル、すなわちスピーキングやライティングの規範は従来の英米語の枠組みにとどまっており (日野, 2010)、いまだ母語話者志向の根強さは感じられる。。

7. 英語における起承転結論法は、東洋由来であるため、「中国英語」にも共通すると指摘されている (He & Zhang, 2010)。また実際の起承転結論法の英語論文のサンプルとしては、Hino (2012a) を参照されたい。

8. しかしながら、もちろん Singlish などの中位態には標準英語とは異なる言語体系、つまり「文法」が存在しており、いくつかの研究において日本英語の文法にも差異が存在する可能性が指摘されていることを付記しておく (e.g., 日野, 2008; Hino, 2009)

第 3 章
日本人英語使用者コーパス

3.1 概要

本章の目的は日本人英語使用者コーパス (Japanese User Corpus of English: JUCE) の研究対象サンプルと仕様を示すこと、および JUCE の利用可能性についてふれることの 2 つである。本章の構成は、まず JUCE が研究対象とする言語使用者像、および言語使用域を示し、その妥当性について論じる。次に、研究焦点において関連するコーパスである the International Corpus of English (ICE, Greenbaum, 1996)、また MicroConcord Corpus Collection A を参考にし、JUCE の仕様、すなわちテクストカテゴリー、ジャンル、テクストマークアップ、タグ付与について述べる。その後、想定される利用可能性について具体的に提案し、学習者ではなく、使用者コーパスを構築する意義を論じる。最後に第 2 部の実証的研究で利用するデータを提示する。

3.2 研究対象の言語使用者と言語サンプル

当節では、まず JUCE が対象とする言語使用者像、および言語使用域全体を示し、次に本書にて限定的に焦点を当てる言語サンプル―ジャーナリズムの英語―を示す。後にそのジャーナリズムの英語の妥当性について論じる。

3.2.1 JUCE の全体的研究対象範囲と本書の限定的焦点

第 2 章で示したように、本研究では「日本人英語使用者」を「日本語を母語とし、日本で初等、中等教育課程を経て、仕事で英語を使用するもの」

(Fujiwara, 2007b) と定義し、状況に応じて5つの要因（語用論的、心理的、教育的、社会的、能力的）を考慮して、いわゆる「学習者」とは異なるコーパスの構築を試みている。その際、具体的な研究対象としては、海外派遣の会社員、技術者、研究者、外交官、通訳・翻訳家、旅行業者、またジャーナリストなどを想定し、彼らの日常、ないしは仕事目的での英語使用を妥当なデータとする（教育を受けた「日本英語」の使用者については D'Angelo, (2005)等を参照)。

しかしながら、各対象者による言語サンプルを包括的に収集することは、時間と労力、資金面を少々考慮しただけでも、かなりの困難に直面してしまう。コーパスの構築には多大な時間、労力、時に資金がかかる（齊藤俊雄, 2005)。またビジネスによる英語のやりとり、たとえば会議や文書によるやりとりは、公にできないものが多いことは想像に難くない。

よって、JUCE プロジェクトは、まずは現存する国際英語コーパスである ICE (Greenbaum, 1996) の収集ジャンルを参考にし、データ収集が最も容易に行えるものから進めることとした。公にされており、収集が比較的容易なジャンルは、新聞などのマスメディアの英語であろう。そこで、ジャーナリストの英語を出発点として2005年5月より収集を開始した（藤原, 2006；Fujiwara, 2007b)。

3.2.2　国際英語研究におけるジャーナリズムの英語の妥当性

日本人ジャーナリストの英語は、母語話者を含む編集者により校閲がなされているため、純粋な「日本英語」とはいえないのではないか、という意見を時に耳にする。しかしながら、本書の研究焦点である語彙面、語用面に大きな影響はないと判断した (Fujiwara, 2007b)。その主たる理由は次の3点である。1) 英字新聞を用いた諸英語系の研究結果、2) 英語非母語話者である記事の執筆者の文化的独自性を伝えようとする見解、および3) 校閲の影響力の限定性を示唆する実証的な研究結果。

第一に実際にジャーナリズム、とりわけ英字新聞を利用した諸英語の研究は、語彙面 (e.g., Dubey, 1991；Yang, 2005)、語用面 (e.g., Jung & Min, 1999；

Ishikawa, 2011b)、いずれの分野でも実際に行われており、母語話者英語とは異なる英語使用の傾向が報告されている (詳細は第 2 部、第 4 章、第 5 章)。たとえば拡大円の英語と区分される「タイ英語」を独自変種として分析した Pornpimol (1984, p. 15) は、現地発行の英字新聞 (*the Bangkok Post* と *the Nation Review*) をデータの一部に含め、次のように指摘している。

> The use of the English language in Thai English newspapers represents everyday use of the language because examples of translation, shifts, collocations, lexical innovations, and patterns of English nativization in these newspapers are quite common.

　他にも各国のジャーナリズムの言語使用に地域差は十分にあることを示す論考はいくつかある。たとえば近年の比較修辞学 (contrastive rhetoric) の一研究 (Pak & Acevedo, 2008) は、メキシコ、スペイン、アメリカで発行されるスペイン語の新聞の社説コーパスを利用して、スペイン語変種を比較検討した。その結果、文体、修辞上の地域的差異が確認されている。付け加えて、本書とはかなり立場が異なるが、『日本人の英語』(1988) というベストセラーの著者であるマーク・ピーターセンは、同書で日本の英字新聞に日本語からの影響がみうけられると指摘している。彼は実際に幾つかの事例を挙げ、「ひねくれた文 (なぜか日本の英字新聞には毎日のようにでてくる)」(p. 147) と述懐している。上記の先例の研究慣例からも、国際英語研究におけるジャーナリズムの英語の妥当性が確認できるだろう。

　次に指摘すべきは第二言語としての英語使用者であるジャーナリスト自身の見解である。ワシントン・ポスト記者、東京支局として英字記事を書き、後に東洋英和女学院大学教授を務めた山岡清二 (1976, p. 22) は「いくら英語を使う力がついても、英米人に"ついていけない"部分が残る」と指摘している。付け加えて日本と同じ拡大円英語圏のタイ人ジャーナリストにインタビューを実施した研究 (Buripakdi, 2011) によれば、国際英字記事における読者、ジャンル、会社規定、校閲のプロセスから判断すると、彼らは母語話者

英語規範（ここでは英国英語）への順守の必要性を十分に認識し、「タイ英語」に積極的価値は見出さないものの、彼らの英字記事を通してタイらしさ、タイ人アイデンティティを意識的、また無意識的に伝えようとしていると報告されている。下記の引用を一瞥いただきたい。

> Pairat, however, also valued his Thai identity more than anything else. Thus far, he has placed emphasis on promoting the soul of Thais. His self-observation on the notion of Thainess was too remarkable to fail to overlook here. He offered a constructive aspect in looking at his English, "I'm not a native born English speaker. I think I can express myself ninety to ninety five percent when I write in English. That's a charm of it. If I can express one hundred percent of it, there would be no Thainess."
>
> （Buripakdi, 2011, p. 69）

　最後に近年の著者推定論の研究成果は、いわゆる「校閲」の影響が我々の想像以上に限定的であることを示唆している（Eder, 2011, 2013）。著者推定論とは、あるテキストの著者が不明、または別の著者が考えられる場合に、テキスト内の語彙の生起頻度などの統計値をもとに、固有の"stylistic fingerprint"（文体指標）を抽出し、著者推定を試みる領域である（国内外のコーパスを用いた著者推定研究については、田畑（2003）等 参照）。Eder（2013）は、著者推定において時に問題視される編集者、校閲者などの執筆者以外による文字、語句、句読法における修正、または原文改変などの「ノイズ」要因の影響力を調べる目的で、語の綴り、また語自体をランダムに改変し―彼の言葉で述べれば「ダメージ」を与え―、それらの著者判別力への影響を調査した。結果として、綴り、語、いずれにおいても改変率を高めた際は、語の頻度情報に基づく著者推定の精度は徐々に減少するものの、20％もの改変を加えたとしても、相当の精度（約70–80％程度）を有することが示された。つまり、言語的に理解不能なコンピューターによるランダム操作の「改変」でさえ、一定程度であれば、各テキストにおける"stylistic fingerprint"

を消し去るほどではないことが示されたといえる。つまり、仮に第二言語使用者の英文に母語話者がかなりの量のスペル、語に「修正」を加えたとしても、原稿を執筆した話者の言語的な諸特徴はかなり残ると推定される。

上述のように、母語話者を含む編集者による校閲に関しては、1) 英字新聞を用いた諸英語系の研究において、研究成果が既に挙げられていること、2) 英語非母語使用者である記事執筆者は一定程度、自身の文化的独自性を伝えようとする見解を示すこと、また 3) 校閲をノイズとみなしたとしても、著者推定は十二分に可能であると示唆する実証研究の結果があることの 3 点により、本研究では日本人ジャーナリストによる英語使用を妥当な国際英語としての「日本英語」のサンプルと判断する。次節ではより具体的な仕様について述べる。

3.3 仕様

本節では研究焦点において関連するコーパスである ICE (Greenbaum, 1996)、また MicroConcord Corpus Collection A を参考にし、ジャーナリズムにおける JUCE の仕様、すなわちテクストカテゴリー、ジャンル、テクストマークアップ、タグ付与について概括する。

3.3.1 テクストカテゴリー

以下の表 3-1 にて ICE のテクストカテゴリーを総括してある。表中、当プロジェクトにて 2005 年 5 月より 2007 年初頭まで収集対象としたものにはハイライト、既存のコーパスで対応が可能と期待されるものは下線で示し、最右の欄にはデータソースなどの備考を記している。JUCE プロジェクトの初段階では 2 種類のデータソースから 3 タイプのテクストカテゴリーの構築を試みた。①インターネット版新聞記事 3 紙の日本人記者の記事から press news reports、また press editorials の範疇を構築し、② NHK online から broadcast news を一旦収集した。以下にデータソース別に詳述する。

まず新聞記事に関して述べれば、日本では 4 紙の主要英字新聞が発行さ

表 3-1　ICE のテキストカテゴリー (Based on Greenbaum, 1996)

Spoken Texts	Dialogue	Private	direct conversations distanced conversations	
		Public	class lessons broadcast discussions broadcast interviews parliamentary debates legal cross-examinations business transactions	
	Monologue	Unscripted	spontaneous commentaries unscripted speeches demonstrations legal presentations	
		Scripted	broadcast news broadcast talks speeches (not broadcast)	NHK online
Written Texts	Non-printed	Non-professional writing	student untimed essays student examination essays	ICLE-JP/ JEFLL NICE CEEJUS, etc.
		Correspondence	social letters business letters	Learner Business Letter Corpus (Someya, 2000)
	Printed	Informational: learned	humanities social sciences natural sciences technology	On-line academic journals (Tanaka, et al., 2004)
		Informational: popular	humanities social sciences natural sciences technology	
		Informational: reportage	press news reports	news articles
		Instructional	administrative, regulatory skills, hobbies	
		Persuasive	press editorials	news editorials
		Creative	novels, stories	

れている (*Japan times* (1897 年創刊)、*Mainichi Daily News* (1922)、*Asahi Evenings News* (1951)、*Daily Yomiuri*[1] (1955))。しかしながら紙版の新聞記事からスキャナー、OCR を利用してコーパスを構築することは、時間、労力、費用のいずれの面に関しても実用性が高いとはいえない。そこで簡便にテクストデータが収集可能なウェブ版を選択した。ウェブ上の電子媒体の利用に関し、かつては慎重な見方もみられたが、この技術が高度に発展し定着した今日では、印刷媒体と電子媒体の垣根が曖昧になっており、COCA をはじめとして、むしろ次世代コーパスの主流となると目されている (石川、2012)。

記事の収集原理は各記事の by line に日本人名が記載されている場合、ひとまずテクストデータとして記事全体を抽出した。その際、1 紙は収集時において記事の執筆者名を記載していなかったため、他 3 紙をデータ収集の対象とした。その後、記事の中に日本語からの翻訳が何らかの情報により示されている場合、データから除外した[2]。また記者名が日本人のものであっても、日系米人、帰国子女等の可能性があり、本プロジェクトに於ける日本人英語使用者の定義、「日本語を母語とし、日本で初等・中等の教育課程を経て、仕事で英語を使用するもの」に抵触する可能性がある。ゆえに、上記各社と個人情報保護の観点に配慮しながら交渉を行い、2 社から関連情報を得た。よって、3 紙の新聞記事内の報道記事より press news reports を、社説欄より press editorial の構築を行ったが、本研究では、日本人英語使用者の定義をふまえ、以降の実証的研究において使用するデータは 2 紙のものとする。

次に、データ採集時に日本人ニュースキャスターにより英語で放送されていた報道番組は、衛星放送で視聴可能な "NHK NEWSWATCH" と "NHK NEWSLINE" であった。両番組はオンライン上で映像とスクリプトを公開しており、筆者が実際に視聴し映像とスクリプトが一致したものをひとまず収集した。これらのスクリプトの書き手が不明瞭であるため、本研究の具体的分析においては使用しないが、これらの番組のスクリプトを broadcast news のデータとして採集はしている。

また既存のコーパスより、幾つかのテクスト・カテゴリーは代替可能かもしれない。たとえば田中・藤井・富浦・徳見 (2004) は国際論文誌・国内で

の国際会議の論文から英語科学技術論文コーパスを構築し、n-gramにより英語母語話者、または日本人英語使用者による論文を判別する実験の報告をしている。データの吟味は必要と思われるが、その際に相当数の日本人の著者による論文を収集しており、これは informational learned/technology に該当すると思われる。また本書は学習者ではなく、日本人英語使用者に焦点を当てているため対象範囲ではないが、student untimed essays は昭和女子大学の金子朝子氏により構築されたICLEの日本版(ICLE-JP)などが妥当と思われる。次節ではジャンルによる分類に関し検討する。

3.3.2 ジャンル

国際英語研究の発展に寄与することを考慮すれば、ICEのテクスト範疇にできる限り準拠したコーパス編成が望ましいが、カテゴリー中に「日本英語」として構築可能性が極度に低いコンポーネントがある (e.g., novels, stories, Morrow, 1997a；Fujiwara, 2007b 参照)。また、構築できるとしても他のコンポーネントの作成には多大な時間、労力がかかるため、現状では収集が容易な報道記事や番組スクリプトで構成する日本「時事」英語コーパスである。そのジャーナリズムの英語を1つのジャンルで十把一絡げにすることは問題が多い(e.g., 赤野・井村, 2005)。報道記事には政治、経済、スポーツ等、さまざまなジャンルの記事があり、当然、語彙的、文体的特徴は異なるからである。ゆえに英国の新聞、*Independent* 紙のコーパスである Micro-Concord Corpus Collection A などを参考にし、ジャンル区分について検討を行った。

MicroConcord Corpus 所収の *Independent* 紙の5種類のジャンル編成 (Art, Business, Foreign, Home, Sports) を参考にし、JUCE のジャンル区分は次の7つとした：① Art、② Business、③ Foreign、④ Home、⑤ Life、⑥ Sports、⑦ Opinion。日本人ジャーナリストは、その出自のためか、相対的に Art、Life などの日本文化関連の記事の執筆担当が多いことが判明したため(表3-3参照)、Life というカテゴリーを新規に設けた。Opinions は上記 ICE のテクストカテゴリー(表3-1)の press editorials を構築している。

3.3.3 テクストマークアップ

ICEのテクストマークアップ方式は① Essential、② Recommended、③ Optional の3段階に分かれており、以下の表3-2のとおりである（詳細は G. Nelson, 2002 参照）。JUCE プロジェクトでは①、②の一部を対象としている。なお、このテクストマークアップ時に、日本語由来の語、すなわち indigenous words を綿密に抽出後、タグ付与がなされた。そのタグを利用した研究成果を、本書の第4章の語彙分析にて述べる。

表 3-2　ICE 書き言葉テクストにおけるテクストマークアップ
（G. Nelson, 2002, p. 18）

Essential	Recommended	Optional
Text units	Incomplete words	Normalization
Subtexts	Deleted text	Boldface
Extra-corpus	Footnotes	Italics
Editorial comments	Footnote references	Typeface
Untranscribed text	Marginalia	Roman
Unclear words	Mentions	Underline
Unusable characters	Orthographic words	Smallcaps
Uncertain transcription	Changed names	Subscript
	Orthographic space	Superscript
	Foreign words	Line-breaks
	Indigenous words	Discontinuous words
	Quotations	
	Headings	
	Paragraphs	

3.3.4 タグ付与

品詞標識のタグ付与（以下、POS タグと称す）において、JUCE プロジェクトでは英国ランカスター大学計算機学科および UCREL が開発した CLAWS4、c7（Leech, Garside, & Bryant, 1994、詳細は Appendix 1 参照）のタグセットを利用した。その採用の主たる理由は、1）ICE はオランダ、ナイメヘン大学により開発された TOSCA Tagger を当初採用していたが、CLAWS4、c7 の POS タグセット（約 140 個）はより精密であるため、より

複雑な分析を可能にすること、また 2) ランカスター大同学科により開発された WWW 上で利用可能な多機能コーパスツールである Wmatrix (Rayson, 2009) は同タグセットを実装しており、今後の利便性が高いと目されたからである。Wmatrix はコーパスにおける各語・フレーズに品詞タグを付与、個々の表記形、品詞タグの頻度表の作成、また参照コーパスとの比較によるキーワード分析等を可能にする多機能なコーパス分析ツールである。さらに、このウェブ上プログラムは、Perl などのプログラム言語ではなくメニューやマウス等で直感的に操作可能な GUI 方式（Graphical User Interface）であり、コーパス初心者にも使いやすい。2006–2007 年頃、このプログラムの普及により、コーパスの利用が専門家の域を越え一般に広まることが大きく期待されたため、このタグセットを採用した。このタグ付けの頃より本書の執筆時まで実に 6 年が経過した。執筆時の 2013 年 6 月、ICE の公式サイトにて、Wmatrix の開発者の Paul Rayson 氏の寄与により、ICE の CLAWS4、c7 タグ付け版が公開されたと報告されている。ゆえに当時の見立ては正しかったといってよいだろう

以下の図 3-1 にマークアップ、POS タグ付与されたテクストのサンプルを提示し、次節では JUCE の想定される利用者・利用目的について述べる。

```
<I><h><#/>Government_NN1 to_TO honor_VVI baseball_NN1
champs_NN2</h>

<h><#/>Koizumi_NP1 ,_, Kosaka_NP1 laud_VVI Team_NN1 Japan_NP1
amid_II lofty_JJ ratings_NN2 for_IF WBC_NP1 triumph_NN1</h>
<#/>By_II <@> HANAKO_NP1 HANADAI_NP1</@>
<#/>Staff_NN1 writer_NN1
<p><#/>As_CSA the_AT nation_NN1 basked_VVD in_II the_AT
triumph_NN1 of_IO Japan_NP1 's_GE victory_NN1 in_II the_AT
inaugural_JJ World_NN1 Baseball_NN1 Classic_NN1 the_AT
previous_JJ day_NNT1 ,_, the_AT government_NN1 added_VVD to_II
the_AT euphoria_NN1 Wednesday_NPD1 by_II saying_VVG it_PPH1
is_VBZ considering_VVG bestowing_VVG awards_NN2 on_II the_AT
entire_JJ team_NN1 ._.</p>
```

図 3-1　JUCE のテクストマークアップ、POS タグを付与したテクストサンプル

3.4 想定される利用可能性

今後、この JUCE のような「使用者コーパス」が十分に発展した後に、想定している利用可能性は、大きくわけて研究面、教育面にある。各面において利用内容、および利用する価値について以下に述べる。

3.4.1 研究面

このようなデータが利用可能になれば、研究者が使用者コーパスを利用する上で、主に次の 3 つの研究領域において新天地が開けると考えられる。a) 共時的研究、b) 通時的研究、c) 第二言語習得研究。まず共時的研究においては、本データベースのようなコーパスと前述の英国紙コーパスである MicroConcord Collection A、ICE 収録の各英語変種コーパスの同コンポーネント、また他に構築した同様の仕様の各英語変種コーパス等との比較対照から、日本人の英語使用の特質を体系的に記述することが期待される。

補足として、英国ランカスター大学の Baker (2009) は、2005–2007 年のデータを中心に BE06 Corpus という英国英語書き言葉コーパスを構築した。この期間は偶然にも JUCE の構築時期と合致していることから、共時的研究の妥当性がより担保される比較も一定程度可能である。この共時的研究により、日本人による英語と各英語変種の語、統語、文体、談話、語用などの言語的特徴の類似、差異を捉えることが可能になる。本書の第 2 部はまさにその語彙、談話、語用面に焦点を当てた分析により、「日本英語」の特徴の抽出を試みるものである。

付け加えて、現在の JUCE は時事英語であることから批判的談話分析 (e.g., Fairclough, 1992, 2003) などの社会学的言語研究への応用も可能になると思われる。考えられる事例として、Matsuno (2004) は米語コーパスである BROWN (1961)、FROWN (1992) へのコレスポンデンス分析により、米国の "Corpus-based Image Map of the World" の史的変遷を捉えたが、同手法を国際英語変種間で応用して得られる知見は興味深いであろう。

また上記のように日本国内の英字新聞 4 紙は 100〜50 年程前から創刊さ

れているため、もし言語資料が保存されておりアクセス可能であれば、過去のデータ（たとえば1960年代）も同様にコーパス化し、現在のJUCEの新聞コンポーネントと比較対照することで「日本英語」の通時的研究への道も開かれる。付け加えてBROWN、LOB等の新聞記事を収集した該当分野との比較による歴史的な共時研究も可能となろう。補足として、歴史的観点から日本人英語使用者の英語使用を捉える際には、斎藤兆史(2000, 2001)が日本の「英語達人」と呼ぶ新渡戸稲造の *Bushido, the Soul of Japan*(1899)、岡倉天心の *The Book of Tea*(1906)等の作品のコーパス化も言語学上有益な知見となるかもしれない。これらのテクストファイルはグーテンベルク・プロジェクトにて既に利用可能であり、既に堀(2013)がコーパス分析を試みている。

　最後に第二言語習得研究について述べる。現状のJUCEは報道記事・スクリプトというかなり限定されたレジスターで構成されてはいるが、日本人英語学習者の書き言葉の習得における1つの到達点を示しているといってよいと思われる。これらの記事を書いた記者達は基本的に日本で生まれ育ち、英語で記事を書くことにより生計を立てているゆえ、日本人英語学習者の1つの目標として筆者はふさわしいと考える。第1章、第2章にてSLA、とりわけ母語話者規範を絶対視する傾向の強い学習者コーパス研究が反駁されてきたように、日本人学習者は最終的に「英語母語話者」になるのではなく、「日本人英語使用者」になるのである。とりわけ社説で構築されるpress editorials（JUCE内でOpinionsというジャンル）は比較的客観的な報道ではなく、自己の主張を公共の場で行う性質があるゆえに、既存の大学生のエッセイなどで構築された学習者コーパスと比較対照を行うことにより論理的文章構成能力の変遷が捉えられることが期待できるだろう。WE論者かつテスティングを専門とするLowenberg(1992)もメディアにおける第二言語話者の英語使用は1つのモデルになり得ると指摘している。次節では研究的観点から教育的観点に視点を移し、JUCEの具体的な教育的利用・価値について述べる。

3.4.2 教育面

　コーパスの言語教育への利用は、近年盛んに模索されている (e.g., Hunston, 2002；Sinclair, 2004；朝尾・投野，2005；Aijmer, 2009；赤野・堀・投野，近刊)。その代表的な指導法の1つは、学習者にコンコーダンスラインを提示し、そこから演繹的ではなく帰納的に言語ルールを導かせる手法で、「データ駆動型学習」(data-driven learning：DDL) と呼ばれている。このDDLは「文法意識の昂揚」、「気づき」などのSLAの知見をふまえた上に、発見学習 (discovery-oriented)、学習者中心 (learner-centered)、自律した学習者育成 (autonomous learner) など、近年の日本の英語教育に求められている方向性を多くおさえた指導法である。しかしながら、朝尾・投野 (2005) は以下の問題点を挙げている。

> 　KWICを英語教育の実践に導入しようとする際、大きな壁はそれにふさわしいコーパスが無いことである。Brown Corpus 以降の研究用コーパスは現代英語をよく反映したものではあっても、英語学習者のレベルにあったものとはいえない。　　　　　　　　(朝尾・投野，2005，p. 254)

つまり日本人英語学習者にとってBROWN等の研究用コーパスは形式、内容、両面において学習者とかなりの乖離があるのである[3]。

　しかし、JUCEのテキストは「日本人による日本の時事内容」であり、学習者の "here & now" の原理に基づく内容提示、また同じ日本人が書いた英語をモデルとして提示可能となるゆえに、心理的障壁が比較的低く、容易に教育利用ができることが期待される。学習者の対象レベル(中、高、大)の興味関心を考慮して、検索結果として提示されたコンコーダンスラインより適切な例文を選択すれば、学習者向けの良文を提示できることであろう。つまり真正 (authentic) かつ学習者の here & now に合致した教材であるゆえに彼らの興味関心を引き、時事内容ゆえにその事例から簡単なペアワーク、ディスカッションなどの活動に発展させることも可能である。上記に挙げた理由により、このようなコーパスを随時作成すれば、教育的利用価値は十分、認

められると思われる。

3.5　総括

　本章の目的は日本人英語使用者コーパス（Japanese User Corpus of English: JUCE）の研究対象者、構築過程、仕様を詳細に示し、今後の利用可能性、展望を示すことであった。以上の工程をふまえ、2005年5月より2007年初頭に収集された基本データを以下の表3-3に示す。次の第2部ではこのデータを活用し、本書の研究対象とする言語的側面である語彙および文体における「日本英語」の特徴を抽出し分析することを試みる。

表3-3　JUCE（2005. 5 ～ 2007. 3）の基礎データ（WordSmith 5.0 により算出）

	genre							
	art	business	foreign	home	life	opinion	sports	Overall
tokens	194,309	194,835	49,251	99,072	248,979	147,822	48,599	982,867
types	18,193	11,668	6,214	9,377	18,345	11,087	5,284	35,784
TTR	9.62	6.19	12.83	9.66	7.52	7.63	11.22	3.73
Std.TTR*	48.31	44.13	44.61	45.11	47.15	45.27	42.47	45.93

表注：標準化 TTR は 1000 語あたり

注

1　データ収集時は *Daily Yomiuri* であったが、2013年4月より *The Japan News* に改称された。
2　たとえば、Daily Yomiuri Online では翻訳記事には "Yomiuri Shimbun"、当初から英字記事の場合には "Daily Yomiuri" との表記がなされていた。
3　中條・西垣達は、同様の問題を指摘し（Chujo, Utiyama, & Nishigaki, 2007）、日英、両言語提示可能なパラレルコーパスを DDL に活用し、成果を示しつつある（中條・西垣・内堀・オヒガン, 2008；中條・内堀・西垣・宮崎, 2009；西垣・中條・木島, 2010）

第2部
実証的研究
日本人英語使用者コーパスの応用研究

第 4 章
語彙研究
日本語から英語への借用傾向の抽出

4.1 概要

　第4章の主たる目的は、「日本英語」の語彙特徴の1つと考えられる日本語から英語への語彙借用を深層的かつ包括的に分析することである。具体的には、日本語から英語への借用語 (Japanese borrowings in English: JBE) の形式的・意味的属性、および他の統計指標の計量的分析により、過去、現在の借用傾向を明らかにする。次にその借用傾向から、今後世界の英語使用者に認知され、「日本英語」の一特徴となる可能性の高い語を示す。

　上記の目的の達成へ向けて、次の2つの研究段階をふまえる。まず、①1980年から2000年までに発刊された5種のオックスフォード系英語辞書に記載されている JBE (早川、2005b) と② 2005–2007年のデータである「日本人英語使用者コーパス」(Japanese User Corpus of English: JUCE、藤原、2006；Fujiwara, 2007b、および第3章参照) に生起した JBE を、『分類語彙表：増補改訂版』(国立国語研究所、2004) を基に分類を行い、旧・借用語と新・借用語の形式的、意味的属性を同定する (藤原、2011)。次の研究段階として、2000年以降も改定を続ける包括的な英語辞書である *OED online*、および 2000年以降の英字記事デジタルアーカイブ (*TIME Archives*) を利用し、英語圏にて新たに受容された借用語と一時的に借用された語の分析を通して、新しくどのような語が認知されたか、また今後認知される可能性があるかを考察する。

　これらの諸分析により、「日本英語」の語彙特徴の一側面である語彙借用、すなわち第二言語使用者の特別な能力として再度注目を浴びつつあるコードスイッチング (Cook, 2007；Prodromou, 2008；岡、2012) の一端に迫りたい。

4.2　先行研究

　語彙借用の研究は歴史的には辞書 (e.g., Cannon, 1994；早川，2006；Kimura-Kano, 2006)、コーパス (e.g., Kimura-Kano, 2006) を用いて国内外で行われてきた。近年では諸英語 (WE) のコンテクストに新たに位置付けられ、言語接触や英語変種の分析として研究が行われつつある (e.g., 本名 (1990) 所収の文献；Dubey, 1991；Yang, 2005, 2009；Tan, 2009)。その主たる理由は、語彙借用を含む独自語彙の使用には現地語話者のアイデンティティ表出の機能があり (Tay, 1982)、それゆえ、英語の現地化、土着化に際し、語彙面は影響を受けやすく (Brutt-Griffler, 2002)、借用語の質と量は英語変容の1つの指標と判断されているからである (Schneider, 2003)。たとえば、Kirkpatrick (2007)、および Morizumi (2009) は kimono、judo、sumo などの多くの英語変種で広く認知されている JBE は、「日本英語」の一特徴と主張している。

　一方、第二言語使用者の研究や ELF の分野では、借用語を含むコードスイッチングを第二言語使用者の独自かつ特筆すべき能力として挙げている (Cook, 2002a, 2007；Prodromou, 2008)。付け加えて CEFR の複言語主義へのパラダイム転換とその日本の英語教育コンテクストへの応用を念頭に、岡 (2012) はコードスイッチングの異文化間コミュニケーションにおける有効性を再評価している。そのため、本章では現地語からの借用語を、WE の観点より英語変種、および ELF 等の観点より第二言語使用者の語彙的特徴として捉え、分析を進める。上述のように、JBE の研究には大別して①辞書研究と②コーパス研究の2種のアプローチがあり、以下に各分野を概括する。

4.2.1　辞書研究

　まず辞書研究の方向性として、英語圏、ないしは日本で発刊された辞書を用いた多くの研究が1990年代後半から行われ (早川，1996, 2004, 2005a, 2005b, 2006；木村，1996；杉浦，2003, 2005；東京成徳英語研究会，

2004)、本章の関心事である形式的・意味的範疇、英語への同化プロセス等において重要な知見を提供してきた。たとえば、早川は *Oxford English Dictionary* 第2版（以下、OED2）における JBE の初出年調査 (1996)、英語に借用されるまでの歴史的分析、また JBE にみられる顕著な意味範疇の指摘 (2004, 2005a)、オックスフォード系英語辞書5冊の記載数による JBE の同化度の研究を刊行してきた (2005b)。他、加野（木村）は OED2 の中の JBE における借用年代、意味範疇分け、英語への同化の過程を綴り字、発音、語形成、品詞転換などの形式的特徴から分析 (1996)、*TIME* などの英語圏の出版物に実際に使用されている JBE の考察 (1998)、その後、同化プロセスにおける4段階の仮説を発表 (2005)、また日本語で類似の語である「大名」、「大君」が JBE (daimyo、tycoon) になる過程で、どのような意味的な棲み分けが行われるかを、辞書のみならずコーパスを用い研究を行った。彼女の上記の諸研究は最終的に研究書、*Lexical Borrowing and its Impact on English* (Kimura-Kano, 2006) にまとめられている。

　上述の関連研究に共通して見出され、かつ本研究において着目すべき点は次の3つにまとめられる。第一に形式的特徴は、予測可能ではあるものの、名詞であり、圧倒的な借用傾向を示す (e.g., 木村，1996；杉浦，2003；東京成徳英語研究会，2004；早川，2006)。この名詞借用傾向の要因に関し、Yang (2005, p. 431) は、現地独自の物理的対象物がある場合に借用語 (loan word)、つまり原語の直接使用がなされ、物理的対象がない場合、翻訳借用 (loan translation)、つまり原語の意味要素を翻訳した借用となる傾向があると述べている。よって具体的な事物を示す名詞が主に借用語として用いられていると推察される。第二に意味的範疇の特徴として、後に述べるように、研究者間で意味分類の基準の任意性、および統一性の欠如という問題点があるものの、芸術、飲食、武道、官職名、社会構造・制度、宗教、衣服、住居、交易品、工芸品、動植物などが主として借用されてきたことが指摘されている (e.g., 木村，1996；杉浦，2003；早川，2006)。最後に特筆すべき点として、時代の変遷、日本の国際社会との関わりの変容につれて、JBE の意味的特徴に移行が見出されることが挙げられる。たとえば、橋本 (2004) は

OED の初版(1928 年発行)と新版(1989–1997 年発行)記載の JBE を比較し、過去には「きもの」などの日本の伝統文化関連の語彙が多く、現代では「財テク」、「改善」など、日本経済の発展を示す語彙が多いと指摘している[1]。

しかしながら先行研究において問題とされる点は、意味範疇の分け方に関してであろう(藤原、2007)。他の意味論関連の研究でも時にみうけられるが、杉浦(2003)を除き、各研究とも意味範疇を任意かつアドホックに設けているのである。加野(木村)(1996, p. 109)は OED2 における「語の初例で使用されている意味」で分類を行い、「芸術関係、飲食関係、武道関係の語が最も多く、ついで人の身分や社会的地位などを表す語や、宗教関係の語」が多いと指摘しているが、分類における客観的指標を提示してはいない。また早川(2006, pp. 170–173)も客観的分類資料の参照はなく、「官職名、交易品、工芸品、動植物、社会構造、社会制度」などの意味範疇を挙げているが、官職名・社会構造・社会制度、また交易品・工芸品などの分類は日本語母語話者でも難しいのではないだろうか。よって本研究では『分類語彙表：増補改訂版』(2004)を客観的指標として依拠し、品詞分類、意味分類の研究を実証的、つまり再現性を担保した手続きにて行う。

4.2.2　コーパス言語学的アプローチ

次にコーパス研究の方向性として、現地発行の英字新聞を簡易的コーパスとして利用し、紙面(電子版を含む)に掲載された現地語からの借用語を抽出し分析した幾つかの研究が行われてきた(e.g., Dubey, 1991；Yang, 2005；島田, 2006；Tan, 2009)。これらの研究は共通して、借用語分析における現地英字新聞のデータとしての妥当性を認めている。その主たる理由は第二言語「学習者」に時にみられる個人の能力不足によるコードスイッチングとは質が異なり、現地英字新聞における現地語借用は、純粋に文化的概念を表出する上での制約による借用(Dubey, 1991)、または文体上の効果を狙った意図的借用(杉浦, 1995b)であるからである。その妥当性の前提に基づき、Dubey(1991)はインドにおけるヒンドゥー語、Yang(2005)は中国における各種中国語、島田(2006)は米国ハワイ州における日本語、Tan(2009)はマ

レーシアにおける中国語を研究対象とし、各地で発刊された英字新聞を一定程度収集後、準コーパス化して分析を行った。

上記の幾つかの研究間に共通して見出される事項は、①各現地語における特徴的語彙が借用されていること（Dubey, 1991；Yang, 2005；島田, 2006；Tan, 2009)、②その借用語の使用は非常に限定的であること（Dubey, 1991；Yang, 2005；Tan, 2009）の2点である。現地における特徴的語彙の借用について、たとえば、御見合結婚が主流のインドでは、結婚相手の紹介広告というジャンルにおいて、最も多い借用語（e.g., Brahmin, Vaishya）と意味変化をした用例（例："respectable"が実質"rich"の意味に変化）が報告される一方（Dubey, 1991)、中国では、食のイメージが一般に強いが、近年には政治・行事、音楽、食・薬、中国文化遺産などの「高級文化」傾向が見出され、借用語における特徴的意味分野は音楽・楽器関連であると指摘されている（Yang, 2005)。各地の文化的差異により、英語に借用される特徴的な語彙は当然異なり、その結果として英語に受け入れられる語彙にも差異があることが予測され、この点は大変興味深い。

また現地語からの借用語の限定的使用は、より具体的に述べれば、その借用語の総頻度数は著しく低く（Dubey, 1991；Yang, 2005；Tan, 2009)、大半は一度限りの借用、つまり nonce borrowing（Romaine, 1995）である。総頻度の低さは、Dubey(1991)のインド英語の調査では、全記事の語中 0.58%、Yang(2005)の「中国英語」の調査では 0.11%と報告されている[2]。この報告は、the International Corpus of English を包括的に分析し、諸英語の語彙核（lexical core[3])、語彙周辺（lexical periphery）を抽出した G. Nelson (2006) の分析結果とも合致する。彼は現地土着語の語彙は "absolute periphery" に属すと述べている。また nonce borrowing とは、「一時借用」(temporary loan) とも呼ばれており、typographic flagging（イタリック等の表記上のフラグ）や借用語の後に metalinguistic commentary（説明的言い換え）の処理が行われたものである。この用法は、その一時性より、現地語か、また現地の英語変種の一部とみなされるべきか、意見が分かれるかもしれない。この借用語の一時性について、日本語における英語の外来語を「ジャパングリッシュ」として

研究した加島（1981）は表層的な借用語研究はその移り行く様ゆえに「ハカナイ」(p. 197) と形容している。

しかしながら、至極当たり前のことではあるが、既に英語辞書に記載され、複数形という生産性を獲得し、英語化の度合いが高いとされる kimono 等の借用語も全て借用当初は nonce borrowing に過ぎない。Field (2002, p. 9) は次のように指摘する。

> Nonce borrowings mark the beginning of "the borrowing process - from isolated, one-time usage of a copied form in normal bilingual speech to its complete acceptance and integration into the recipient system"
>
> (Field, 2002, p. 9, as cited in Yang, 2005, p. 92).

従って本章では、英語圏の辞書に記載を経て英語に認知された JBE、また一時的に借用された JBE、いずれも日英の言語間の差による文化的・言語的制約による意図的、必然的借用と捉えて、同様に研究対象範囲とし、その借用語の「ハカナイ」表記形よりも各語の形式的・意味的属性、および各コンテクストの振舞により焦点を当て、借用語彙の深層的特徴を実証的に示すことを試みる。

4.2.3　辞書研究・コーパス研究の折衷アプローチ

最後に辞書研究、コーパス研究の両方を折衷したアプローチをとったものとして杉浦（1995a; 1995b）を紹介する。杉浦（1995a; 1995b）は *NEWSWEEK*（太平洋版）3 年分から JBE を 100 語程度抽出し、後に *The Shorter Oxford English Dictionary*(1993) にて記載されているか否かを検証した。付け加えて、辞書に記載されていなかった一時借用とみられる語のレンジ数（出現記事数）に着目し、レンジ数の高いもの、すなわち 1 つの記事で消え去るものではなく、他の記事で再び使用される語が今後定着する可能性が高いだろうという示唆を行った。執筆時（原文は 2011 年 8 月）、彼がテクストにおけるレンジ数から辞書記載の可能性が高いと予測した語、9 語を実際に *OED online* にて検証したところ、salaryman、karoshi、keiretsu の 3 語が記載されていた。よって本研究では頻度よりもレンジに焦点を当て、一時的な借用語の辞書記載の有無を、現在も改定を続ける最新の権威ある辞書、*OED online* により検証する。

4.2.4 研究焦点

上記の経緯をふまえ、本研究は先行研究における意味範疇の任意決定の問題(藤原, 2007, 2011)を解消し、かつ当分野であまり行われていない実証的解明を試みるため、辞書、コーパスの両アプローチを採用し、次の研究段階をふまえる。

1. 2000 年までに発刊されたオックスフォード系英語辞書記載の JBE(早川, 2005b)と 2005 年から 2007 年に編纂された「日本人英語使用者コーパス」(JUCE、藤原, 2006；Fujiwara, 2007b、および第 3 章参照)に生起した JBE を、『分類語彙表：増補改訂版』(国立国語研究所, 2004)を客観的分類の資料として用いて比較分析を行い、旧・英語圏借用語と新・現地借用語の形式的・意味的属性を統計的に同定する。

2. 2000 年以降も改定を続ける英語圏の英語辞書(*OED online*)、および 2000 年以降の英字記事デジタルアーカイブ(*TIME Archives*)を利用し、英語圏にて新たに受容された JBE、一時的に借用された JBE のレンジ分析を通じ、新しくどの語が認知されたか、また今後認知される可能性があるかを探る。

4.3 研究手法

本節では本研究に用いた言語資料(内円の英語辞書、内円の英語記事データベース、日本人英語使用者コーパス、日本語形式・意味分類辞書)、および分析手法(統計手法)について述べる。

4.3.1 言語資料

比較的歴史があり、かつ英語に既に認知された JBE の資料として、1980 年から 2000 年までに発刊された 5 種のオックスフォード系英語辞書 (OEDs：表 4-1 参照)記載の JBE をまとめた早川(2005b)のリストを利用した。当リストの英語の見出し語数は 542 語であるが、幾つかの見出し語の語源は重複しているため、借用された語源となる日本語は 482 語である。後に純粋な固有名詞 2 語、後述する複合概念のため意味分類が困難な 11 語を除外し、469 語を分析対象とした。以降、当データセットを "JBE-OED" と称す。

表 4-1　借用語リスト(早川, 2005b)における見出し語数、また使用辞書

見出し語数	使用辞書
542	*The Oxford English Dictionary on Historical Principles* (1989)
	The New Shorter Oxford English Dictionary on Historical Principles (1993)
	The Concise Oxford Dictionary of Current English (1990)
	The Pocket Oxford Dictionary of Current English (1992)
	The Little Oxford Dictionary of Current English (1994)

次に 2000 年以降の現地英字新聞メディアに現れる JBE の抽出に、上述の「日本人英語使用者コーパス」(JUCE: 藤原，2006；Fujiwara, 2007b)の書き言葉のコンポーネントを使用した(第 3 章、および表 3-3 参照)。JUCE における「日本人英語使用者」の定義は「日本語を母語とし、日本で初等・中等の教育課程を経て、仕事で英語を使用するもの」(第 2 章参照)であり、当言語資料は、先述の英字新聞を利用した借用語研究(e.g., Yang, 2005)よりも現地人(ここでは日本人)の英語使用に限定を試みたことから、現地独自の英語変種(ここでは「日本英語」)の研究としてより妥当と言える。

既に認知された借用語、および一時借用語の両種を含めて、JUCE 中には延べ語数 1484 語、異なり語数 459 語が確認された。まず注目すべき点として、JUCE 全体(約 100 万語)に占める JBE の割合は、0.15%であり、インド英語の 0.58%(Dubey, 1991)、中国英語の 0.11%(Yang, 2005)と同様、頻度

数は非常に低く、多くの語が一時的な借用と予見される。しかしながら、Yang (2005) の研究は借用が起こる記事を意図的に抽出した選択調査、本研究は収集テクストの全調査であるため、単純に数字は比較できないことを付記しておく。

抽出された異なり語459語中、複合的な概念であるため意味の分類が困難な36語を除き、423語を分析対象とした。意味分類が困難な語は、たとえば"dankai no sedai"(団塊の世代)などの複合語である。このような句は個別の語単位で英語に借用されるのではなく、複合語として初めて借用されると考えられる。複合語を意味領域に分けることは困難なため、この事例のような語は除外した。なお、本分析では翻訳項目における借用語(loan word)、すなわち日本語をローマ字表記で英語として記したもののみを分析対象とし、翻訳借用(loan translation)、すなわち日本語を英語に翻訳して使用したもの(e.g., 黒帯, black belt)は対象としない。当データセットを"JBE-JUCE"と称す。

次に客観的な形式・意味分類をおこなうための資料として、『分類語彙表:増補改訂版』(英題、Word List by Semantic Principles: WLSP、国立国語研究所, 2004) を利用し、JBE-OED 469語、JBE-JUCE 423語、それぞれに形式、意味範疇コードを付与した。WLSPは包括的な日本語形式・意味分類辞書で、異なり語数約8万語、総語数約9万6千語を収録しており、各語の形式、意味範疇コードが細かに記載されている。形式範疇については① 体(名詞)、②用(動詞)、③相(形容詞、形容動詞、副詞、連体詞)、④その他(一部の副詞、接続詞、感動詞)に、意味範疇に関してはマクロなカテゴリーとして、①抽象的関係、②人間活動の主体、③人間活動-精神および行為、④生産物および用具、⑤自然物および自然現象の5つの「部門」に分類し、さらに「中項目」、「分類項目」とマイクロに分類してある。たとえば「柔道」は【1.3374】のコードがふられており、次の意味領域を示す:【1:体の類　3:人間活動-精神および行為　33:生活　74:スポーツ】。

このWLSPに基づき、JBE-OED、JBE-JUCEの借用語それぞれにコードを付与し、未記載語があれば、同類とみなし得る上位語、等位語を参照し

た。また形式・意味範疇が複数登録されている語彙は、妥当と判断できる場合、複数記載した。たとえば「盆栽」は【人間活動-精神および行為・生活・遊楽】、【人間活動-精神および行為・事業・農業/林業】、【自然物および自然現象・植物・植物】と3項目に収録されており、全て妥当と思われる。ゆえに bonsai は1語であるが形式・意味分類いずれも3項目となる。また品詞・意味範疇が複数登録されているが、英語に入った意味において明らかに異なる場合はそのカテゴリーを除外した。たとえば日本語の掛物は【ふとん】【掛け軸】の2つの意味があるが、英語の意味は OED2 によると "a Japanese wall-picture, painted on silk or paper, and mounted on rollers, so as to be rolled up and put away when desired" とあり、明らかに後者の意味である。よって前者に対応するコードは除外した。

　このコード化の理由は、本章の研究焦点は各語の表記形や、その形式・意味の両特徴を「表層的」に捉えることにはなく、英語に借用された日本語総体としての「深層的」特徴を把握することにあるからである。重複記載語を考慮して得られたコード数は JBE-OED は 512、JBE-JUCE は 445 となった。この各コードを次項に述べる統計手法を用いて分析する。

　最後に杉浦 (1995a, 1995b) の分析手法を参考にし、JUCE のみに生起した、つまり 2000 年までには OEDs に未記載の JBE のレンジ分析のため、*TIME* のデジタル版データベース、*TIME Archives* を比較資料として利用し、後に辞書記載の有無を *OED online* にて確認した。厳密には前者は米国メディア、後者は英国辞書であるため、統一性を欠くと判断される懸念もあるが、OED は「英国英語」辞書というよりは、諸英語の観点もふまえた包括的な英語辞書となりつつあり [4]、*TIME Archives* は一定程度アジア・ヨーロッパ版も含めている故、比較的、国際的な内円の英語メディアと判断し、両資料を用いるレンジ分析を行った。

4.3.2　分析手法

　上述の手法で得られた JBE-OED、JBE-JUCE のコードを前者を旧 JBE、後者を新 JBE のデータとし、両コード数のマクロな分析を Pearson カイ二乗

検定でその相違、類似度合を確認し、マイクロな分析をコレスポンデンス分析にて行った。なお、使用した統計ソフトウェアは *SPSS* ver. 19.0 である。

次に JUCE のみに生起した、つまり 2000 年までには OEDs に記載されていない借用語を抽出し、各語の JUCE の 7 ジャンルにおけるレンジ数、*TIME* のデジタル版データベースにおいて 2000 年以降の記事、19 ジャンル中のレンジ数を計測し、最終的に *OED online* にて新規に辞書記載が成されたか否かを確認した。

4.4 結果

4.4.1 JBE-OED、JBE-JUCE の重複度

まず JBE-OED と JBE-JUCE の重複度を確認する。JUCE に生起した 459 語中、OEDs に記載済みの語数は 74 語、JUCE にて新たに借用された語数は 385 語であり、重複した割合はわずか 16.1% である（図 4-1）。つまり 1980–2000 年までに英語圏に既に認知された日本語と 2000 年以降の日本の英語メディアで借用された日本語の表記形には明確な差異がある。

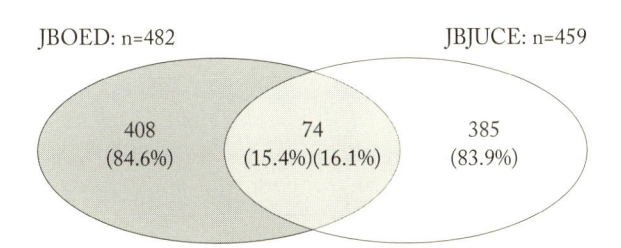

図 4-1　JBE-OED と JBE-JUCE の重複率

4.4.2 形式

以下の表 4-2 に JBE-OED、JBE-JUCE における形式範疇別コードの生起値、期待値、また全体における割合を示す。生起値が 5 未満の項目があるため、厳密には統計処理に向かないものの、当クロス集計表に Pearson カイ

二乗検定を施行した。その結果、有意差を示しているものの（$\chi2(3) = 8.010$, $p < .05$）、1) 両データセットとも、名詞が圧倒的比率を示すこと（JBE-OED：98.4%、JBE-JUCE：95.7%）、2) 生起値、期待値の差の比較から、有意差は主に動詞の項目に起因するが、全体的割合は微小であることが確認された。この結果は上述の辞書研究（e.g., 杉浦, 2003；早川, 2006）、コーパス研究（e.g., Yang, 2005）でも指摘されていたため、予期されていた結果でもある。

表 4-2　JBE-OED、JBE-JUCE における形式範疇別コード頻度・割合・期待値

		品詞				総計
		体	用	相	その他	
JBE-OED	生起値	504	1	5	2	512
	期待値	497.6	4.3	6.4	3.7	512
	%	98.4	0.2	1.0	0.4	100.0
JBE-JUCE	生起値	426	7	7	5	445
	期待値	432.4	3.7	5.6	3.3	445
	%	95.7	1.6	1.6	1.1	100.0

4.4.3　意味

4.4.3.1　大項目

以下の表 4-3 に JBE-OED、JBE-JUCE における意味範疇別コードの生起値、期待値、また全体における割合を示す。Pearson カイ二乗検定の結果、JBE-OED、JBE-JUCE の語彙リストと意味範疇コードの生起値の関連に有意差はみうけられなかった（$\chi2(4) = 4.971$, n.s.）。この意味範疇に関する結果は、形式の結果において両データセット共に名詞が圧倒的な割合を示すという予測可能な結果とは異なり、特筆に値すべきものである。何故ならば、上述の 4.4.1 で示したように、JUCE 中に生起した日本語から英語への借用語は 8 割以上の語が新規に借用、すなわち語自体は 8 割以上が異なるにもかかわらず、意味領域のマクロなカテゴリーは顕著な類似傾向を示している

からである。この点に関しては後に再度ふれる。

上述のように 1980–2000 年の英語圏の辞書に既に記載された JBE と 2000 年以降の日本の英語メディアで構築された日本人英語使用者コーパスの JBE は両種とも、形式範疇は名詞、意味範疇は〈人間活動−精神および行為〉、〈生産物および用具〉、〈人間活動の主体〉、〈自然物および自然現象〉、〈抽象的関係〉の順に英語に借用される可能性が高いことが判明した。また JBE-OED、JBE-JUCE、すなわち旧新借用語の比較において、1) 上位 2 位の〈人間活動−精神および行為〉、〈生産物および用具〉は安定した割合を示すこと、また 2)〈人間活動の主体〉は上昇傾向にあり、3)〈自然物および自然現象〉、〈抽象的関係〉は下降傾向にあることが確認できる。

表 4-3　JBE-OED、JBE-JUCE における意味範疇別コード頻度・割合・期待値

		意味範疇					
		抽象的関係	人間活動の主体	精神および行為	生産物および用具	自然物および自然現象	総計
JBE-OED	生起値	43	90	155	144	80	512
	期待値	36.9	98.5	155.7	147.1	73.8	512
	%	8.4	17.6	30.3	28.1	15.6	100.0
JBE-JUCE	生起値	26	94	136	131	58	445
	期待値	32.1	85.5	135.3	127.9	64.2	445
	%	5.9	21.1	30.6	29.4	13.0	100.0

4.4.3.2　中項目

意味範疇に関する分析結果を掘り下げるため、一段階細かい分類項目である「中項目」を利用し (4.3.1 参照)、再度カイ二乗検定を施行した。その結果、非常に高い有意差が確認された ($\chi2\,(42) = 113.280, p < .000$)。WLSP (国立国語研究所、2004) による中項目のカテゴリー数は多数あり、全結果の提示は、紙幅の限度と提示の煩雑さのため行わず、2000 年以降も借用傾向に

ある「文化」関連の項目のみに着目し、データ要素の関係性を簡潔に図示可能なコレスポンデンス分析を施行した。その結果、1次元にまとめられ、次元の得点はJBE-OEDは正の値(0.547)、JBE-JUCEは負の値(-0.629)が返された。正の値はJBE-OED(旧)、負の値はJBE-JUCE(新)に特徴的な項目であり、原点付近にプロットされた項目はいずれにも安定して生起する、ないしはいずれにも生起しない要素である。

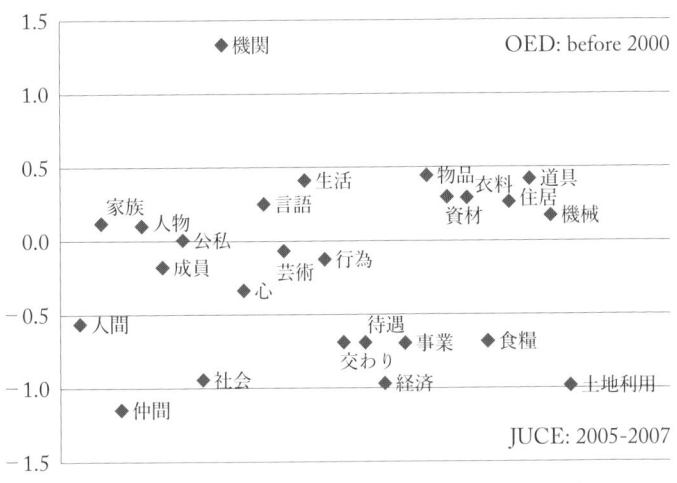

図4-2 JBE-OED、JBE-JUCEの意味範疇の中項目におけるプロット図

この結果から、「文化」における各カテゴリー内の旧新の借用傾向が3点確認できる。第一に、1)〈人間活動の主体〉において、多くの項目が新旧いずれにも借用されているが、OEDs、つまり過去に特徴的なものは【機関】、JUCE、つまり現在に特徴的なものは【人間】、【仲間】、【社会】の中項目が挙げられる。具体的には、過去には日本の伝統文化などの社会機関に関する語 (e.g., Korin (school), Tosa (school), Shotokan, Tokugawa) が多く借用されており、文化・社会の変化とともに焦点が変わり、新語 (e.g., gyaru, otaku, freeter) が借用されつつある。次に2)〈人間活動−精神および行為〉においては、OEDsの意味範疇の特徴として、【言語】、【生活】が挙げられ、一方

JUCE では【交わり】、【待遇】、【経済】、【事業】等の経済活動関連が特徴的である。この結果は橋本（2004）、および杉浦（1995a）が主張していた日本の伝統的文化国から、経済先進国へのイメージと実態のシフトを支持するものである。最後に 3)〈生産物および用具〉に関しては、JUCE に特徴的な意味的特徴は【食糧】、【土地利用】のみであり、他範疇、すなわち【物品】、【資材】、【衣料】、【住居】、【道具】、【機械】は全て OEDs に特徴的な項目として提示されている。この結果から示唆されることは、日本における純粋な日本語の生産物および用具 (e.g., kimono) の大半は既に英語圏において認知済み、ないしは注目を日本でも近年は浴びておらず、新たに着目を集める分野は【食糧】のみといえる。なお、【土地利用】は JUCE に非常に特徴の高い項目として示されているが、OEDs には皆無、JUCE に生起した語は kofun, danchi, roji の 3 例のみであった。この例の少なさゆえに、新しい借用語の特徴的な語彙とは言い難い。

4.4.4　レンジ分析

上述のように、2000 年までに英語圏に既に認知された日本語（旧・英語圏借用語）と 2000 年以降の日本の英語メディアで借用された日本語（新・現地借用語）の重複率はわずか 16% 程度、すなわち JUCE 中の借用語中 385 語は日本人英語使用者の記者により新規に借用されたものである（図 4-1 参照）。その 385 語を分析対象としたレンジ分析、および辞書記載の有無を確認した結果を以下に示す。表 4-4 に JUCE における 7 ジャンル中（第 3 章、表 3-2 参照）のレンジ数と OED の記載率、および事例と記載年を示し、表 4-5 に TIME における 19 ジャンル中のレンジ数と OED の記載率、および事例と記載年を示す。

上記の表 4-4、表 4-5 より、JUCE、TIME いずれもジャンルにおけるレンジ数が高いものが辞書に記載される傾向が明確に確認できるだろう。レンジ数が 3 以上、すなわち 3 種以上の異なるジャンルに使用される語彙は JUCE では全体の 100%、TIME では全体の 88.9% の語が辞書記載を経て比較的定着度合いの高い語彙とみなされており、このレンジ数が減少するとと

表 4-4　JUCE におけるレンジ数と OED 記載率

Range	N	OED	%	Examples
Over 3	4	4	100.0	salaryman (200?)*, manga (2000), anime (2003), izakaya (2007)
2	20	5	25.0	mikoshi (2002), bento (2004), otaku (2004), ozeki (2005), ryotei (2005)
1	361	19	5.3	maegashira (2000), maguro (2000), maki-e (2000), makuuchi (2000), karoshi (2001), miko (2002), natto (2003), furo (2004), juku (2004), omiai (2004), edamame (2006), shiso (2006), yuzu (2006), ki (spirit) (2007), kaiseki (2007), cosplay (2008), hikikomori (2010), kawaii (2010), keitai (2010)
Total	385	28	7.3	

表 4-5　TIME におけるレンジ数と OED 記載率

Range	N	OED	%	Examples
Over 3	9	8	88.9	salaryman (200?)*, manga (2000), anime (2003), bento (2004), yuzu (2006), edamame (2006), kaiseki (2007), cosplay (2008)
2	17	6	35.3	maguro (2000), otaku (2004), shiso (2006), izakaya (2007), hikikomori (2010), kawaii (2010)
1	36	5	17.1	mikoshi (2002), natto (2003), omiai (2004), furo (2004), keitai (2010)
Total	62	19	30.6	

* salaryman は OED に記載されているが、記載年の記入がない。しかしながら、初出の年号、および *Webster College Dictionary* に 2003 年に記載されている等の事実（早川, 2006；Kimura-Kano, 2006）から、比較的早い時期に記載されていると予測される。

もに辞書記載の割合も減少する。なお、JUCE 編纂時である 2005–2007 年初頭以降に記載された語（e.g., izakaya, ozeki, ryotei）は、レンジによる分析から辞書記載を予測し得たという意味で、より注目に値する。よって今後英語に借用され、認知される可能性の高い語を示す指標として、ジャンルにおけ

るレンジは1つの指標となり得るといってよいだろう。

　また今回の分析ではJUCE記載のJBEを基点として分析を進めているため、簡単な結論に至ることに慎重さを要するものの、JUCEの方がTIMEよりもJBEの総数は多いことが予想される。これは、日本発刊の英字新聞メディアは本来、文化関連を含む日本事情を世界に発信する特徴を持つことから直感的に推察される上[5]、JUCEは2年分、TIMEは10年分以上の比較で上記の総語数の結果（JUCE：385、TIME：64）であるため、JBEの総語数はおそらく日本の英語メディアの方が多いと思われる。

　しかしながら、TIMEの方がJUCEよりも辞書記載における影響力が強いことも予測される。レンジ数が2、すなわち2種の異なるジャンルに使用された語中、JUCEでは25%の語が辞書記載を経たのに対し、TIMEでは35.3%、レンジ1、つまり1ジャンルにのみ使用された語ではJUCEは5.3%、TIMEでは17.1%とより強い影響力を示すことが見受けられる。JUCEがデータ元とする日本発刊の英字新聞記事、TIME、いずれもOEDの引用元となるデータソースであるが、メディアの影響力に差異があるのかもしれない。

4.4.5　結果総括

　ここでは上記に挙げた研究結果を箇条書きにまとめる。

OEDs、JUCEにおけるJBEの形式的・意味的属性の比較分析

1) 1980–2000年までに英語圏に既に認知された日本語（旧借用語）と2000年以降の日本の英語メディアで借用された日本語（新借用語）の比較分析の結果、重複率はわずか16%程度であり、両者は明確に異なる。
2) 旧新借用語とも形式範疇としては名詞が圧倒的比率（95%以上）を示す。
3) 旧新借用語とも大枠の意味範疇の借用傾向はかなり類似しており、比率は降順に〈人間活動-精神および行為〉、〈生産物および用具〉、〈人間活動の主体〉、〈自然物および自然現象〉、〈抽象的関係〉である。
4) 旧新借用語の意味特徴は類似しているものの、相対的に「文化」関連の

範疇である〈人間活動の主体〉が若干伸びを示す傾向にあり、「自然科学」関連、すなわち〈自然物および自然現象〉、〈抽象的関係〉は減少傾向にあるとみうけられる。

5) 大部分を占める「文化」関連の範疇の〈人間活動の主体〉では【人間】、【仲間】、【社会】の項目で新語が借用される傾向にある。
6) 〈人間活動-精神および行為〉では、旧借用語では【言語】、【生活】、新借用語では【交わり】、【待遇】、【経済】、【事業】等の経済活動関連が特徴的であり、伝統文化から経済文化へのシフトが確認できる。
7) 〈生産物および用具〉では、多くの項目は 2000 年までに借用済みであり、現在においても借用傾向にある項目は【食糧】である。

JUCE と TIME におけるレンジ、および OED online の辞書記載調査
8) JUCE、TIME いずれもジャンルのレンジ数が高いものが辞書に記載される傾向がある。よって、日米のメディアの借用元と借用先、換言すれば「原因」と「結果」の判別は困難であるものの、今後、英語に借用される可能性の高い語を示す指標として、ジャンルにおけるレンジは考慮できる。
9) TIME より JUCE の方が日本語からの借用語の総数は多いことが予見される。
10) JUCE より TIME の方が辞書記載における影響力が強い。

4.5　考察

　上述の研究結果をふまえ、以下では 1) 意味範疇のマクロレベルでの普遍性、およびマイクロレベルでの変移性、2) 英語への定着度合いを測る指標としてのジャンルにおけるレンジの有効性、および 3) 今後、英語に定着し、「日本英語」の一特徴となる可能性の高い語について考察を深める。

4.5.1 意味範疇の大局的な普遍性、局所的な変移性

まず借用語における意味範疇のマクロレベルでの普遍性について述べる。上述のように旧・英語圏借用語 (JBE-OED) と新・現地借用語 (JBE-JUCE) の語彙は8割以上が異なるにもかかわらず、両種の語彙リストの意味範疇コードに有意差は無く、むしろ非常に高い類似性を示していた (表 4-3 参照)。換言すれば、表層の語、つまり表記形は異なれど、深層の語の形式・意味属性は驚くほど類似している。これは、日本語から英語への借用傾向の時間軸における普遍性の存在を示唆し、その原因は、現地語からの借用は文化的制約によるため (e.g., Dubey, 1991)、また現地語からの直接借用は本来具体名詞に多いと予見されるため (Yang, 2005)、「文化」の範疇である〈人間活動-精神および行為〉、〈生産物および用具〉、〈人間活動の主体〉は借用され易い一方、〈自然物および自然現象〉の「自然科学」の範疇、また〈抽象的関係〉の抽象語は借用され難いためであろう。

付け加えて、「自然科学」の範疇に関して、杉浦 (1995a, p. 72) は科学技術関係の JBE の少なさを、「日本は科学技術の応用は得意であるが、基礎になる科学が遅れていることをある程度示している」と指摘している。しかし、筆者が推察する上では、日本の科学者が何らかの基礎科学的発見をし、新概念に対する語形成をする際にもギリシア語、ラテン語、英語に依拠して造語する可能性も否定できないと考えている (e.g., iPS 細胞: induced pluripotent stem cell)。この傾向に関しては、次のマイクロレベルにおける変移性についても述べる。

マイクロレベルにおいては、〈人間活動の主体〉、〈人間活動-精神および行為〉、〈生産物および用具〉の各項目内に顕著な移行が見られた (図 4-2 参照)。まず〈人間活動の主体〉では、当結果から示唆されている事象は、わずかながら「団体」から「個人」への変遷が見受けられることである。旧 JBE では、【政府機関】、【公共機関】、【同盟・団体】等の下位カテゴリーで形成される【機関】が合計13語 (e.g., tonarigumi, zaibatsu, Tosa [school]) あり、顕著な特徴ある中項目として抽出されているが、新 JBE では seikyo のたった1語である。2000年以前の *NEESWEEK* 太平洋版の JBE の調査 (杉

浦，1995b）によれば、日本語から英語への借用語は、日本独自の「集団」を表す語が多いと指摘されている（e.g., keiretsu, han, honcho, kumi, mura）。同様にハワイ英語における JBE の調査（島田，2006）でも比較的定着度の高い範疇としてコミュニティを表す語（e.g., fujin kai, kenjin kai, kumiai）が挙げられている。しかしながら、2000 年以降の同分野において freeter、gyaru、otaku、他分野においては hikikomori と個人的属性の強い感のある語も借用されており、日本の個人化を示す事象なのかもしれない。

　この事象に関連して、近年の日本文化の変容を表す上で着目すべき事項は、いわゆる、オタク文化（e.g., manga, anime, otaku, cosplay, hikikomori）、ギャル文化（e.g., kawaii, keitai）の影響が見受けられ、左記の事例は全て *OED online* に 2000 年以降に記載されたものである。

　次に〈人間活動-精神および行為〉では、旧借用語では【言語】、【生活】、新借用語では【交わり】、【待遇】、【経済】、【事業】の経済活動関連が特徴的であり、伝統文化から経済文化へのシフトが見受けられる。この結果は橋本（2004）、および杉浦（1995a）の指摘を実証的に支持するものである。

　最後に〈生産物および用具〉では、多くの項目は 2000 年までに借用済みであり、現在においても借用傾向にある項目は【食糧】であった。外交関係を考慮して、江戸時代、明治時代、大正時代、昭和時代（第二次世界大戦前）、昭和時代（戦後）に分類し、各時代の意味領域の変遷を分析した杉浦（2003, p.223）は、総括として、「日本独特の事物が大部分であるが、すでに網羅された感」があり、現在に近づくにつれて従来の日本伝統文化の区分では、分類しきれない項目が増えていると指摘している。つまりいわゆる日本伝統文化系の具体的事物の多くは既に借用済みである一方、おそらく健康食に関連する世界的な着目もあり、日本食に関心が高まり、【食糧】関連の語が借用されているのであろう。実際に *OED online* の辞書記載の検証の結果（表 4-4、表 4-5 参照）においても、この範疇の語の 2000 年以降における明確な借用傾向が見出される（e.g., bento, edamame, maguro, natto, shiso, yuzu）。

　また日本独自の現代における生産物は、英語の世界的通用性等の有用性を

鑑み、元より英語に依拠して命名されている例も少なくないと思われる。たとえば、古くは Walkman、Gameboy、近年では washlet、Nintendo DS (i.e., double screen) など、日本語に基づくのではなく、英語に基づく命名の可能性が高い。これと同様の傾向が前述の科学技術関連にも当てはまるのではないかと筆者は推察している。

4.5.2 英語への定着度合いを測る指標としてのレンジの有効性

上述のように、JUCE、TIME のジャンルにおけるレンジ分析の結果、レンジは JBE の英語への定着度合、定着可能性を測る1つの指標として有効と示唆された（表 4-4、表 4-5 参照）。つまり、ジャンル数のレンジの値は単語の使用域の広がりを示し、その値が高い、すなわち使用域が広ければ世界の英語使用者から認知され、結果的に英語辞書に記載される可能性があるといえる。この点に関し、杉浦(1995a；1995b)はテクストにおけるレンジ数、本稿ではジャンルにおけるレンジ数を対象としたが、おそらく後者の方が定着度、定着可能性を示す上でより有効な指標となり得るのではないだろうか。その主たる根拠は、ある特定のジャンル内 (e.g., sports) のみのテクストで使用され続ける語よりも、多種多様なジャンル (e.g., sports, life, foreign) で使用される語の方が、多くの読者の目に留まり、さらなる使用域の拡大が期待できるからである。本章では上記のテクストにおけるレンジ、ジャンルにおけるレンジの比較分析は分析の対象範囲外であるので、指摘するに留め、今後の課題としたい。

4.5.3 「日本英語」として認知される可能性の高い語

このジャンルにおけるレンジの JBE の定着度合いを測る指標としての妥当性、および TIME の方が JUCE よりも辞書記載の影響力が強いとの予測をふまえ、今後辞書記載の可能性が高いと思われる語を次の表 4-6 に挙げる。たとえば、enka は TIME の 19 ジャンル中、4 ジャンル、JUCE の 7 ジャンル中、1 ジャンルに生起し、これと同じ出現パターンを持つ語は 5 語中 4 語 (yuzu [2006]、edamame [2006]、kaiseki [2007]、cosplay [2008])、

すなわち 80.0％の語が 2000 年以降に *OED online* に記載された。下表にはTIME と JUCE のジャンルにおけるレンジ数を左欄に示し、そのレンジ数を有する語数、および 2000 年以降に OED に辞書記載されている語数、また辞書記載の可能性、そして、その特徴を有する語の事例を示す。

表 4-6　TIME と JUCE おけるレンジ数からみる OED の今後の記載可能性

Range		N	OED	%	Examples
TIME	JUCE				
4	1	5	4	80.0	enka
2	1–2	16	5	31.3	awamori, chome, daikon*, jizake, okami, sanshin (instrument), shita-machi, taidan, tarento, wa (harmony), yakiniku
1	1–2	36	5	13.8	amakudari, freeter, kohai, mentaiko, mottainai, mozuku, nihonga, okiya, okonomiyaki, rakugo

* daikon は *OED online* には未記載であるが、Kimura-Kano (2006) によれば、*Webster's Third International Dictionary of the English Language* (1986)、および *The Random House Dictionary of the English Language* (1987) の米国辞書には記載済みである。

上記に示されたその言語的振舞から推察される可能性に付け加えて、前述の新 JBE の意味領域の借用傾向として抽出された、1)〈人間活動の主体〉の【人間】、【仲間】、【社会】、2)〈人間活動-精神および行為〉の【交わり】、【待遇】、【経済】、【事業】、3)〈生産物および用具〉での【食糧】を考慮すれば、今後英語として定着し、認知される可能性の高い語の予測の精度が高まるであろう。

4.6　結語

上記の一連の分析の結果、日本語からの英語への旧新借用傾向、および世界の英語使用者への認知度を測る指標において、主として次のことが示唆さ

れる。

1) JBE の形式的属性は、予期されてはいたものの、名詞である。
2) JBE の意味的属性の大枠は時間軸に関わらず同様の借用傾向を示し、文化関連の〈人間活動-精神および行為〉、〈生産物および用具〉、〈人間活動の主体〉が大部分を占め、自然科学関連の〈自然物および自然現象〉、〈抽象的関係〉の占有率は小さく、その差は拡大することが予測される。
3) 文化関連のマイクロな範疇においては時間軸とともに変遷がみられ、わずかながら「団体」から「個人」、明確に「伝統文化」から「経済文化」へのシフトが見受けられる。
4) 借用元、借用先、換言すれば「原因」と「結果」の判別は困難であるものの、今後、英語に借用される可能性の高い語を示す指標として、「レンジ」は一指標となり得る。

本章により、「日本英語」の語彙的特徴の一側面である日本語から英語への語彙借用は、簡潔に示せば、文化関連、とりわけ上記に示された意味的特徴を有する名詞の使用と言える。この研究成果の興味深い点は、語彙借用の意味的属性の割合は時代を経ても変わらない可能性、すなわち、「日本英語」の一部を構成する借用語彙の深層的特徴を示している可能性があることである。多くの先行研究が示すように、第二言語使用者の現地語からの意図的借用、意図的コードスイッチングは現地の英語変種の発生（Dubey, 1991；Schneider, 2003；Kirkpatrick, 2007）、および第二言語使用者の特殊性（Cook, 2007；Prodromou, 2008；岡, 2012）において重要な要素の１つである。本章では、「日本英語」の語彙的特徴の一側面である日本語から英語への語彙借用を深層的かつ包括的に分析し、研究範囲上の制限はあるものの、本借用の特徴を「日本英語」の語彙的特徴として示す。次章では Brutt-Griffler（2002）が挙げる文化的影響を受けやすい別の言語的側面である「談話・語用」に焦点を当て「日本英語」の分析を進める。

注

1 この点について、杉浦(1995a)も同様に経済関連の語が借用傾向にあることを指摘している。また中国の英語変種の借用語の研究を行った Yang(2005)も時代の変遷とともに中国語からの借用語に変化が見受けられることを指摘している。Yang(2005)は1980年代と2000年以降に発行された英語辞書に見受けられる中国語からの旧新借用語の比較分析を行った結果、借用項目の意味領域は過去には広東語、厦門方言からの飲食関係の語が量的に多いカテゴリーを形成していたが、2000年以降に新しく記載された語は北京官話(いわゆる、「普通話」)からが多く、飲食関係から哲学、宗教、歴史、政治、芸術、文学等の "high culture" (p. 104) に移行していると述べている。

2 なお、米国ハワイ州の英字新聞、*Hawaii Tribune Herald* に表出した日本語からの借用語を分析した島田(2006)は、延べ語数329語、異なり語数108語のJBEを抽出して意味領域の分析を行っているが、英字記事の総語数に言及していないため、どの程度JBEが記事を占めるのかは判然としない。

3 この lexical core、とりわけ "absolute core" については、Gilner & Morales(2011)に詳しい。

4 実際に *OED online* 上には「インド英語」の標識が記載されるものもある上、本研究で主として利用した日本発刊の英字記事(e.g., *The Japan Times*)も引用元として含めている。

5 表3-4で示したように、日本人英語ジャーナリストは主として芸術(Art)、生活面(Life)の日本文化面のジャンルを担当する傾向が確認されることを思い起こされたい。

第 5 章
談話・語用研究
「日本英語」と内円英語の比較対照分析

5.1 概要

　第 5 章の主たる目的は、各種統計分析を通して、「日本英語」の談話的・語用的特徴を検出することである。具体的には、「日本人英語使用者コーパス」(JUCE) の書き言葉コンポーネントと内円英語コーパスなどとの品詞情報、および語彙情報を基に対照分析を行い、国際英語としての「日本英語」のテクストの特徴の同定を試みる。この分析には、次の 2 段階をふまえる。まず抽象度の高い品詞情報に対し多変量解析を行い、「日本英語」に特徴的な品詞タグの探索的調査を実施する。次に JUCE と内円英語コーパスとの比較分析により一定程度キーワードとなる語彙を抽出し、その語彙から「日本英語」の潜在的な談話的・語用論的特徴とみなされ得る項目を提示する。最終的に先行研究結果、他コーパス、ワードリストを活用し適宜分析を深め、考察を行う。

5.2 先行研究

　英字記事コーパスを利用した研究は、テクストサンプルの収集が比較的容易なため、広く行われてきた。しかしながら、生成文法のアンチテーゼとして発展したコーパス言語学の歴史により、伝統的にコーパス言語学の主流派は内円の英語中心であること (藤原, 2006, 2012a；Fujiwara, 2007b)、一方、諸英語学派 (e.g., Kachru, B., 1985) は外円の英語を主たる研究関心事とし、拡大円の英語を軽視する傾向にあることから (日野, 2008；Hino, 2012a)、拡大円英語に属す「日本英語」の補集合である日本人による英字記事のコーパ

ス言語学的分析はほとんど行われてこなかった（詳細は藤原，2012a、および第1章参照）。したがって下記では、本章の主たる研究焦点である英語母語話者、非英語母語話者による英字記事における品詞情報、語彙情報に関連する数少ない先行研究を概括する。

　まず母語話者による英字記事の品詞分析として、高見（2012）は英国全国紙の品詞タグの構成比率に着目し、高級紙と大衆紙を弁別する特徴の抽出を試みた。the British National Corpus（BNC）、the Bank of English（BoE）の2種のコーパスを利用し、品詞情報を計量的に分析した結果、高級紙に特徴的な品詞タグは①冠詞、②形容詞、③前置詞、④名詞という主として名詞句の構成に寄与する品詞群であること、大衆紙に特徴的な品詞タグは①代名詞、②動詞という人物の記述に関する品詞群であることを示した。

　次に非母語話者による品詞や語彙に着目した研究として、Ishikawa（2011b）は内円の英語（英国、米国、豪国、ニュージランド）とアジアの外円の英語（インド、シンガポール、香港）の英字記事データ（各20万語程度）よりキーワード抽出を行った結果、内円英語は多くの人称代名詞（I、we、you、he、his）、不定冠詞（a）、外円英語は物体指示代名詞（its）、定冠詞（the）、be動詞単数過去（was）等の特徴が確認された。その結果を、Ishikawa（2011b）は、内円英語は新情報、人称志向、外円英語は過去情報、物体志向という特徴がある可能性を示唆した。付け加えて、高頻度語20語の頻度情報を用いたコレスポンデンス分析の結果、英国系英語（英国、豪国、ニュージーランド）は相互に類似している一方、外円英語は多様性が十分に確認された上、米国英語は英国英語よりも外円英語に近似していることが認められた。

　最後に日本の英訳社説の言語的特徴の研究として、Sugiura（1997）は語彙的結束性、Miki（2010）は主語―動詞、および主語―助動詞連鎖に焦点を当て、いずれも英国英語社説と比較対照分析を施行した。その結果、日本の英訳社説は比較的同じ名詞の繰り返しを許容すること（Sugiura, 1997）、主語―動詞・助動詞連鎖において英国英語には代名詞（e.g., they, he, this, we）、日本の英訳社説には一般名詞、固有名詞（e.g., government, Japan）が主語となる特徴があること（Miki, 2010）が示されている。この傾向は「彼」、「彼ら」など

の代名詞使用が日本語においてそもそも有標な使用であること（Miki, 2010, p. 95）、また日本語は主語省略が頻繁に行われるため、日本語から英訳する際に何らか名詞的要素（一般名詞、固有名詞など）で主語を明確化する必要性があること（Sugiura, 1997）に起因する可能性があるとの指摘がなされている。

　両研究は、翻訳の影響に焦点を当て、日本語から英語に翻訳されたことが比較的明確な社説をデータとしたため、本章の興味関心における妥当性は少々限定的といえる。後述するように、「翻訳」の影響を完全に除去することは不可能と考えられるが、この場合、元の日本語テクスト、および翻訳過程が語の使用に多分に影響するため、「日本英語」の特徴なのか「日本語からの翻訳英語」の特徴なのか不明瞭となる。よって、翻訳記事を基本的に除くポリシーを持ち、論評だけでなく各種ジャンルの記事を収集した「日本人英語使用者コーパス」（JUCE）において同様の傾向が認められるか否かは大変興味深い。

　上記に挙げた先行研究は、本章の研究焦点である「日本英語」の談話的・語用論的特徴に関係性は一定程度認められるものの、全て間接的なレベルである。また「日本英語」の諸特徴に関し幾つかの重要な指摘がなされているものの（日野, 2008；Hino, 2009）、使用者レベルの「日本英語」の特徴を実証的に示した研究は管見の限り存在しない。よって本章では、上記の研究結果を参考程度に留め、特段の前提を持たず品詞情報に基づくテクストマイニングを行う。換言すれば仮説検証的データ分析（confirmatory approach）ではなく、仮説探索的データ分析（exploratory approach）、すなわち「混沌としたデータの中から有用な情報を抽出し仮説構築に役立てる」（田畑, 2004, p. 1）手法を採用する。具体的な分析方法は次節で述べる。

5.3　品詞分析

　第5章第3節では上述の研究プロセスの初段階として、抽象度の高い品詞情報に対し多変量解析（クラスター分析、コレスポンデンス分析、判別分

析)を行い、「日本英語」に特徴的な品詞タグの探索的調査を実施する。以下では、本調査に用いられた言語資料、品詞分析における分類、および分析手法について詳述する。

5.3.1 言語資料

　国際英語としての「日本英語」の談話的・語用的特徴を分析するために、JUCE の書き言葉コンポーネントを使用する。JUCE とは、第 3 章で示したように、日本人英語使用者、すなわち「日本語を母語とし、日本で初等、中等教育課程を経て、仕事で英語を使用するもの」(Fujiwara, 2007b) による英語を収集する事業のプロダクトであり、本章では書かれた新聞記事、評論で構成されたコンポーネントを使用する。収集時期は 2005 年から 2007 年初頭、また 7 種のジャンル区分 (art、business、foreign、home、life、opinion、sports) がなされ、ICE に準拠したテクストマークアップ (G. Nelson, 2002)、および英国ランカスター大学計算機学科および UCREL が開発した CLAWS4 の c7 による品詞タグが付与されている (詳細は第 3 章参照)。なお、自動タグ付けであるため、プログラムが明確に判別できない曖昧タグ (ambiguity tag) に関しては、第 1 タグを利用している。高見 (2012) の研究によれば、英国新聞記事の曖昧タグの割合は 4–5% であり、第 1 タグ、第 2 タグ、いずれを採用した際においても、多変量解析の結果に大きな差異は無いとされている。

　上記 JUCE の比較対照コーパスとして、新規に *TIME Archives* よりテクストデータを同サイズまで収集した。その収集の際、次の項目の比較可能性に配慮した。1) 掲載時期 (2005–2007 年)、2) ジャンル (上掲と同種)、3) テクスト数、およびテクスト長 (主として 1000 語以下の記事を同数程度)、4) サイズ (約 100 万語)。また JUCE と同様に CLAWS4、c7 によりタグ付与が行われた。この比較用コーパスを以降、TIME と称す。

　英字記事コーパスは自作するまでもなく、BNC、COCA など、簡便に利用可能なものは幾つか考えられる。その上、JUCE は英字新聞を対象としている一方、TIME は厳密には「雑誌」であるため、データの比較妥当性に

対する懸念があるかもしれない。しかしながら、JUCE、TIME、いずれも高い質を有するジャーナリズムの英語と考えられること、および既存のコーパス、他の内円の英字全国紙データベースでは上記の1)から3)までの変数統制が容易に行えないことから、上記の TIME の記事アーカイブより JUCE を作成した同様のプロトコルでコーパスを作成した。本章の談話的・語用論的特徴のマクロ分析では、この JUCE と均衡をとるようデザインされた自作 TIME コーパスを基軸とした比較を行い、確認された諸特徴の再現性検証の目的で他の内円のコーパス等を利用する。以下の表 5-1 に両コーパスの基礎データを概括する。

表 5-1 JUCE と TIME の基礎データ（*WordSmith* 5.0 により算出）

JUCE	genre art	business	foreign	home	life	opinion	sports	Overall
tokens	194,309	194,835	49,251	99,072	248,979	147,822	48,599	982,867
types	18,193	11,668	6,214	9,377	18,345	11,087	5,284	35,784
TTR	9.62	6.19	12.83	9.66	7.52	7.63	11.22	3.73
Std.TTR*	48.31	44.13	44.61	45.11	47.15	45.27	42.47	45.93

TIME	genre art	business	foreign	home	life	opinion	sports	Overall
tokens	203,397	204,446	50,994	101,428	254,373	152,351	50,769	1,017,758
types	21,061	17,518	8,047	11,832	21,797	16,001	8,631	44,676
TTR	10.5	8.77	16.00	11.82	8.76	10.63	17.35	4.47
Std.TTR*	51.3	50.19	49.4	48.74	49.96	49.74	50.58	50.12

表注：標準化 TTR は 1000 語あたり

5.3.2 品詞分類

　上述のように本章での研究対象コーパスは、JUCE、TIME いずれも CLAWS4、c7 によりタグ付与済みである。当タグセットは約 140 もの詳細な品詞区分がなされており、綿密なコーパス研究を可能にするものである。しかし、本節の品詞情報のマクロ解析という目的、および分析結果の解釈可

能性を考慮すると、一定程度の大まかな範疇分類が賢明といえるだろう。品詞分類において歴史的に形態、機能、意味の3点を考慮し、さまざまな試みが行われてきたが（詳細は大塚・中島，1987；寺澤，2002参照）、現在に至っても正確かつ文法記述の有効性の両条件を十二分に満たした分類法は存在しないようである（Quirk, Greenbaum, Leech, & Svartvik, 1985；Biber et al., 1999）。コーパス研究の知見を基に作成された文法書である *Longman Grammar of Spoken and Written English*（1999）においても、次の記述がある。

We set up grammatical classes, as well as semantic classes and syntactic roles, because we note that elements show similarities in their behaviour. But the flexibility and complexity of language defy our neat classification system.

(Biber et al., 1999, p. 59)

表 5-2　POSタグ区分

Categories	POS tag (CLAWS4, c7)	ABBR
article	AT*	AT
determiner (pronoun/demonstrative)	DA, DD*	D_P/D
determiner (quantifiers)	DA1/2, DAR, DAT, DB*	D_Q
determiner (wh-words)	DDQ*	D_Wh
coordinate conjunction	CC*	CC
subordinate conjunction	CS*	SC
preposition	I*	PP
adjective	J*	ADJ
noun	N*	NN
pronoun	APPGE, P* (except for PNQ*)	PN
pronoun (wh-words)	PNQ*	PN_Wh
adverb	R* (except for RGQ* & RRQ*)	ADV
adverb (wh-words)	RGQ*, RRQ*	ADV_Wh
primary verb (be)	VB*	PV_be
primary verb (do/have)	VD*, VH*	PV_do_have
lexical verb	VV*	LV
modal auxiliary	VM*	MV
Others	BCL, EX, F*, GE, M*, TO, UH, XX, ZZ*	

表注：*はそれ以降が空白、ないしは何らかの文字列が入るタグ全てを含む。

よって本章では、権威ある英文法書（Quirk et al., 1985 ; Biber et al., 1999）を参考にし、彼らが各語類に分類し難いと主張する①数詞、②間投詞、③存在文の there、④不定詞 to、⑤否定辞 not は分析から除外し、⑥ WH 語は各カテゴリーから独立した範疇を設けることとした。他の POS タグ分類は、範疇の妥当性と結果解釈の可能性および意義を総合的に検討し、実施した。詳細は表 5-2 の通りである（POS タグセットの詳細は Appendix 1 参照）。

5.3.3　分析方法

　上述の品詞区分を基に、本節では抽象度の高い品詞情報の多変量解析アプローチにより、国際英語としての「日本英語」に特徴的な品詞タグの探索的調査を行う。その際、使用した統計ソフトウェアは、「多変量解析システム Seagull-Stat 2010」（有償版）（詳細は石川・前田・山崎, 2010）である。次節では分析結果を提示する。

5.3.4　結果

　表 5-2 記載の品詞分類を変数、表 5-1 に記載された JUCE、TIME の各ジャンルのテクスト（合計 14 種）をケースとして、クラスター分析、コレスポンデンス分析、判別分析の結果を以下に示す。なお、各テクストサイズが異なるため、1 万語あたりの調整頻度を使用した。これらの多変量解析手法は互いに類似する性質を持つものの、分析結果は異なることもあるため、各分析結果を triangulation し、分析結果の信頼性を高めることを試みた。

5.3.4.1　クラスター分析

　ここでは変数クラスター分析により、品詞の頻度情報を活用して各テクストを分類する。個体間非類似度計算には標準化ユークリッド距離を使用し、クラスター間非類似度計算にはウォード法を用いた。分析のためのクラスター数は JUCE と TIME の判別が主目的であるため 2 とする。以上の手続きから、下記の樹形図（図 5-1）が得られた。この樹形図より次の 3 点が確認される。

1) 左側の第1クラスターに日本人英語使用者、右側の第2クラスターに内円英語使用者の傾向が読みとれるため、品詞情報が書き手の分類に一定程度有効であること
2) 相対的に第2クラスターの方が早い段階で融合されることから、内円英語使用者の方が日本人英語使用者よりも一貫性が高いこと
3) 書き手の情報のみならずジャンルが品詞情報に影響を及ぼしていること

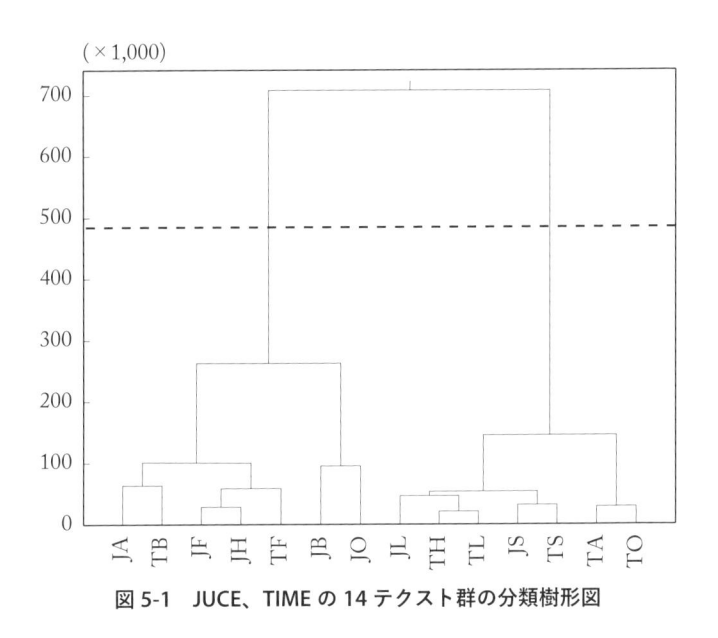

図 5-1　JUCE、TIME の 14 テクスト群の分類樹形図

また品詞情報として、次の傾向が確認された。

日本人英語使用者：　冠詞、前置詞、形容詞、名詞、助動詞
内円英語使用者：　　決定詞(代名詞/指示詞・数量詞)、
　　　　　　　　　　接続詞(等位・従属)、代名詞、副詞、
　　　　　　　　　　動詞(第一助動詞・一般動詞)、WH 語

しかしながら、上記の傾向はあくまで二分法による相対的差異に基づく特徴づけである。つまり2者の内、いずれかといえば、こちらの特徴という分け方となっている。ゆえに次のコレスポンデンス分析にてこの結果を深める。

5.3.4.2 コレスポンデンス分析

第1アイテムを品詞情報、第2アイテムをJUCE、TIMEのジャンル別テキストとして、コレスポンデンス分析を施行した。解析の結果、13の次元が抽出され、第2次元までの累積寄与率は81.54%であった。よって第2次元までの散布図を解釈対象とし、下記の図5-2に示す。

この散布図を俯瞰すると、全体的傾向として左上に日本人英語使用者、右下に内円英語使用者がプロットされていることがわかる。しかしながら、第1軸、第2軸は直交（無相関）しているため、軸の解釈は困難である。つまりいずれの軸も単純に日本人英語使用者―内円英語使用者との解釈はできな

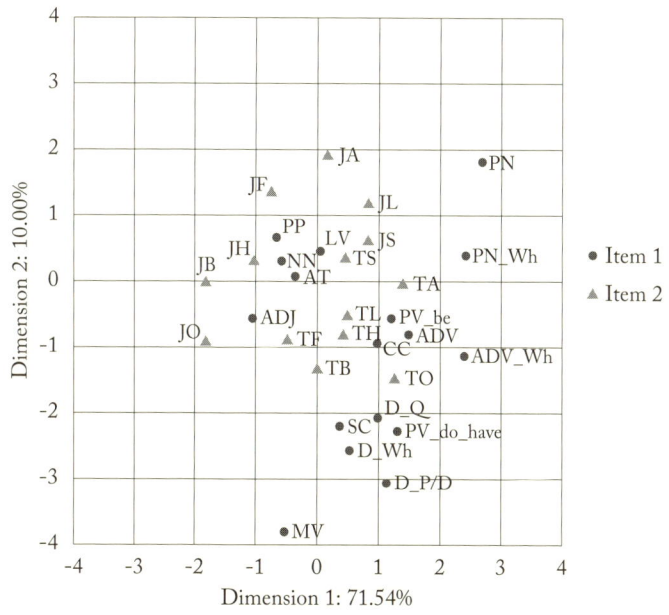

図5-2　第1アイテム（品詞情報）、第2アイテム（テクスト）のスコア散布図

い。また日本人英語使用者は冠詞、名詞、前置詞、形容詞という名詞句を構成する品詞群、内円英語使用者はそれ以外の品詞群を特徴とする上記のクラスター分析とほぼ同じ結果が得られている。前の結果と異なる点は、一般動詞 (LV)、および助動詞 (MV) であり、前者はむしろ日本人英語使用者、後者はむしろ内円英語使用者の特徴の傾向と示されている。上記のように明確な解釈は困難であるものの、日本人英語の書き手と内円英語の書き手の間には差異があり、日本人英語の書き手は名詞句に依存する傾向、内円英語使用者は多種多様な品詞を使用している傾向が見受けられる。

5.3.4.3 判別分析

最後に各品詞の調整頻度を変数、JUCE、TIME の各ジャンルのテクストを判別項目とする判別分析を行い、どの品詞項目が日本人英語使用者と内円英語使用者の 2 群を判別する上で寄与するかを探索した。判別分析を行う際に注意すべき多重共線性の問題を確認し、他変数と相関係数が高い項目は変数リストより除去した。言うまでもなく各品詞間は文法構造上深い関連があり (e.g., 名詞と形容詞，名詞と前置詞)、互いに相関し合う。各品詞の調整頻度間において、JUCE、TIME いずれにおいても相関が 0.8 未満の項目は次の 5 つである。①決定詞（数量詞）、②従属接続詞、③ WH 代名詞、④一般動詞、⑤助動詞。その各変数を判別項目とし、解析法は線形判別法を用いて相互検証 (n＝14) を行った。当分析より得られた判別得点表を以下に提示する（表 5-3）。その結果、この判別率は 92.9％ (13/14)、および相互検証の判別率は 100％ であった。つまり全体として非常に高い正判別率を有していることがわかる。また誤判別されたケースは TS、つまりスポーツ記事であり、当結果は上記のコレスポンデンス分析との結果とも合致する。

しかしながら、この結果の説明力は限定的と考えた方がよいだろう。上述のように、第一に品詞項目間の中に、多重共線性が明らかに生じている項目が多く見受けられるため、判別分析を行う以前に多くの品詞項目を除去せざるを得なかった。もとより品詞間には多様な関係性があるため、判別分析は本研究には限定的な範囲しか対象とできない。第二に全ての説明変数の偏 F

表 5-3　判別分析（線形判別法）の結果

Corpus	Case	D_Q	SC	PN_Wh	LV	MV	C1–C2
JUCE (C1)	JA	56	206	42	1134	80	4.47
	JB	56	203	15	1182	138	7.41
	JF	56	209	27	1184	106	6.14
	JH	61	231	37	1213	137	0.81
	JL	80	226	31	1243	102	0.51
	JO	51	236	20	1051	142	2.99
	JS	52	200	40	1142	136	4.06
	Ave.	58.86	215.86	30.29	1164.14	120.14	
TIME (C2)	TA	72	241	46	1104	102	−3.27
	TB	81	232	26	1191	147	−1.59
	TF	72	255	35	1133	131	−3.57
	TH	66	268	44	1178	131	−4.70
	TL	87	255	44	1200	121	−6.57
	TO	74	275	42	1117	148	−7.65
	TS	60	232	41	1202	115	0.95
	Ave.	73.14	251.14	39.71	1160.71	127.86	

表注：調整頻度は 10,000 語あたり

値は全て 2 以下であり、統計的な有意差も確認されなかった。すなわち各変数間の説明力、および信頼性も慎重に捉えるべきである。その 2 点をふまえると、本結果の解釈には慎重さを要するものの、各変数を総合的に判断した際には、日本人英語使用者と内円英語使用者を区分することは不可能ではなく、日本人英語使用者は一般動詞、内円英語使用者は決定詞（数量詞）、従属接続詞、WH 代名詞、助動詞、とりわけ決定詞（数量詞）、および従属接続詞の相対的な多用傾向がみうけられるとはいえるだろう。

5.3.4.4　総括

上記の解析結果を triangulation し、分析手法間で矛盾した結果、および曖昧な結果を棄却すると、次の 6 点が言える。

1) 日本人英語使用者と内円英語使用者の品詞使用には差異が一定程度確認できる。
2) 日本人英語使用者の方が内円英語使用者よりも相対的に変異が大きい。
3) 英字記事のジャンルの影響が確認され、とりわけスポーツ記事は書き手の背景の差異よりも、ジャンルの普遍性が優越する。
4) 日本人英語使用者に特徴的と推定される品詞群は①冠詞、②前置詞、③形容詞、④名詞という名詞句を構成するものである。
5) 内円英語使用者に特徴的と推定される品詞群は①決定詞(代名詞/指示詞・数量詞)、②接続詞(等位・従属)、③代名詞、④副詞、⑤動詞(第一助動詞 be/do/have)、⑥ WH 語であり、その多くが機能語の性質を持つ。
6) 上記の内、決定詞(数量詞)、および従属接続詞の使用法に安定した差異の傾向が見受けられる。

以上の結果を次節でまずは考察を加える。

5.3.5　考察

　上記のように、「日本英語」の談話的・語用論的特徴の抽出を目的とした分析の第一段階として、抽象度の高い品詞情報に多変量解析(クラスター分析、コレスポンデンス分析、判別分析)を実施し、「日本英語」に特徴的な品詞タグの探索的調査を行った。結果として、日本人英語使用者には名詞句を構成する品詞群の特徴、内円英語使用者には決定詞、接続詞、代名詞などの多くの機能語的性質を持つ品詞群の特徴があることが示唆された。高見(2012)は名詞句を構成する品詞群は高級紙の特徴、代名詞は大衆紙の特徴と指摘しているが、*TIME* は質の高い報道記事、英文で定評があるゆえ、今回の結果への適用は不適と考えられるだろう。むしろ、Ishikawa(2011b)の述べる内円英語の人称代名詞の多用傾向、および日本語の影響による代名詞使用の抑制傾向(Miki, 2010)の両方の相乗効果と解釈することがより妥当と思われる。

　JUCE は翻訳記事を極力除く方針で編纂されたが、Cook(2002b, 2007)が

述べるように「翻訳」は第二言語使用者(または多言語使用者)に特有の技能の1つであり、第二言語使用者が実際に英語のアウトプットを出す際に第一言語 (i.e., 日本語) の影響を皆無にすることは不可能であろう。日本人英語使用者が当初より英語で記事に着手する際にも、日本語の文献資料、インタビュー内容を参照して翻訳しながら、英字記事を書きあげることは想像に難くない。またもとより母語の影響が皆無と推定することの方が非現実的である。主として「学習者」英語を対象とした研究とはいえ、SLA の諸研究はもちろん、「日本人英語」を多角的かつ科学的に検証を試みた竹蓋 (1982) も日本語の影響はさまざまな言語的側面にあらわれると主張している。

　日本人英語使用者は、代名詞使用を抑制し名詞句に依存する場合、前出の参照対象 (referent) に言及する際、冠詞、形容詞の前置修飾、前置詞利用の後置修飾により限定性を高めている可能性がある。また Miki (2010) と同様に日本語から英語への翻訳社説を研究対象とした Sugiura (1997) は、日本の英訳社説は、英国社説と比して、圧倒的に同じ語を繰り返し使用して語彙的結束性 (lexical cohesion) を高める傾向にあると指摘している。この繰り返しを英語ほどは厭わない「定型的」特徴を日本語は有するため (竹蓋, 1982)、「日本英語」は名詞に依存し、代名詞を軽視する傾向にあるのかもしれない。一方、内円英語話者は、代名詞、決定詞で限定し、言語的結束性 (cohesion) を高めているのかもしれない。しかしながら、この考察はあくまで抽象的な品詞情報に基づくマクロな分析結果からの示唆に過ぎない。次節ではこれらの結果をふまえ、より具体的な語彙レベルでの特徴語の分析を行う。

5.4　語彙分析

　第5章第4節では「日本英語」の談話的・語用論的特徴の分析の第二段階として、語彙情報に対しキーワード分析を行う。まず特徴語分析により抽出された語彙を俯瞰し、「日本英語」の潜在的な談話的・語用論的特徴とみなされ得る項目を具体的に検出する。次にその項目の一部の結果を先行研究

結果、他内円コーパス、ワードリストなどを活用して結果を追検証する。

5.4.1 研究手法

　本節では、語彙の特徴語分析における手続き、および分析手法について詳述する。なお、上述のように、本分析で基軸として利用する言語資料は国際英語としての「日本英語」のサンプルコーパスとして JUCE、内円英語のサンプルコーパスとして *Time Archives* より構築された自作版 TIME コーパスである(両コーパスの基礎データについては表 5-1 参照)。また今回のマクロなキーワードの探索的調査においては、品詞タグ付きテクストではなく生テクストを用い、語の単位はレマ化されたものではなく表記形を用いる。その主たる理由は、以下で適宜、比較参照する他のデータ群にタグ付与がなされていないか、異なるタグセットが用いられていること、および同一レマに属すといえども、各表記形は異なった共起語を持ち、生起頻度も非常に異なる場合が多いという指摘(Stubbs, 2002)を考慮したためである。分析処理において不利点も考えられるものの、内円英語と比較して抽出される「日本英語」のあくまで俯瞰的、かつ探索的な分析には、生テクスト、および表記形を利用した特徴語分析でも十分と判断した。必要に応じ、タグ付きテクストを利用したコンコーダンスラインの質的精査にて分析結果を吟味する。

　コーパス分析ツールである *WordSmith* 5.0 を利用し、TIME と比較した際の JUCE 側の多用(overuse)、少用(underuse)[1]を特徴度(keyness)に基づき各 500 語ずつ抽出した。なお、このキーワード分析に用いた統計手法は対数尤度比(log-likelihood ratio: LL)であり、抽出時の有意水準は 0.01％(99.99％)である。この統計手法はカイ二乗検定よりも検定の多重性の問題を受けにくいが[2]、実際の有意性判断は 1.0×10^{-6} を閾値として行った。

　その特徴語抽出の工程後、固有名詞の性質が強い次の語群を、リストから手作業で除去した。①固有名詞(人名、会社名、政党名、国名、地域名など)、② 頭字語(e.g., BOJ, US, GM, ASEAN)、③月・曜日、方向(e.g., August, Monday, west, western)、④日本語由来の外来語(e.g., Kabuki, yen)[3]。付け加えて、⑤数詞、⑥データソースの影響によるキーワード(e.g., staff/

contributing writer, times [in *Japan Times*], time [in *TIME*]）は本研究の分析趣旨を鑑みると不必要と判断したため、同様にリストから除外した。この処理を経ても、内容語は当時に耳目を集めたトピックに影響を受けたものが見受けられたが（e.g., JUCE 側の postal, reform, privatization など）、日本、内円英語圏の文化的差異を反映した可能性のある内容語（e.g., JUCE 側の shrine, TIME 側の Christian）も確認されたため、恣意的選択を危惧し他の内容語は全てリスト上に残した。その結果、JUCE における多用語 236 語、少用語 256 語を分析対象とする（詳細は Appendices 2 & 3 参照）。

その得られたキーワード群に対し、a) JACET8000 の語彙表に基づき難度のレベル付与、および b) 権威ある文法書（Quirk et al., 1985；Biber et al., 1999）に基づき内容語と機能語の区分を行い、得られた両クロス集計表にカイ二乗検定を施行した。JACET8000 とは、英国英語の大規模コーパスである BNC を基盤とし、米国英語、および日本の英語学習環境を加味して構築された「JACET8000 サブコーパス」を絡ませ、さまざまな統計処理を施して作成された語彙表であり、全 8000 語は 1000 語ずつ易から難にレベル分けがなされている（大学英語教育学会基本語改定委員会, 2003）。

また内容語と機能語の区分は時に非常に困難な場合（たとえば regarding は場合により、前置詞、すなわち機能語的振舞をする）があるが（Biber et al., 1999）、本章の目的は内円英語コーパスと対照した際の、「日本英語」の談話的・語用論的特徴の大まかな検出であるため、前節と同様に定評ある英文法書（Quirk et al., 1985；Biber et al., 1999）を参考にし、名詞、一般動詞、形容詞、副詞を内容語、前置詞、代名詞、冠詞、決定詞、接続詞、助動詞、第一次動詞を機能語と区分した。a)、b) の両分析を行うことで、日本英語、内円英語に特徴的な語彙の性質、および難度の大まかな傾向を掴むことができる。

最後に c) 検出された JUCE における多用語 236 語、少用語 256 語を比較検討し、機能語の関連において潜在的に「日本英語」の談話的・語用論的特徴と認められる次の項目を抽出した。①冠詞、②代名詞、③縮約形、④接続語句、⑤法助動詞。また内容語の吟味により、⑥句動詞の差異についてもふ

れる。上記項目に関し、先行研究結果、他内円コーパス、ワードリストなどを活用し適宜分析結果を追検証する。

5.4.2 　結果
5.4.2.1 　JACET8000 に基づく語彙難度

まずキーワード群のJACET8000（大学英語教育学会基本語改定委員会, 2003）に基づく難度を比較検討する。以下の表5-4はJUCE、TIMEより検出されたキーワード群の各レベルの語の生起値（RAW）、期待値（EX）、および割合（％）を示し、図5-3は両キーワード群の各レベルの割合の推移を示している。なお、レベル0は当リストに記載されていない語を示し、レベル5以上の語はいずれのコーパスにおいても生起値がわずかであったため、合算した範疇を設けた。

上表、および図5-3を一瞥して明らかなことは、「日本英語」は内円英語よりも相対的には難度の高い語（レベル2-4）を多用する傾向にあり、一方、内円英語話者は難度の最も低い語（レベル1）を多用していることである。後者の特徴語においては、実に3分の2がレベル1に属す。当クロス集計表にカイ二乗検定を施行したところ、非常に高い有意差が検出された（$\chi^2(5)=66.422, p<.000$）。JACET8000は各種コーパスの頻度情報を基に作成されたことから、レベル1の語は高頻度語、すなわち主として平易語および機能語により構成され、レベルが高まるにつれて低頻度語、つまり困難語および内容語の傾向が認められる。この結果は着目に値する結果といえよう。何故ならば一般的に *TIME* の英語は非常に洗練され、語彙水準は極めて高く、いわゆる英検1級でも太刀打ちできないとまで言われるものである。その一般的認識に反して、両コーパスの比較により抽出されたキーワード群は、「日本英語」の多用語が難度が高く、TIMEの多用語が平易の傾向という結果であった。当結果は大方の予想に反しているのではないだろうか。

しかしながら、この結果の理解には注意が必要である。当結果はあくまで同過程を経て同数（n=500）抽出された特徴語のレベル比較の結果であり、使用された語全体のレベル判別の結果ではない。実際に表5-1によれば、

表 5-4　JUCE、TIME より検出されたキーワード群の難度比率

		\multicolumn{6}{c	}{JACET8000}	
		0	1	2	3	4	5 or over	Total
JUCE	RAW	18	78	58	22	44	16	236
	EX	17.7	119.0	39.3	15.4	28.3	16.3	236.0
	%	7.6	33.1	24.6	9.3	18.6	6.8	100.0
TIME	RAW	19	170	24	10	15	18	256
	EX	19.3	129.0	42.7	16.6	30.7	17.7	256.0
	%	7.4	66.4	9.4	3.9	5.9	7.0	100.0

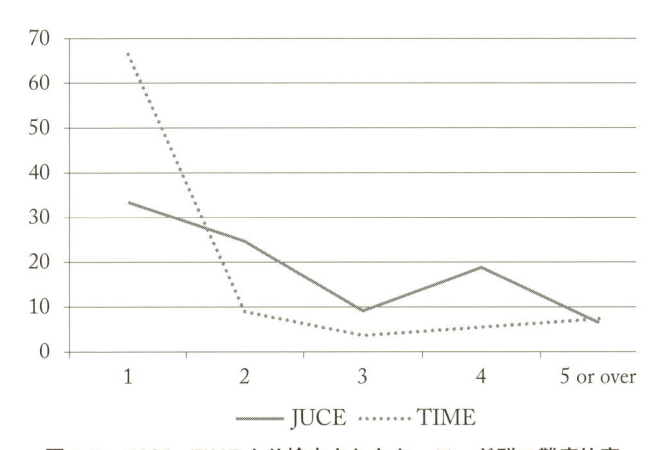

図 5-3　JUCE、TIME より検出されたキーワード群の難度比率

　TIME コーパスの標準化 TTR の数値は全ジャンルにおいて JUCE より高いため、TIME の方が多種多様な語彙を使用している[4]。よって TIME は頻度が微小であるために特徴語として抽出はされないものの、難度の高い語を少しずつ多様に使用している可能性は十二分にある。よって上記結果はあくまで特徴度の高い語に限定した難度においては、「日本英語」が高く、内円英語が低いと理解されたい。

5.4.2.2　内容語・機能語比率

　次に抽出されたキーワード群における内容語と機能語の比率の結果を提示する。以下の表 5-5 は JUCE と TIME より検出されたキーワード群の機能語、内容語の生起値(RAW)、期待値(EX)、および割合(%)を示している。各コーパスより同数の特徴語を抽出したが、明らかに JUCE 側は内容語が多く、一方 TIME 側は機能語が多い。当クロス集計表にカイ二乗検定を施行したところ、非常に高い有意差が検出された（$\chi^2(1) = 22.120, p < .000$）。当結果は上述の特徴語の難度比較の結果(5.4.2.1 参照)、および上記の品詞における多変量解析の結果(5.3.4.4 参照)を補強するものである。とりわけ機能語において内円英語は「日本英語」の 3 倍以上をキーワードとして有しており、その差は顕著といってよいだろう。

表 5-5　JUCE、TIME より検出されたキーワード群の機能語、内容語比率

	Function			Content			Total
	RAW	EX	%	RAW	EX	%	
JUCE	15	33.1	6.4	221	202.9	93.6	236
TIME	54	35.9	21.1	202	220.1	78.9	256

　この結果を補足する意図を持って、高見(2012)の英国全国紙分析により、「高級紙」度合いが最も高いとされた英国紙 *The Guardian* の 1998 年から 2004 年の語彙リスト（約 2 億 7000 万語。以降、GWL と称す）を活用し、特徴度の顕著な JUCE 側の多用語、少用語を同数（n = 500）検出したところ、ほぼ同様の結果が得られた。JUCE 側が多用する機能語は僅か 8、少用する語数は 36 であり、4 倍以上の差が見受けられる。米国雑誌（*TIME*）、英国新聞（*The Guardian*）、いずれのジャーナリズムの内円の英語の比較においても同様の傾向が認められたことから、「日本英語」は機能語より内容語依存の傾向があるといえよう。

5.4.2.3 機能語

ここでは検出された特徴語の内、機能語に限定したJUCEにおける多用語、少用語を比較検討し、潜在的に「日本英語」の談話的・語用論的特徴と考えられる諸点を挙げる。テクストにおいて頻用される機能語は文体的特徴のマーカーとして有力であるためである（Eder, 2011）。まず以下の表5-6にTIMEとの比較によるJUCEにおける機能語の多用語（overuse）、少用語（underuse）の語群を示す（各語のJUCE、TIMEの生起値、割合、および各コーパスの比較における対数尤度比はAppendices 2 & 3参照）。表中のRはJUCEの多用語、および少用語における特徴度ランク（rank）、Iは表記形項目（item）を示す。上述のように、「日本英語」は内容語依存の傾向が見受けられ、機能語である多用語はわずか15語、またそのランクも236語中143位以内に収まっている。一方、少用語は全54語、そのランクは広範囲に分布している（全256語）。またこの多用語、少用語の比較検討により、①冠

表5-6　TIMEとの比較によるJUCEにおける機能語の多用語・少用語

多用語 (n=15)		少用語 (n=54)							
R	I	R	I	R	I	R	I	R	I
4	the	1	you	32	and	78	can't	162	you'll
5	in	2	like	38	what	81	about	171	it
24	he	3	that	42	who	84	can	210	everyone
44	its	4	your	47	why	88	so	216	not
49	during	5	it's	49	aren't	93	every	226	are
55	will	7	but	50	if	100	what's	232	let's
66	to	8	you're	53	they	103	may	237	wouldn't
79	at	9	there's	54	I'm	104	you've	240	down
83	should	10	they're	56	won't	123	someone	254	weren't
84	between	15	we're	59	we	126	one		
94	by	16	that's	63	than	128	how		
97	was	18	or	65	those	129	into		
100	such	21	isn't	67	she's	143	anyone		
127	must	22	he's	71	them	148	might		
143	cannot	26	a	77	our	161	we've		

詞、②代名詞、③縮約形、④接続語句、⑤法助動詞の使用に量的、および質的差異が見出されるようである。以下では、上記の項目に焦点を当て考察を加え、適宜分析を試みる。

① 冠詞

表 5-6 に示されているように、JUCE 側の多用において the (R = 4)、少用において a (R = 26) が検出されたため、不定冠詞 an を含めて、前述の英国紙の語彙リスト、GWL との 3 者比較を行った（表 5-7 参照）。統計手法としては同じく対数尤度比を用い、検定の多重性の問題を考慮し、有意性判断は $p < 1.0 \times 10^{-7}$ (LL > 28.3) にて行った。その結果、定冠詞においては、降順に JUCE、GWL、TIME、不定冠詞においては TIME、JUCE、GWL の順となり、冠詞全体では英国・米国英語に差は無く、両内円英語変種よりも「日本英語」は冠詞の多用傾向が確認された。「日本英語」における定冠詞の多用傾向は、アプローチは異なれど日本（人）英語研究（ピーターセン, 1988；Komiya, 1998；小宮, 2007, 2010；日野, 2008）、かつ Ishikawa (2011b) のアジアの外円英語と内円英語の比較でも指摘されてきたものである。

表 5-7　JUCE、TIME、GWL の全体における各冠詞使用比率（%）

	JUCE	TIME	GWL	Sig.
the	6.05	5.32	5.85	J > G > T
a/an	2.75	3.04	2.64	T > J > G
Total	8.80	8.36	8.49	J > G = T

② 代名詞

上記の表 5-6 に示す日本人英語使用者が多用、少用する傾向のある語群を俯瞰すると、明確に代名詞の存在が確認できる。JUCE 側が多用する代名詞は he、its のたった 2 語であるのに対し、TIME 側の代名詞が関連する項目は実に 20 以上存在する。そのため、人称代名詞に焦点を当て、各語の頻度をタグ付コーパスにて抽出し、両データの頻度を対数尤度比にて検定した

表 5-8　TIME との比較における JUCE の多用・少用する代名詞

	JUCE	TIME	LL	Sig.
I	55	58	−7.79	ns
me	7	10	−25.27	−
my	13	14	−5.60	ns
he	75	63	102.40	＋＋＋
him	8	11	−31.50	−
his	50	45	21.16	＋?
she	25	25	−0.01	ns
her_A	4	5	−28.79	−
her_P	18	18	0.25	ns
it	76	96	−219.43	−−−
its	30	22	129.45	＋＋
we	20	32	−246.33	−−−
us	3	7	−176.47	−−−
our	7	11	−80.49	−−
you	19	49	−1386.77	−−−
your	5	14	−462.66	−−−
they	31	45	−253.72	−−−
them	11	15	−83.14	−−
their	31	34	−11.74	ns

表注：調整頻度は 10,000 語あたり。her_A は目的格、her_P は所有格。

（表 5-8 参照）。なお、所有代名詞（e.g., mine, yours, ours）の生起頻度はいずれのコーパスにおいても僅少であったため、分析から除外した。

　更に追検証として、JUCE と GWL の比較から抽出されるキーワードリストを確認したところ、全く同様の傾向が認められた。JUCE 側が多用する代名詞は僅か 3 例（its、she、he）に対し、少用する代名詞の項目は実に多い（we、us、you、you're、your、him、they、them、someone、anyone）。

　上記の品詞分析にて、内円英語話者の代名詞の多用傾向は確認されていたが（5.3 参照）、一段具体的な特徴語の比較分析により、実に興味深い「日本英語」と内円英語の差異の可能性が示唆される。日本人英語使用者が多用する人称代名詞群は全て三人称単数、つまり具体的指示対象を有するものであるのに対し[5]、英国および米国を基盤とするジャーナリズムに特徴的な人称

代名詞群には複数人称代名詞、すなわち一般的人々を示す総称用法のもの（we、you、they）が多く確認できるのである。この点については、次節の考察にて再度ふれる。

③ 縮約形

また TIME における縮約形の多用傾向、JUCE 側から述べれば日本英語における縮約形の回避傾向が確認される。縮約形を有する項目は、全 54 項目中、動詞縮約（e.g., you're）、否定辞縮約（e.g., aren't）の両種を含め 20 項目に上る。縮約形とは一般にインフォーマルな会話で用いられ、高級紙を含むフォーマルな書き言葉では通常回避される項目である（Biber, et.al., 1999）。当項目について GWL リストにより追検証を施行したところ、GWL で縮約形として特徴度の高い項目として抽出されたものは 500 例中僅か 2 例（you're、there's）であった。よって当項目の少用は「日本英語」の特質というよりは、むしろ TIME の米国寄り英語の性質か、または雑誌としての性質、とりわけインタビューにおける話し言葉からの直接引用の影響の可能性がある。

しかしながら、尚早な結論に至るのは避けるべきであろう。Biber 達（Biber, et.al., 1999）の Longman Spoken and Written English Corpus [6] を利用したレジスター別の縮約形使用の研究によれば、縮約形を誘発する要因は、a) 話し言葉、書き言葉のモードの他に、b) 人称代名詞および c) 高頻度動詞（e.g., give, go, get）との共起、d) 現在進行形、受身等の文法構造、および e) 助動詞のタイプなど、多岐に渡ることが指摘されている。とりわけ e) の法助動詞のタイプについて述べれば、新聞という比較的フォーマルな書き言葉の媒体においても、can + not の形式は、他の助動詞の縮約形（e.g., mustn't, shouldn't）に比べて、縮約形が好まれる傾向にあると示されている（Biber et.al., 1999, p. 1131）。また Leech 等（Leech, Hundt, Mair & Smith, 2009, p. 240）によれば、縮約形は現代英語において、フォーマルな書き言葉の規範においても上昇傾向にあると報告されている。表 5-6 に示されているように、JUCE 側では cannot という非縮約形、TIME 側では縮約形の can't の特徴語が対照的に示

されていることからも、上記の視点をふまえた考察を改めて行う必要があるだろう。

④　接続語句

　上述の 5.3 の品詞分析にて、等位接続詞と従属接続詞はいずれも内円英語に特徴的な品詞と示されていた。今回の具体的な語彙ベースでの結果によれば、等位接続詞 and、but、or、従属接続詞 if、than が確認されており、GWL との比較によれば、but, if が最も特徴度の高い 500 語以内にランクインしている。また接続語句（conjuncts）の概念に拡大すると、日本人英語使用者は TIME との比較において however、also を多用する傾向にあることが確認できる（Appendix 2 参照）。過去の一部の日本人英語学習者コーパスの研究では、日本人大学生は母語話者であるアメリカ人学生よりも、and、but の等位接続詞を「過剰」使用する傾向にあることが指摘されてきたが（e.g., 玉崎、1999）、興味深いことに日本人英語使用者コーパスを用いた本研究では、逆の結果が示されている。なお、so は表記形において機能語として上表に抽出されたが、両タグ付けコーパスによる検証の結果、従属接続詞としての用法は JUCE、TIME いずれも同程度の頻度で有意差は確認されなかった。よってここでは取り扱わない。

⑤　法助動詞

　この比較対照コーパス分析により、法助動詞に関して抽出された項目は、JUCE 側では、should、must、TIME 側では may、might である。なお、can、cannot、can't、および will/won't、would/wouldn't は上記で既にふれたように、縮約形の preference が影響を及ぼす項目であるため、ここでは取り扱わない。これらの項目は動詞縮約（e.g., you'll）、否定辞縮約（e.g., won't）の影響を取り除き、用法も考慮した詳細な分析が必要と判断されるため、論考を改めたい。それらに対し、上記 4 つの法助動詞の動詞縮約形は元より存在せず、否定辞縮約形は、現代新聞英語の内円コーパス分析（Biber et. al., 1999）の結果によれば、ほぼ存在しない（i.e., mayn't/*mightn't）、または非常

に生起し難い（i.e., shouldn't/mustn't）ことが明らかになっている。よって縮約形が結果（表5-6）に与える影響は無視可能なレベルと推定し、タグ付けコーパスを用いてより詳細に分析を行った。

以下の表5-9にはVMのタグが付与された各法助動詞の両コーパス内の100万語あたりの調整頻度、および統計結果が示してある。実際の有意性判断は 1.0×10^{-7}（LL > 28.3）にて行った。その結果、JUCE側のshouldとmustの多用、mayとmightの少用に顕著な統計的有意差が確認された。また検証目的でJUCEと英国英語コーパスであるBNC所収の1985–1993年に発刊された全国紙の同ジャンル（arts、commerce、editorial、reports、social、sports）からなるサブ・コーパスとの比較を行った。その結果、shouldとmustに有意差は見受けられず、mayとmightに関しては本稿の日本人英語使用者は統計的に有意に少用していることが明らかとなった。なお、BNCはJUCEと対照した際には構築された年台が少々古く、またジャンル比率が大きく異なるため、比較対照可能性は限定的であることを付記しておく。

表5-9　JUCE、TIMEのshould、must、may、mightのPMW、およびLL値

	JUCE PMW	TIME PMW	Sig. LL	
should	1043	687	73.91	***
must	455	239	68.55	***
may	624	1305	−245.34	***
might	352	567	−50.65	***

*** $p < 1.0E-12$

5.4.2.4　内容語

上述で示したように、内円英語の特徴語には難度の最も低い機能語が多く確認された。それらをふまえても、未だ多くの平易な高頻度語が存在するため、ここでは内容語に焦点を移して分析を試みる。TIME側の多用の内容

語群(詳細は Appendix 3)を俯瞰すると、内円英語の特徴として句動詞(phrasal verbs)の多用が確認できる。TIME の多用語上位 500 語以内に、get および派生形(gets、got、getting)、go および派生形(going)、look という句動詞を構成する動詞群、および不変化詞となる out、off、out、up、down が確認できる。同様の傾向が JUCE と GLW との比較において再現できるか否か確認したところ、特徴語 500 語以内に put、go、および down、off、out、away が認められた。句動詞は、第二言語習得研究において、さまざまな第一言語を母語とする英語非母語話者が使用を回避する傾向にあると継続的に報告されてきた項目であり(e.g., Dagut & Laufer, 1985；Hulstijn & Marchena, 1989；Laufer & Eliasson, 1993；Liao & Fukuya, 2004；Liu, 2011)、日本人英語学習者も例外ではない(竹蓋，1982)。そのため、この項目は今後分析を深めるべき価値のあるものと思われる。

　句動詞は厳選を経ても 150 程も存在するため(Liu, 2011)、句動詞全体の分析は機会を改めることとし、ここでは上記の JUCE と TIME の比較により抽出された get より派生するもののみに焦点を当てて分析を補強する。検証方法は 1) Liu (2011) の句動詞抽出の手法を用い、タグ付き JUCE を用いて get に関連する全句動詞の頻度を抽出し、2) 次に先行研究で提示された COCA 内の新聞レジスターの結果(Liu, 2011)と比較するというものである。なお、統計手法は対数尤度比を用い、実際の計算時には素頻度を使用した；COCA は膨大な延べ語数を有するコーパスであるため、素頻度を示しても比較し難いため、表 5-10 には 100 万語あたりの調整頻度を示す。

　以下の表 5-10 より確認されることは、各項目に高い有意差は確認されないものの、多くの項目において内円英語に多用傾向が認められ(8 例中 6 例)、全体を一括して比較した場合、相対的に高い有意差が検出されることである。1 項目、get in のみが JUCE において若干の多用傾向が見受けられたため、コンコーダンスラインにて確認したところ、13 例中 5 例が get his arms in、get his right in という「相撲」特有の表現であった。上記の GWL、および COCA との比較対照結果、および先行研究(e.g., Dagut & Laufer, 1985；Hulstijn & Marchena, 1989；Laufer & Eliasson, 1993；Liao &

表 5-10　JUCE、COCA の get より派生する句動詞の PMW、および LL 値

	JUCE	COCA Newspaper	
	PMW	PMW	LL
get out	33.58	44.29	-2.77
get back	31.54	44.52	-4.14
get up	10.17	24.56	-10.63
get off	7.12	17.58	-7.89
get down	3.05	9.59	-5.97
get in	13.23	9.66	1.16
get through	2.03	7.55	-5.59
get on	6.10	5.5	0.06
Total	106.83	163.25	-21.81

Fukuya, 2004；Liu, 2011）の知見からも、句動詞の少用は母語話者と比した際は日本英語の特徴として挙げられる可能性が高い。

5.4.2.5　結果総括

　以上、「日本英語」の談話的・語用論的特徴の分析の第二段階として、キーワード分析を行い、「日本英語」の潜在的な談話的・語用論的特徴とみなされる項目を検出し、適宜、先行研究結果、他内円コーパス、ワードリストなどを活用し分析結果を追検証してきた。上記の結果を下記に箇条書きにまとめる。

1) 日本人英語使用者は母語話者よりも相対的に少ない種類の語彙を使用する。
2) 特徴度の高い語に限定した上では、日本人英語使用者は母語話者よりも語彙難度の高いものを多用する傾向にある。一方、内円英語使用者は語彙難度の低いものを頻用する。

3) 全般的に日本人英語使用者は内容語に依存し、機能語を内円英語話者ほどは使用しない。
4) 日本人英語使用者は冠詞、とりわけ定冠詞を多用する傾向がある。
5) 代名詞の使用において、日本人英語使用者は具体的指示対照が比較的明確な he、she 等を使用し、一般的人々を指す用法のある総人称代名詞 (e.g., we, you, they) の使用を抑制する傾向にある。
6) 日本人英語使用者は内円英語使用者ほど、縮約形を使用しない。
7) 日本人英語使用者は内円英語使用者と比較して、等位接続詞(とりわけ and、but、or)、従属接続詞(とりわけ if)の使用を抑制する傾向にある。
8) 法助動詞の使用において、日本人英語使用者は should、must の比較的意味合いの強い法助動詞を頻用し、may、might という比較的意味合いの弱いものを少用する傾向にある。
9) 潜在的可能性として、日本人英語使用者は句動詞の使用における抑制傾向が確認できる。

上記の結果、および品詞の多変量解析の結果を総合して、以下に考察を加える。

5.5 考察

　上記の品詞分析、および特徴語分析により、「日本英語」の幾つかの潜在的な談話的・語用論的特徴が見出された。多くの項目が提示されてはいるものの、各項目は相互作用しており、背後にある要因は同一と考えられるものも幾つかある。ここでは今までに示された結果を総合的に考慮し、次の項目に焦点を当てて論じる。言語的側面として 1) 内容語依存、文化的側面として 2) 形式的スタイル、3) 定型性、4) 社会的・伝統的義務認識。

5.5.1　内容語依存

　どの言語であれ言語的、文化的側面は互いに関連しており、区分すること

は極めて困難であるものの、主として日本語の言語的側面の影響として、「日本英語」の内容語への依存傾向が示唆される。上記で見てきたように、テクスト全体における品詞分析において日本人英語使用者は内容語の要素の強い名詞句を構成する冠詞、形容詞、名詞、前置詞という品詞群を多用し、一方、代名詞、第一助動詞、関係代名詞を含む WH 語などの機能語的性質を有する語群を少用する傾向にあることが明らかとなった。付け加えて、部分的に抽出された特徴語分析では、「日本英語」は圧倒的に内容語、とりわけ名詞を頻用する一方、少用する代名詞群中に一般の人々を指す総称用法を有する代名詞(i.e., we, you they)、および句動詞の少用の可能性が確認された。

　この傾向を吟味すると、熟達した使用者の段階においても、第一言語である日本語の影響はあるといえるだろう。具体的には多用項目には①日本語自体の名詞依存傾向の影響が確認され、一方、少用項目には②日本語において有標(e.g., 代名詞)、また存在しないと思われる項目(e.g., 関係代名詞、第一助動詞 have, 句動詞)を見出すことができる。まず「日本英語」の名詞句の多用傾向の原因に関して述べれば、本来、日本語自体に名詞の比率が高いことが挙げられる。樺島(1954, 石川, 2012, p. 150 内)は日本語の品詞構成比を分析し品詞間の安定した関係を明らかにした際、名詞の比率が高いこと、名詞の比率が高まれば他の品詞の比率が減少することを指摘している。付け加えて、村木(1987)は日本語、中国語、ドイツ語の基本語を量的に比較し、日本語は他の 2 つの言語より名詞の語彙量が多いと指摘している。これらの結果より、日本語自体に名詞依存傾向が一定程度あり、その傾向自体が第二言語である英語使用にも転移しているのではないかと推察される。

　次に少用傾向にある項目である代名詞、関係代名詞、第一助動詞 have, 句動詞は、日本語では有標、または代替物が無いものである。とりわけ人称代名詞については、言語社会学者である鈴木孝夫(1996/2009)は、日本語と西洋語、とりわけ英語を比較考察し、「日本語に人称代名詞は存在しない」と断言している。また句動詞を構成する主動詞は語の難度が低い軽動詞、もう一方の構成要素である不変化詞は副詞と分類され、先の分析では軽動詞(e.g., go, give, put)、副詞のいずれも内円英語話者に特徴的なものと同定され

ている。上記の結果を鑑みる限り、日本語に同様の代替物が無い文法項目を構成する機能語群は回避され、その結果、内容語に依存する傾向にあるといってよいだろう。竹蓋 (1982, p. 123) は主として日本人学習者を対象とした研究ではあるが、多様な「日本人英語」の研究を実施し「日本語の語法にない語法…のなかには日本人の英語にあまり使われないものがある」と述べ、現在完了の少用を一例として挙げている。このような回避傾向が、今回の日本人英語使用者の研究においても確認できたと思われる。

　この言語的側面は文化的側面によっても裏付けられるかもしれない。國廣 (1976) や安藤 (1986) は日英の発想法の違いとして、日本語は「状況中心」、英語は「人間中心」と述べており、日本語は「静的」、英語は「動的」というような主張はよく耳にするものである。上記のような二分法による文化的枠組みの知見の根拠は、科学的なボトムアップ的手法によるものではなく、研究者個人の経験、逸話、およびごく少数の言語的事例などに基づくイメージ先行型のトップダウン的なものが多い。ゆえに簡単に鵜呑みはできないが、一方で考慮すべき要因数があまりに複雑であるため、文化的差異を厳密に科学的に立証することは非常に困難であることも忘れてはならない。それゆえに、先達の知見に「真実」があるとするならば、人間中心かつ動的な内円英語は、人間を主眼とした表現を多用する傾向にあるため、人称代名詞、動作を雄弁に表すため句動詞を多用する傾向にあり、一方状況を中心とし静的表現を好む日本語の影響を受けた「日本英語」は、非人称的状況描写に中心を置くゆえに状況中心の内容語の多用、人称代名詞の少用傾向にあると主張できるかもしれない[7]。

　またこれは全くもって筆者の「日本人英語使用者」としての直感から述べるに過ぎないが、「日本英語」の内容語依存傾向、とりわけ名詞句依存傾向は、日本語内において漢字の占める位置、役割が、英語に転化しているのではないかと思われる。ひらがなは主として機能語、漢字は、主に名詞、形容詞、動詞などの独立した意味単位をなす内容語の語幹に用いられる (安藤, 1986)。日本語において一定程度のフォーマルさを有する文章は、漢語、つまり多くの内容語の使用が奨励されており、その書記傾向が第二言語としての

英語使用に転化されているのではないだろうか。執筆時において、どのようにしてこの仮説を検証するのかについて名案は無いものの、日本語のテクストの漢語、「日本英語」のテクストの名詞句には何らか関連があると思われてならない。

5.5.2　形式的スタイル

　日本人英語使用者は語彙難度が相対的に高い語を反復して頻用し、口語表現に特徴的な縮約形、句動詞、および平易な等位接続詞 (e.g., and, but) の使用を回避する傾向にあることから、「日本英語」は内円英語と比してより形式的スタイル、つまりフォーマルな英語の文体を好むと思われる。この「日本英語」の形式ばった傾向、誇張して述べれば "stilted"（竹蓋，1982, p. 139）、または "bookish" な英語の傾向は過去より継続的に指摘されてきた。もちろん本研究で用いた *TIME*、*The Guardian*、他の内円英語コーパス所収の全国紙も、共時的には「フォーマル」と判断される英語を使用することは明らかだろう[8]。上記の言語的特徴の観点において「日本英語」は比較上、よりフォーマルな可能性があるということに注意されたい。

　この関連で竹蓋（1979, 1982）は非常に興味深い研究結果を30年ほども前に既に示している。彼は平均単語長、平均文長、TTR、10個の特殊文字と173個の単語出現頻度など、計194項目もの計量的データを変数とし、日本人大学生による英語日記、日本の大学入試問題、高校教科書とさまざまな英語母語話者によるテクスト（漫画、テレビ番組、手紙、劇、小説、科学論文等）をケースとしてクラスター分析にかけた。その結果、上記3種の「日本人の英語」は1つのクラスターに集積し、最も近似した母語話者によるテクストは、商公用手紙、科学論文という「公用文」と命名された「フォーマル」な英語であった。元来、日本のいわゆるEFLのコンテクストでは比較的書き言葉重視の言語教育の伝統の中、平易で多義の語彙よりも困難かつ語義数の少ない語彙を重視してきた向きがあり、その教育文化が日本人の英語使用に影響を与えているのかもしれない。また中等教育修了まで、日常的に第二言語を使用していない、つまり口語英語に接触していないことも一因で

あろう。このような日本人にとっての「固い」英語傾向、語彙難度の高い語がむしろ易しく、語彙難度の低い語、とりわけ句動詞の難しさは、鈴木孝夫氏(1975)も40年ほど前に既に指摘している。

しかしながら、この形式的スタイルという特徴に関しては、より包括的、かつ深層的な分析を待つ必要がある。本章はあくまで探索的な談話的、語用論的特徴の大まかな検出を目的としており、厳密なスタイルの分析を中心とはしていない。竹蓋の一連の研究(竹蓋,1982)では矛盾する結果もあり、氏は日本人学習者の英語はフォーマルな英語とインフォーマルな英語の混合であるとも述べていること[9]、また元来「学習者」を対象とした研究であり、本研究で対象とする「使用者」とは連続性を成すものの、かなり隔たりがあることから、あくまで形式的スタイルを好む可能性がある、という程度に留めたい。

このスタイルの関連で述べれば、接続語句も今後研究すべき項目と思われる。接続語句は文体に比較的直接に影響を及ぼす項目と考えられる上、日本人英語学習者コーパスを利用した接続語句 (e.g., Morrow, 1997b；Fujiwara, 2003；Kobayashi, 2003；Takami, 2003)、および談話標識 (e.g., 小林, 2010) の研究は既に幾つか行われており、日本人英語学習者と英語母語話者の差異は幾つか指摘されてきている。このスタイルは「使用者」研究においても取り組むべきものであり、今後の課題としたい。

5.5.3 定型性

「日本英語」は定型性、つまり同じ語をある程度繰り返し使用することを内円英語ほどは厭わない特徴を有するかもしれない。上記の結果、および考察で既に述べたように、日本人英語使用者は内円英語話者と比して、代名詞使用を抑制し、名詞句を多用する傾向にあり、難度が相対的に高い内容語を特徴語上位500語にランクインさせるほど頻用している傾向が確認された (e.g., diplomacy, policies, currency, shareholder, participants)。しかしながら、注意すべきことは代名詞に依拠せず内容語を利用する傾向にあるにもかかわらず、1000語あたりの標準化TTR、つまり語彙の多様性の指標は全テクス

ト種おしなべて、相対的に少ないことである（表 5-1 参照）。つまり上述の結果より、同じ名詞を反復して定冠詞と共に用いていることが推測される。

　たとえば上記に挙げた語の例は、prime minister、president などの政治システムの影響を強く受けるものとは異なり、どのような英語にも使用されるものであるが、「日本英語」に顕著な負荷のある特徴語として検出されている。また難度は 1 であるが、「日本英語」の特徴語の 11 位という高位にランクインしている government を日本人英語使用者は内円英語使用者の約 3 倍も使用しており、Miki（2010）の日本の英訳社説分析においても特徴度の高い主語として取り上げられている。この語は時事英語上、慣例的にさまざまな言い換え表現が利用可能なものであるが、この顕著さは一定程度の繰り返し使用を許容する傾向にあるためといってよいだろう。

　この「日本英語」の語彙的多様性の相対的低さは、日本人学習者（e.g., 竹蓋, 1982；Morrow, 1997b；玉崎, 1999）、日本人英語翻訳者の調査で直接的（Sugiura, 1997）、間接的（Miki, 2010）に指摘されており、かつ日本人英語使用者の本研究でも確認された。英語非母語話者という意味ではアジア圏の外円英語使用者と内円英語使用者の比較（Ishikawa, 2011b）でも同様の報告がなされている。上記の先行研究の多くは、この語彙的多様性の「乏しさ」、言い換え表現の多様性の少なさを、日本人英語学習者・使用者、および英語非母語話者の「能力不足」に還元する向きがある。たとえば Sugiura（1997, p. 109）は日本人英語翻訳者が原文の日本語で省略された主語を英語にて補う際に、"pressed for time, they may probably end up using the same words" と述べ、彼らが望まずその結果となると推察している。

　この「能力不足」は目標が何であれ、習得途上にある日本人英語学習者には当てはまるかもしれない。しかしながら、筆者は上記の翻訳者レベル、または使用者レベルで同傾向が確認される以上、英語ほど繰り返しを厭わない日本語の定型的特徴（竹蓋, 1982）、つまり日本の文化的特徴の転移の結果と説明する方がより妥当と主張したい。「英語には同じことばは繰り返さないという特徴があり、名詞は 2 度目にあらわれたときは必ず代名詞にするが、日本語では代名詞を使うと翻訳調に聞こえると言うことから、逆の傾

向」(竹蓋, 1982, p. 172)、すなわち同名詞を繰り返す傾向にあることが、日本語の「定型性」という特徴であるならば、この言語的特徴は「日本英語」の談話的特徴といってよいのではないだろうか。

またこの「定型性」は定冠詞の多用傾向にも密接に関連していると考えられる。日本人英語使用者の名詞句の多用は自然と冠詞の多用に繋がり、上記結果(表 5-7)で見たように冠詞全般、とりわけ定冠詞の多用傾向が確認された。Komiya (1998) は "The definite article in Japanese English" という論考で、英語圏滞在歴 3 年以上を有するものを含む能力の「高い」外国語専攻の大学生グループにおいても、冠詞の幾つかの用法においては、「母語話者」よりも、より能力の「低い」日本人英語学習者に近似した定冠詞の多用傾向を示すことを報告している。また竹蓋 (1982, p. 116) の調査によれば、「比較的英語力のある日本人研究者」、すなわち本書の定義では「日本人英語使用者」の執筆した英語の私信、および科学論文の校閲を英語母語話者が行った結果、語法で修正が加えられたものは冠詞の 30.7% が圧倒的で、他は全て 10% 以下、更に冠詞の「誤り」中、8 割が定冠詞と報告されている。最後に研究ではないが、ピーターセン (1988, p. 26) は日本の英文学術雑誌に「余分な the」が余りに多いと指摘している。これらの調査や指摘、および筆者の英語使用者としての経験をふまえても、日本人の英語における冠詞の用法は、英語母語話者のそれとは異なる発達を遂げる可能性が高いと予見している (cf. 小宮, 2007, 2010；日野, 2008)。冠詞の使用は詰まるところ、話者の心的態度や世界観、すなわち主観を反映しているからである。

また小宮 (2007) はこの定冠詞の多用傾向における重要な指摘をしている。彼女によれば、日本人による定冠詞の多用は日本文化の特徴である①高コンテクスト文化、および②待遇上の配慮を背景とする。つまり高コンテクスト文化ゆえに、聞き手、ないしは読み手の一般常識、および背景知識の共有度合いを高く算定し、定冠詞を使用する可能性、および相手に対して新情報を提示し情報優位者に立とうとする意志の無いことを示すために、新情報の可能性が高くとも定冠詞をあえて用い、共有情報として取り扱うという待遇的配慮に根差す可能性を主張している。

本研究に使用した現時点での「日本人英語使用者コーパス」は、時事英語、つまりニュースで構成されているため、何らかの新情報を提示することを本来の性質とする。しかし、その新情報の提示の仕方における一種の「待遇的配慮」として、上記で述べた代名詞化の抑制、および言い換え表現を多用するのではなく、定冠詞と名詞句、時に同じ名詞の繰り返しを行うのではないだろうか。つまり定冠詞を使用し、読み手と何らかの形で情報を共有していることを示す配慮、同名詞の繰り返しにより明確に語彙的結束性を高め、読み手の認知的負荷を減らすための配慮ではないかと推察する。

　この手法による言語的結束性の保持は、少なくとも英語母語話者的観点から考えれば、"monotonous"(Sugiura, 1997, p. 109)、「退屈」(竹蓋，1982，p. 171)、または「子供っぽい」(ピーターセン，2013，p. 202)とみなされるかもしれない。しかしながら国際的英字記事として日本の立場を発信する上での読者は、疑いの余地なく英語母語話者に限らず、さまざまな第一言語を母語とし、さまざま能力層を有する第二言語使用者・学習者を含む。ゆえにこの手法は、多種多様な読者に向けたテクストの理解可能性を高めるという正の側面も考えられる。逆に繰り返しを嫌い、言い換え、および新情報を常に求める文体は、エンターテイメント性に優れるかもしれないが、相手の理解をなおざりにし、さまざまな読者層には読みにくくなる危険性という負の側面も考えられる。第一言語の「負」の転移は、必ずしも「負」の影響を及ぼすとは限らないことを忘れてはならない。

5.5.4　社会的・伝統的義務意識

　上述のように、法助動詞の使用において、日本人英語使用者は should、must の比較的意味合いの強い法助動詞を頻用し、may、might という比較的意味合いの弱いものを少用する傾向にあることが明らかになった（表 5-9 参照）。当結果は、認識的用法（epistemic）、根源的用法（root）の 2 つの用法の意味別差異や準法助動詞（e.g., ought to, have to）、法副詞（e.g., certainly, probably）の使用も共に考慮すべきであるものの[10]、おそらく文化的価値判断における日本の社会的義務意識の度合いの高さ、および範囲の広さは影響して

いるのではないだろうか。その根拠は、義務的法助動詞(i.e., should, must)の多用傾向は、日本人英語学習者コーパス研究(e.g., Morrow, 1997b；Ishikawa, 2010；石田、2011)、日本語から英語への翻訳社説におけるコーパス研究(Miki, 2010)にて継続して指摘されてきた差異であるからである。石田(2011)の研究によれば、公立大学人文系2年生140名(TOEIC平均402点)の英語学習者上位10%と下位10%と英語母語話者のshould/mustの根源的用法、認識的用法の各用法の使用頻度をコレスポンデンス分析にかけたところ、上位学習者は相対的に母語話者の使用に近づくものの、未だshould/mustの義務的用法の多用傾向が確認されている。またIshikawa(2010)は、初級、中級、準上位、上位群の日本人英語学習者(概ねTOEIC500以上の学習者)、中国人英語学習者、および英語母語話者の法性関連表現の使用傾向を調査した際、日本人学習者側のmustの多用傾向を検出すると同時に、彼らは能力の向上につれて母語話者に近似しないことが明らかとなった。最後にMiki (2010, p. 96)は、主語―助動詞連鎖において、日本語からの英訳社説はshould/mustの強い義務を示す法助動詞とweを共に使用すること、相対して英国英字社説はmayとmightと代名詞全般の組み合わせが特徴的であると指摘しており、本研究結果の内容とほぼ合致する。この継続的指摘により、日本人英語使用者は義務用法の法助動詞を多用する傾向があるとみてよいだろう。

　この点に関し、Hinkel (1995)は非常に興味深い指摘をしている。Hinkel (1995)は、米国の大学に在籍するアジア系大学生・大学院生中(日本人含む)、英語学習経験および米国滞在歴の長さ、TOEFLスコアによる英語能力という指標を活用し、"advanced"とみなし得る「学習者」の執筆したエッセイのみを抽出し、同様のトピックに関して米国英語母語話者の大学生によって書かれたものとを比較した。その結果はトピックに応じて異なるものの、大半の話題、とりわけ「学問」、「家族」、「友情」、「伝統」、「愛国心」において、アジア系英語学習者の義務的法助動詞(should/must)の多用傾向が確認された。その結果をふまえ、彼女は、義務的法助動詞の使用には英語能力というよりむしろ文化的影響の重要性を強調した。つまり儒教、道教、仏

教の哲学、伝統、価値観の影響を歴史的に受けてきたアジア圏の英語学習者は、人間、社会、伝統の連帯認識から生じる他者からの義務的意識が強く、これらの法助動詞群を多用し、一方、米国の内円英語話者は、相対的に伝統への認識が薄く個人主義が強いと推定されるため、個人的積極的関与を示す"need to"を多用する傾向にある可能性を指摘している[11]。本研究においてトピックは多種多様に渡るため、この上述の伝統的価値観が、本研究で対象とした日本人英字記者にどこまで適用されるかについては早急な結論は待たれるものの、社会的、伝統的な義務的認識の相対的強さ、広さが影響を及ぼしている可能性は高いだろう。

　また may/might の少用については、上述のように Miki (2010) の示した結果と一致するものの、「曖昧」な表現を好む日本人の特性より、日本人はむしろ多用するという指摘 (竹蓋, 1982) もある。また学習者コーパス研究において、日本人大学生と英語母語話者の大学生を比較した際に、日本人側が possibility を表す助動詞 (can、may、could、might) を多用するという結果 (Morrow, 1997b) がある一方、may/might に関してはさほど変わらないという結果 (小林, 2010；Ishikawa, 2010；石田, 2011) もあり、研究上の一貫性が見受けられないため、今後の課題としたい。

　法助動詞の使用は、書き手の叙述に対する自信、認識、および書き手が推測する読み手の判断を考慮して行われるという点で、語用論的特徴を有し (Hyland & Milton, 1997)、かつ上述のように文化的差異に顕著に影響を受ける言語項目と考えられる (Hinkel, 1995)。つまるところ、法助動詞の使用は主観的側面が強く、主観的である以上、文化的影響が如実に現れるとみてよい。法助動詞に関連する学習者コーパス研究の豊富さ (e.g., Hinkel, 1995；Morrow, 1997b；Hyland & Milton, 1997；Jung & Min, 1999；Aijmer, 2002；Ishikawa, 2010；小林, 2010；石田, 2011) を鑑みても、今後、分析を深めるべき重要な項目と言えよう。

5.6　結語

　第 5 章の主たる目的は、品詞情報、および語彙情報に基づく各種統計分析を通じ、「日本英語」の潜在的な談話的・語用論的特徴を大まかに検出することであった。結果として「日本英語」は日本語の影響として 1) 内容語依存傾向、とりわけ名詞句依存傾向が確認され、日本語に存在しない、または頻用されない機能語である代名詞（とりわけ人称性質を有しかつ総称用法）、第一助動詞、関係代名詞、および句動詞を少用する傾向にあること、日本文化の影響として 2) 句動詞、縮約形等の口語的スタイルをあまり使用しない、より形式的なスタイルを好むこと、3) 定冠詞と名詞句、時に同じ名詞を使用する定型性の特徴を有すること、4) 文化的価値判断においては義務的認識が強く、should/must を多用する傾向にある可能性が示された。上記の多くは談話的特徴、すなわちテクスト自体の特徴を示すが、3) の定型性における内容語の反復利用、および冠詞の使用の背後には読み手への待遇的配慮がある可能性、および 4) の法助動詞の使用は、書き手は読み手の判断を予測して語選択を行う性質を有するゆえに、語用論的特徴といえる。あくまで探索的アプローチによるマクロな分析であるため、一部の分析は今後より深める必要性はあるものの、一定程度の談話的・語用論的特徴の検出という本章の目的は達成したと思われる。第 3 部では、視点を「日本英語」と日本の英語教育に移し、次章ではこれらの実証研究で指摘された「日本英語」の語彙的、談話的、語用論的特徴を総括し、数多ある日本人学習者コーパス研究との関連について、メタレビューを行う。

注

1　コーパス言語学、とりわけ学習者コーパス研究では過剰使用（overuse）、過小使用（underuse）という用語を使用するが、「過剰」、「過小」にはいずれかが「基準」であるという含意があるため、ここでは「多用」、「少用」という用語を使用する。この伝統的用語の問題点については、Leech (1998) を参照のこと。

2 カイ二乗検定、および対数尤度比の比較は Rayson, et. al. (2004) に詳しい。

3 日本語から英語への借用語については第 4 章参照。本章の目的は語彙情報から談話・語用論的特徴の手掛かりを得ることであるため、ここでは除外する。

4 なお、英国高級紙 *The Guardian* の 6 年分のワードリスト全体の標準化 TTR は 48.07 であり、語彙多様性は降順に TIME、The Guardian、JUCE の順となる。

5 現代において、一般的な人を示す "he" の用法は、いわゆるジェンダーの観点から回避されることはよく知られている。具体的な現代英語における使用状況と変化については、Leech, et al (2009, p. 262) を参照のこと。

6 英国英語、米国英語の会話、フィクション、新聞、学術論文のテクストを収集した、4000 万語以上の内円英語コーパス (Biber, et. al., 1999)。

7 このような文化的差異は日本と英米のみならず、アジアと欧米の相対的比較に基づく大局的二分法でも用いられることがある。その点をふまえると、Ishikawa (2011b) が指摘したアジアの外円英語は物体中心、各種内円英語は人称中心的の知見は、本研究と同じく、科学的検証により上記の文化的差異を一定程度支持するものといえる。

8 ただし通時的には、内円英語は英米語ともに、口語化 (colloquialization)、インフォーマル化 (informalization) の方向にあり、ジャーナリズムにおいてもその傾向は如実に当てはまると指摘されている (Leech et al., 2009)。この傾向を鑑みると、日本のメディアの英語の相対的な「フォーマルさ」がどのように変化するか、しないかは興味深いトピックである。

9 竹蓋 (1982, p. 170) は日本人の英語の発想の章で、「日本人の好む英語の発想はどちらかというと固苦しく、大時代的、哲学的、文学的とかいう表現のぴったりするものであるらしい」とも述べている。

10 現代の内円英語において、相対的に must の使用率が極度に減少し、have to や need to の使用率が高まっていることは方々で指摘されている (Leech, et al., 2009；石川、2012)。この点において、Leech et al. (2009) は言語の口語化 (colloqualization) の方向性とともに、社会の民主化 (democratization)、個人化 (individualization) のゆえに、must の権威主義的響きが敬遠されているのではないかと仮定している。この点をふまえても、法助動詞、準助動詞、法副詞をふまえて包括的に掘り下げるべき課題である。

11 なお、Ishikawa (2010) では、日本人英語学習者、中国人英語学習者と比して英語母語話者側の need to の多用傾向が指摘されており、Hinkel (1995) の結果と合致する。

第3部
「日本英語」と日本の英語教育
教育モデルの抜本的改革へ

第6章
「日本英語」の特徴

6.1 概要

　第6章では、本書の一連の研究で見出された国際英語としての「日本英語」の語彙、談話、および語用的特徴を総括した後に、それらの諸特徴の多くは、実は過去の日本人を対象とした学習者コーパス研究において、度合い程度は異なれど、同様の傾向が確認されてきたことを示す。これらの一貫性のある結果より、学習途上にある日本人英語学習者と学習過程を一定程度修了した日本人英語使用者―本プロジェクトの定義は「日本語を母語とし、日本で初等、中等教育課程を経て、仕事で英語を使用するもの」（藤原, 2006；Fujiwara, 2007b）で、具体的な対象者は、国際的な英字記事を執筆する日本人ジャーナリスト―に通底する要素を確認し、その要素が日本語、および日本文化に影響を受けていると説明し得ることにより、一定程度実証された「日本英語」の特徴として改めて提示する。

6.2　総括：国際英語としての「日本英語」の特徴

　まず本書の各種分析により、確認された語彙的（第4章）、談話的、語用論的特徴（第5章）を以下に概括する。それぞれの分析の手続き、および結果の詳細は各章を参照していただきたい。

語彙的特徴

1)　日本語から英語への借用語（Japanese borrowings in English: JBE）の形式範疇は圧倒的（95％以上）に名詞である。

2) JBE の大枠の意味範疇の借用傾向は過去、現在に関わらず、文化的側面を示す〈人間活動-精神および行為〉、〈生産物および用具〉、〈人間活動の主体〉の範疇が大半を占めており（約 75–80％）、自然科学的側面に関連する〈自然物および自然現象〉、〈抽象的関係〉の範疇は少ない（約 20–25％）。
3) 近年の JBE の借用傾向は、「文化」関連の範疇の〈人間活動の主体〉では【人間】、【仲間】、【社会】という日本の新しい社会構造に関連する項目、〈人間活動-精神および行為〉では、【交わり】、【待遇】、【経済】、【事業】という経済活動に関連する項目、そして〈生産物および用具〉では【食糧】の項目である。

談話的特徴
4) 全般的に日本人英語使用者は内容語に依存し、内円英語話者ほど、機能語を用いない。具体的に述べると、日本人英語使用者に特徴的とされる品詞群は冠詞、前置詞、形容詞、名詞という名詞句を構成するものであり、内円英語使用者に特徴的とされる品詞群は決定詞（代名詞/指示詞、数量詞）、接続詞（等位・従属）、代名詞、副詞、第一助動詞（be、do、have）、WH 語（疑問詞、関係代名詞等）であり、その多くが機能語の性質を持つ。
5) 上記 4) の結果の補足として、代名詞の使用において、日本人英語使用者は具体的指示対照が比較的明らかな he、she を使用し、一般的人々を指す用法のある総人称代名詞（e.g., we, you, they）の使用を抑制する傾向にある。
6) 上記 4) の結果の補足として、接続詞の使用において、日本人英語使用者は等位接続詞（e.g., and, but, or）、従属接続詞（e.g., if）の使用を抑制する傾向にある。
7) 特徴度の高い語彙に限定した上では、日本人英語使用者は母語話者よりも語彙難度の高いものを多用する傾向にある。一方、内円英語使用者は語彙難度の低いものを頻用する傾向にある。

8) 日本人英語使用者は内円英語使用者ほど、縮約形を使用しない。
9) 潜在的可能性として、日本人英語使用者は句動詞の使用における抑制傾向が確認できる。

語用論的特徴
10) 日本人英語使用者は母語話者よりも相対的に少ない種類の語彙を使用し、名詞の場合、定冠詞とともに同じ名詞を反復使用する傾向が確認できる。
11) 法助動詞の使用において、日本人英語使用者は should、must という比較的意味合いの強い法助動詞を頻用し、may、might という比較的意味合いの弱いものを少用する傾向にある。

上記の語彙、談話、語用の 11 の特徴が、「日本人英語使用者コーパス」の書き言葉コンポーネントと各種内円英語コーパス（自作版 TIME コーパス、BNC、COCA）、ワードリスト（GWL）との対照分析、および先行研究結果の考慮の結果、一部は今後より分析を深める必要はあるものの、実証的に提示された。

6.3 使用者コーパス研究と学習者コーパス研究

　本節では、使用者コーパスを用いた本研究結果と既存の数多ある学習者コーパス研究の結果との関連について考察を行う。以下に①語彙的特徴、②談話的特徴、③語用論的特徴の 3 範疇に基づき、適宜先行研究を参照しながら、通底する要素を検討する。

6.3.1 語彙的特徴

　上述のように、日本語から英語への借用語 (Japanese borrowings in English: JBE) の特徴は、形式的属性は名詞、意味的属性は文化的概念を示す〈人間活動-精神および行為〉、〈生産物および用具〉、〈人間活動の主体〉が大半を

占めることが明らかとなった。また近年の JBE の借用傾向は、「文化」関連の範疇の〈人間活動の主体〉では【人間】、【仲間】、【社会】、〈人間活動-精神および行為〉では、【交わり】、【待遇】、【経済】、【事業】、そして〈生産物および用具〉では【食糧】の項目であることが示された。上記の借用は、学習者に時にみうけられる個人の能力不足によるコードスイッチングではなく、プロフェッショナルである使用者が純粋に日本の文化的概念を表出する上での制約による借用(Dubey, 1991)であり、文体上の効果を狙った意図的なもの(杉浦, 1995b)である。

　それでは個人の能力不足が主たる原因であると考えられ得るコードスイッチングでは、どのような日本語が英語に借用され、その発達状態はどのようなものであるのだろうか。以下に示すのは、清水(2007)が示した JEFLL Corpus の中学1年、中学3年、および高校3年(データのバランス上、一部高校2年生を含む)の自由英作文中に用いられた特徴度の高い日本語のランキングである(表6-1)。JEFLL Corpus とは、日本人英語学習者の異なる学習段階(中1～高3)の自由英作文データを広範かつ大量に収集したコーパスであり、学習者の発達段階が確認できる。また英文執筆時、「どうしても英語に出来ない部分は日本語で書いてもかまわない」(投野, 2007, p.9)という指示が出されており、学習者が日本語で産出した表現は、日本語タグ(<jp>～</jp>)が手作業で付与されている。以下に示す分析結果(清水, 2007)は、この日本語タグの付与された語を自動抽出し、相対的に各学年において使用傾向の強い語彙を表にまとめたものである。なお、固有名詞は除外されている。

　学年毎の各トピックの英文量が均衡になるよう統制されているか否かが定かではないため、早急な結論は憚られるものの、表6-1に関する限り、中1では名詞、動詞、形容詞、副詞、前置詞、接続詞とさまざまな品詞群が日本語より借用されているが、中3では、名詞の割合が増えると共に、接続詞は消え、この発達段階の最終段階の高3では全て名詞となることが確認できる。しかも高3が「どうしても英語に出来ない部分」の多くは日本文化特有の語で、幾つかは *OED-online*(2014年1月)に辞書記載(焼きそば、も

表 6-1　JEFLL における中 1、中 3、高 3 に出現率の高い日本語

順位	中 1 語句	中 1 品詞	中 3 語句	中 3 品詞	高 3 語句	高 3 品詞
1	だから	接続詞	亀	名詞	お年玉	名詞
2	高い	形容詞	の	前置詞	焼きそば	名詞
3	貯金	名詞	劇	名詞	もち	名詞
4	だった	動詞	怖い	形容詞	出し物	名詞
5	ない	副詞	する	動詞	お化け屋敷	名詞
6	も	副詞	手帳	名詞	ダンボール	名詞
7	テーマ	名詞	言った	動詞	おにぎり	名詞
8	おいしい	形容詞	その	決定詞	体育館	名詞
9	で	前置詞	昔	名詞	シリアル	名詞
10	や	接続詞	仙人	名詞	うどん	名詞

表注：清水(2007, p.35)より抜粋。レイアウトの変更は筆者による。

ち、うどん)、また JUCE 内(焼きそば、もち、お化け屋敷、うどん)、でも借用されていることを強調したい。つまり、既に高 3 段階においても、その使用の一部(e.g., 出し物、ダンボール、体育館、シリアル)を除き、日本語から英語へ語彙借用する際のマナー―名詞かつ日本文化由来の語、とりわけ食関連の語を借用―はある程度習得されており、これはプロの日本人英語使用者も意図的に行うものである。つまり能力不足による借用と断言し難いことを指摘しておきたい。

　第 4 章に示したように、借用語研究は、近年では諸英語の分野(e.g., 本名(1990)所収の文献；Dubey, 1991；Yang, 2005, 2009；Tan, 2009)で盛んに行われており、その主たる理由は、語彙借用を含む独自語彙の使用には現地語話者のアイデンティティ表出の機能があり(Tay, 1982)、それゆえ、英語の現地化、土着化に際し、語彙面は統語面と比較して影響を受けやすいためである(Brutt-Griffler, 2002)。結果として外円と拡大円の英語ではさまざまな現地語の直接借用、翻訳借用が行われ、現在定着し国際的認知を得ているもの

も少なくない（e.g., Yang, 2005；藤原，2012b）。つまり国際語としての英語の使用では、多種多様な母語を第一言語とする英語の第二言語使用者は、コードスイッチングを、能力不足ではなく、アイデンティティ表出のために意図的に行うことが予測され、結果的に英語は―たとえ現地語ベースの語彙が"absolute periphery"（G. Nelson, 2006）としても―他言語からの語彙の借用、内包は続き、多種多様な文化概念を表現し得る言語へ発展するであろう。

付け加えて、近年、英語教育に関連した分野においても、コードスイッチングは再評価されつつある。CEFRにおける複言語主義を鑑み、日本の英語教育への示唆を行った岡（2012）は、コードスイッチングの再考を勧めている。また国際共通語としての英語（English as a lingua franca: ELF）の分野では、借用語を含むコードスイッチングを第二言語使用者の独特かつ特筆すべき能力とみなしており（Cook, 2007；Prodromou, 2008）、日本の英語教育学者であるTakatsuka（2008, pp. 83–84）は次のように述べている。

> In EFL communication, code-switching and code-mixing are considered errors caused by interference from L1, while in ELF communication they are considered very important bilingual resources.... In lingua franca communication, code-switching and code-mixing are seen as natural and entirely appropriate phenomena within the bilingual repertoire.

ゆえにコードスイッチング自体は、言語教育上、避けるべきものではなく、むしろマナーをふまえれば奨励すべきものといってよい。

国際語としての英語教育を試案する上で必要なのは、現地語（ここでは日本語）を意図的かつ効果的に借用すると共に、英語の基礎語彙を用いてパラフレーズする能力（Seidlhofer, 2004；Morizumi, 2009）、つまり語彙借用後、即座にmetalinguistic commentary（説明的言い換え）を付与する能力の育成が求められよう。これはCanale（1983）、およびBachman（1990）の述べるコミュニケーション能力の方略的能力に関連したスキルであり、日本的価値観を国際的に通用させる「国際英語としての日本英語」（日野，2008）の運用に

必要とされるものと考えられる。この点に関しては、機会を改め再度ふれることとし、当節では、語彙的側面における日本人英語学習者と日本人英語使用者の、日本語から英語への語彙借用に共通点が見受けられることを指摘し、両言語の使用は、第二言語使用者としての言語能力、multi-competence（第 7 章参照）の一環を成すものであることを指摘するに留める。

6.3.2 談話的特徴

　本書の第 5 章により示された「国際英語としての日本英語」の主たる談話的特徴は、内容語依存、とりわけ名詞句の依存傾向と機能語使用の抑制傾向である。具体的には代名詞（特に総人称代名詞の we, you, they）や一部の接続詞（e.g., and, but, or, if）の少用が見出された。また内容語依存において、語彙難度が高い語の頻用の一方、縮約形および句動詞の少用傾向の特徴を総合的に考えると、比較的よりフォーマルな英語を好む傾向が認められる。

　上記に示された傾向は、研究対象へのアプローチ、分析上のメソドロジーは異なれど、過去の日本人の英語学習者コーパス研究の成果と概ね一致する。まず内容語の依存傾向と機能語の少用傾向に関し、Kaneko（2005）と井上（2012）の研究結果と本研究結果を比較対照し、下記の表 6-2 に提示する。表中の＋は日本人英語学習者、または使用者側の多用、－は少用、空欄は主たる差が無いことが各研究にて検出されたことを意味する。なお、NA は分析対象とされていないことを示す。

　まず Kaneko（2005）は日本人学習者コーパスとして、the International Corpus of Learner English-Japan（大学 3 年および 4 年生の「上級」学習者）、母語話者コーパスとして FLOB（BrE）、BROWN、LOCNESS（AmE）、the Wellington Corpus of Written New Zealand Corpus（NzE）の 4 種の各コーパスの頻度トップ 50 語を抽出し、後に品詞別に分類した。その結果、日本人学習者側の内容語依存傾向と機能語軽視傾向、具体的には母語話者側の約 2 倍の内容語が日本人学習者側にランクインしていることを確認し、彼女は日本人学習者の英語は "combining a few function words to a core content word"（Kaneko, 2005, p. 34）により、文章を紡いでいる可能性が高いと指摘した。

表 6-2　先行研究と本研究の日本人学習者と使用者の品詞多用および少用傾向

		研究		
		学習者		使用者
		Kaneko (2005)	井上 (2012)	本研究
内容語	名詞	+	+	+
	動詞	+	+	
	形容詞		−	+
	副詞		−	−
	計	+	+	+
機能語	冠詞		−	+
	代名詞	−	+	−
	前置詞		−	+
	接続詞		−	−
	助動詞			
	決定詞	NA	−	−
	WH 語	−	NA	−
	計	−	−	−

　Kaneko(2005)の研究成果において、中でも際立つ差異は名詞と代名詞にある。普通名詞は、4種の母語話者コーパスにはトップ50語に1語、または皆無であったのに対し、日本人学習者側には7語がランクインしている。一方、代名詞は母語話者側は12–16語と多く確認されているが、日本人学習者側にはたった6語、半数以下なのである。言うに及ばず、この研究結果と本研究結果の対象者の英語能力や英文内容の乖離は甚だしいが、内容語の多用(とりわけ名詞句依存)、機能語の少用傾向(とりわけ代名詞軽視)という特徴は完全に合致する。

　次に井上(2012)は「一般的」な英語における品詞タグ構成比率を確認するためにBNC、同一の統制環境のもとで産出された日本人英語学習者と母語話者データにおける品詞タグ構成比率を比較検討するためにICNALE (the International Corpus Network of Asian Learners of English) (Ishikawa, 2011a)の日本人大学生と英語母語話者大学生のサンプルを利用し、相関、

および対数尤度比により比較分析を施行した。結果の一部は本研究結果と異なるものの、名詞依存は再度支持された上、接続詞の少用傾向は一致している(表 6-2 参照)。

　なお、等位接続詞の and、but の日本人学習者側の「過剰」使用が指摘される例もあるが(e.g., 玉崎, 1999)、おそらく学習者の英語力が相応に低い場合ではないだろうか。JEFLL Corpus を利用した日臺(2007)の結果では、中1から高3まで一貫して and、but は最も使用される接続詞であるものの、but の使用頻度は学年の向上、つまり能力の向上とともに減少することが報告されている。大学生対象の研究として、玉崎(1999)は、英語力が記載されていない非言語系学部の大学生を対象とした結果であるが、ICLE-JP を作成する際に収集されたデータ、つまり比較的上位の英語能力の大学生の研究結果(Takami, 2003, p. 88)では、日本人学習者と英語母語話者の使用傾向はほぼ同等、または英語母語話者の方が若干、and、but、or を多用すると示されている。とはいえ、不明瞭な面は否めないため、日本人英語学習者、使用者の接続詞、および接続表現は厳密な分析が後に必要と考えられる。

　上記の Kaneko(2005)、井上(2012)の両研究は、上記に示したように利用したコーパス、品詞分類法、および分析手法に違いはあれど、日本人学習者は英語母語話者ほど機能語を活用しておらず、内容語に依存する傾向があるという結論は明確に共通しており、本使用者コーパス研究の成果とも合致する。

　また井上(2012)の相関分析の結果が興味深い。品詞構成比率における日本人学習者、英語母語話者の相関係数を相対的に比較した際、母語話者作文は BNC の fiction により近く、日本人学習者の作文は他ジャンルの magazine、newspaper、academic の方により近いとの結果が返されている。つまり書き言葉における formality の連続体 において、fiction、magazine、newspaper、academic の順に formality が高まると一般的に理解されている中、日本人母語話者の英文の方が英語母語話者の作文よりも「固さ」は高いことが示されている。この結果は、鈴木の指摘(1975)、竹蓋の分析結果(1979)や見解(1982)、および本研究結果とも一致しており、日本人学習者、および

日本人英語使用者、すなわち日本語母語話者の英文はよりフォーマルな方向性にあることが確認できる。日本の EFL 環境では、input がどうしても written に偏ること、また指導上、形式を重視するティーチングスタイルも影響しているかもしれない。

そのフォーマルに向かう方向性により、語彙難度が高い語を頻要する傾向、縮約形および句動詞の少用傾向が裏付けられるかもしれない。まず日本人 EFL 学習者の産出する英文のスタイルを調査する目的で、英語力が高いと目される都心部の有名私立大の日本人大学生が執筆したエッセイと、ICLE の米国人大学生のエッセイを比較検討した結果、Ogawa(2003)は英語母語話者が縮約形、とりわけ動詞縮約形(e.g., I'd, I've, it's)の使用をかなり好むことを観察し、おそらく英文のリズムに影響を受けるのでは、と推察している。Ogawa(2003)の学習者研究(米人と日本人両者とも)と本使用者研究では対象者間にもちろん大きな隔たりがあるが、英語母語話者、とりわけ米人は縮約形を何らかの理由で好むのかもしれない。本論の比較では、TIME との比較上、多くの縮約形が少用として検出されたが、最もフォーマリティが高いとされる英国全国紙 *The Guardian* では 2 例しか検出されなかったことを思い起こされたい[1]。

最後に句動詞については、今後、使用者コーパス研究において詳細な分析が必要と認識しているものの、前章で既に指摘したように、句動詞は、多様な第一言語を母語とする英語非母語話者が使用を回避する傾向にあると継続的に報告されてきた項目であり(e.g., Dagut & Laufer, 1985；Hulstijn & Marchena, 1989；Laufer & Eliasson, 1993；Liao & Fukuya, 2004；Liu, 2011)、日本人英語学習者も例外ではないことが指摘されている(竹蓋, 1982)。「ヘンな日本人英語」を冠する一般書にも、この言語項目の使用の誤りが多々報告されてもおり、句動詞、つまり get、go、put という基本動詞と不変化詞の多義的使用は避けたい言語項目であると推測してよいだろう。なお、句動詞は ELF 研究者の Seidlhofer(2004, p220)によれば、"unilateral idiomaticity"—比喩、イディオム、句動詞、定型表現などの一方の話者(とりわけ英語母語話者)のみが知り、もう一方の話者に理解されない可能

性が高い表現―の特徴を示す項目とされており、その使用は国際的な英語理解度を損なう可能性が高いため、ELFコミュニケーションでは回避することが勧められていることを付記しておく。

6.3.3 　語用論的特徴

　本書の第 5 章により示された「国際英語としての日本英語」の潜在的な語用論的特徴は、相対的に少ない種類の語を反復利用し、名詞の場合、定冠詞と共に多用する傾向、should、must という比較的意味合いの強い法助動詞を頻用する傾向である。換言すれば、日本文化的影響が見受けられる定型性（竹蓋、1982）とおそらく社会的・伝統的義務認識度合いの高さ、およびその範囲の広さを示す特徴である。定型性における定冠詞と内容語の反復利用の背後には読み手への待遇的配慮（小宮、2007）がある可能性ゆえに、また法助動詞の使用は、書き手は読み手の判断を予測して語選択を行う性質（Hyland & Milton, 1997）を有するゆえに―つまり情報の送り手と受け手が交互作用する言語事象であるがゆえに―語用論的特徴と言える（Thomas, 1995）。

　これらの研究結果と日本人学習者コーパス研究、および日本人英語翻訳者の研究成果との一貫性は、既に第 5 章にて詳述した。たとえば「日本英語」の語彙多様性の相対的低さ、言い換えれば同じ内容語の反復使用の傾向は、日本人学習者（大学生）(e.g., 竹蓋、1982；Morrow, 1997b；玉崎、1999)、日本人英語翻訳者（Sugiura, 1997；Miki, 2010）を対象とした研究結果の全てと一致している。

　しかし「学習者」と「使用者」は別にして解釈を加える必要がある。まず対象言語が何であれ、明らかに学習途上にある中高大生の学習者の語彙的多様性が、当該言語の母語話者を上回るとは元より考え難い。つまり学習者側の語彙多様性の低さはほぼ自明のことといえよう。ここで着目すべきは 1) 学習過程を修了し、職業人として英語を使用する日本人英字記事ジャーナリストにおいても語彙的多様性がより低いこと[2]、2) 彼らの母語である日本語では代名詞の使用ではなく名詞反復による結束性保持が通例であること（竹

蓋，1982；玉崎，1999）の2点である。この特徴は熟達段階においてなお確認される日本語、および日本文化の影響を受けた「日本英語」の特徴の可能性が高い。また前述したように、同じ内容語の反復による結束性は、一部の読者に monotonous な印象を与える懸念もあるが、さまざまな英語使用者に読みやすい文章を提示するという利点にもなることを忘れてはならない。

続けて冠詞の多用、とりわけ定冠詞の多用についても、既に第5章にて述べたとおりである。学習者コーパス研究ではなく実験研究であるが、英語圏滞在歴が数年以上ある英語力が高いと判断される日本人英語学習者においても定冠詞の多用傾向は指摘されており（Komiya, 1998；小宮，2007）、国際語としての「日本英語」の教育上の発話モデルを創造せんとする日野（日野，2008；Hino, 2012b）もその特徴を含めている。

上掲の学習者コーパス研究（Kaneko, 2005；井上，2012）の品詞分析（表6-2参照）では、冠詞の多用傾向は検出されていないが、これは日本語に存在しない冠詞の習得にあたり、一定程度の英語能力が獲得されるまで、冠詞が省略される「エラー」[3] の結果と思われる。初学者と見受けられる中1～高3の自由英作文を所収してある JEFLL Corpus と BNC を比較した内田（2007a）は、the、an、a、全ての冠詞において「過小」使用を検出している。一方、普通名詞の依存傾向は学習者、使用者研究において一貫して指摘されているため（表6-2）、習得段階が「日本人英語使用者」に近づくにつれ、名詞句に適切な冠詞を挿入するようになると推察される。

最後に法助動詞についてふれる。should、must という比較的意味合いの強い法助動詞を頻用し、may、might という比較的意味合いの弱いものを少用する傾向における、日本人学習者コーパス研究、および日本人英訳社説研究の先行研究結果（Miki, 2010）については既に第5章にて仔細に述べた。結果として should、must の多用傾向を支持する研究は多くあるものの、may、might に関しては矛盾する結果も多く確認されるため、更なる分析を要することを述べた。ここでは法助動詞に関連する日本人英語学習者（中学生、高校生、大学生）の諸研究を表6-3に纏め、現時点で確認される傾向を確認しておきたい。なお、表中の＋は母語話者と比した日本人英語学習者側の多用、

－は少用、空欄は主たる差が無いことが各研究にて提示されたことを意味する。また一部の研究にて研究対象とされていない項目には、NA と表記した。

この表に関し留意すべき点として、3 点列挙しておく。まず一部の研究 (Morrow, 1997b) では "modals of possibility" という can、may、could、might を一括した総合的な範疇を設けて算出しており、各個別の法助動詞の頻度情報は提示されていない。しかし、あくまで全体的な傾向を掴む上での総括であるため、範疇に属す全ての法助動詞に分割して表記した。次に Ishikawa (2010) の調査では課題名の 1 つに "should" が用いられているため (*Smoking should be completely banned at all the restaurants in the country*)、トピックの影響の懸念によりこの法助動詞をあえて分析対象から外してある[4]。最後に石田 (2011) の法助動詞、should、must の結果は、本論の中心的研究興味である義務的用法についての多用、少用について表記してある。

表 6-3 過去の日本人学習者コーパス研究における法助動詞の多用、少用傾向

研究	中高生		大学生			
	内田 (2007b)	小林 (2010)	Morrow (1997b)	Ishikawa (2010)	小林 (2010)	石田 (2011)
対象 (NNS)	JEFLL	JEFLL	自作 3/4 英語専攻	ICNALE -JP	ICLE -JP	自作 非英語専攻
参照 (NS)	BNC	LOCNESS -US	LOB 自作 US	ICNALE -NS	LOCNESS -US	LOCNESS -US
will	+	NA	−	−	NA	
would	−	−	−	−	−	−
can	+	NA	+	+	NA	+
could	+	−	+	−	−	−
must	+	NA	+	+	NA	+
should	−	NA	+	NA	NA	+
shall	−	NA	−	−	NA	NA
may	−	−	+			+
might	−	−	+			
Total	+	−	+		−	

それぞれの研究にて用いられた学習者コーパスおよび比較対照コーパス、分析手法(統計の検定の有無、または検定手法の差異など)、法助動詞の範疇分けの細かさ(前述した"modals of possibility"という大きな範疇を設ける研究から、表記形により単純に算出したもの、また認識用法、根源用法の詳細な区分まで施行したものまで)に差異が十二分に確認される研究群を表の範囲内に概括したため、多くの情報が捨象されていることは否めない。しかしながら、中等、高等教育、最終的に日本人英語使用者に至る過程において、変わる傾向と変わらぬ傾向は大まかに確認できるのではないだろうか。

　must に関しては中学、高校、大学、職業人と全ての研究において一致した多用傾向、should に関しては中高水準では少用傾向であるが、大学時以降は多用傾向が検出されている。なお、内田(2007b, p. 106)の結果をより仔細に見れば、中1から高3にかけて継続して should の使用頻度が高まりつつあることが確認できる。これはこの言語項目の学習時期、および定着度合いは無論関係するが、彼らの成長に則した社会的義務認識の発達とも無関係ではないだろう。上記の学習者コーパス研究と日本人英語翻訳者の先行研究結果(Miki, 2010)、および本研究結果をもって、義務的用法の must、should の多用傾向は「日本英語」の特徴の1つといえそうである。

　また Ishikawa(2010)の ICNALE の日本人学習者能力別コンポーネント、および中国人英語学習者と母語話者コンポーネント内の法助動詞の頻度をコレスポンデンス分析にかけた結果は入念な注意を向けるに値する。この結果によれば、日本人学習者は初級、中級、準上級、上級と軸に沿って一列にプロットされており、縦軸は学習者の能力軸と判断できる。だが、その軸と母語話者度合いを示す横軸は直交しているのである。つまり法助動詞の使用において、日本人学習者の英語能力の向上は、母語話者「基準」に近似せず、全く別方向に向かっている。Ishikawa は述べる。"(E)ven if JLE [Japanese learners of English] ... learn more to improve their L2 proficiency, they cannot acquire an NS-like usage of the modal auxiliaries" (Ishikawa, 2010, p. 28、括弧挿入筆者). この結果は英語母語話者を英語学習、英語教育の究極的な最終目標と据える場合、燦々たるもので受け入れ難いかもしれない。しかし、筆

者の理解では、至極当然と思える。何故ならば、法助動詞はあくまで言語使用者の「主観」を示す言語項目であるため、文化的側面の影響を如実に受けると強く推定できるからである (Hinkel, 1995)。繰り返すが、日本人英語学習者は日本人英語使用者になるのであり、英語母語話者になるのではない。

6.4　結語

　本章では、まず第2部の実証的研究で見出された国際英語としての「日本英語」の語彙、談話、および語用的特徴を総括した。次に、それぞれの特徴に関連する過去の日本人英語学習者コーパス研究などの成果を吟味し、研究手法、研究対象者（中高大生と職業人）、英文の質と量（自由英作文・英語エッセイと国際英字記事および社説）に大きな乖離があるものの、主たる結果としては通底する要素を見出すことができることを提示した。具体的には、①日本語借用（文化関連の名詞借用）、②内容語・名詞句依存（機能語、とりわけ代名詞抑制）、③形式的スタイル（句動詞・縮約形回避）、④定型性（定冠詞、および同じ名詞の反復利用）、⑤社会的義務認識（should/must の多用）は、学習者コーパス研究でも使用者コーパス研究でも抽出されてきた項目であり、「日本英語」の特徴の一部を成すと考えられる。他にも「日本英語」、すなわち「日本語、および日本文化の影響を受けた英語」の特徴はおそらく多くあるが、本研究が対象とした国際英語としての「日本英語」、つまり国際的に通用する日本人英語使用者による職業人英語—に分析範囲を限定して、探索的調査により抽出されたのは上記項目であった。本研究を持って、先人達、とりわけ Saito (1928) が想定する習熟段階における Japanization とは何か、の問に対し描写的、実証的アプローチにより、明確化の一歩を踏み出せたのではないかと考える。

　ここで今一度、日本の「英語達人」（斎藤兆史, 2000）とされる明治・大正期を代表する英語学者、斎藤秀三郎 (1866–1929) の『和英大辞典』の序文を引用したい。

The first step of language study is imitation. The student of English must be a good mimic. He must think and say things in the foreign way. He must learn to pronounce, gesticulate, emphasize, and even blunder in the English or American way. In short, he must make a foreigner of himself....

But language-study must not stop with imitation. Each language has a flavour of its own, and this flavour must be preserved. Japanese is a unique language, and awaits rendering into another unique foreign language, the English. The mastery of a language has for its final object the expression of the exact light and shade of meaning conceived by the speaker. In a word, the Japanese speaker of English should be original.... In short, the English of the Japanese must, in a certain sense, be Japanized.　　　(Saito, H., 1928, p. 5)

この引用、たった150語程度であるが、奇しくも内容語・名詞句依存（機能語、とりわけ代名詞抑制）、形式的スタイル（句動詞、縮約形回避）、定型性（定冠詞、および同名詞反復）、should、mustの意味合いの強い法助動詞の多用の特徴を検出し得る英文である。ただの偶然に過ぎないが、何か示唆的なものが感じられないだろうか。

　斎藤秀三郎は6歳より英語学習を開始し、10年余り外国人教師により英語を教授されていたそうだ。その学習時、明治、大正という英米の植民地主義的言説が当然視されていた時代背景上、引用の冒頭にもあるように、徹底的に英語母語話者の"imitation"をしたものと推察される。そのような時代に、上記のように「日本英語」の可能性を主張したという事実は、彼の比類なき言語学的追求の上で至ることのできた達観として、現代の我々、英語教育者に対しても十二分に示唆的である。彼は生涯一度も英語圏に出ることなく、日本語と英語を対象としながら、類稀な英語学的研究業績を残した（詳細は斎藤兆史（2000）参照）。その経歴をもって、本書の述べる「日本人英語使用者」中の日本人英語使用者といってよいだろう。

　ここで英語母語話者モデルを未だ絶対的な基準として大事に祀ろうとする研究者、教育者―"native-speakerism"（Holliday, 2005, 2006）という信仰を無

意識的、無批判に受け入れている英語教育関連者—に問いたいことは、次のことである。たとえば斎藤秀三郎、他に新渡戸稲造、岡倉天心などの英語達人による著作をコーパス化し、次に当時の英語母語話者による類似したテクストをバランスよく収集した比較対照コーパスを作成したとしよう。その比較分析の結果[5]、彼らの英語使用に母語話者からの「逸脱」、「差異」があったとして、それは彼らが英語に習熟できていないことを指す証左となるのだろうか。この「母語話者謬見」(cf. Holliday, 1994；Cook, 1999)、「比較謬見」(Bley-Vroman, 1983；Cook, 1999) は、元来 Selinker (1972) の「中間言語」(interlanguage) という概念の導入後、単一言語話者偏見 (Cook, 1992) に基づく SLA の潮流内の一種の曲解—母語話者基準の過剰評価—から生じているものと推察される。次章にてこの内容を議論する。

注

1 Leech et al. (2009) のいわゆるブラウン・ファミリーのコーパス (BROWN、FROWN、LOB、FLOB) を用いた現代英語の変化の研究によれば、米語が口語化、インフォーマル化を先導し、英語が後に追随する傾向と述べられている。本研究で用いた *TIME* (2005-2007) と *The Guardian* (1998-2004) の年代が異なることも注意が必要であるが、米語の方が書き言葉における縮約形の増加が進行しているかもしれない。
2 アジア圏の外円英語使用者 (インド、シンガポールなど) と内円英語使用者の比較でも同様の結果が得られているため (Ishikawa, 2011b)、国際語としての英語に共通する特徴であるかもしれない。
3 なお、定冠詞、および不定冠詞の省略は、ELF コーパスである VOICE の分析結果 (Seidlhofer, 2004、および第 1 章参照) によれば、非共通核、つまり国際コミュニケーション上問題を引き起こさない特徴とされている。
4 なお ICNALE-online (Ishikawa, 2011a) にて、もう一方のトピック、「パートタイムジョブ」に設定し、日本人英語学習者と英語母語話者の should の使用状況を確認したところ、日本人側の「過剰」使用が確認された ($LL = 19.78, p < .0001$)。

5 新渡戸稲造、岡倉天心の英語と母語話者英語を比較する試みが、堀(2013)により行われつつあることを付記しておく。

第7章
中間言語モデルから多言語能力モデルへ

7.1 概要

　第7章では、前章で示したメタレビューの結果—英語を学習過程にある日本人英語学習者とプロフェッショナルである日本人英語使用者の連続体を成す証拠—を以て、日本の英語教育上、母語話者言語能力を最終目標とすることが前提とされてしまった学習者と母語話者が連続体を成す中間言語モデル（Selinker, 1972）を採用するのではなく、日本人英語使用者のL1 (i.e., 日本語) とL2 (i.e., 英語) が有機的に結合する多言語能力モデル（Cook, 1992）に基づく英語教育を模索することの重要性を主張する。つまり日本人英語使用者の言語能力は、日本語から英語へ近似するのではなく、内在する日本語を第一言語、英語を第二言語として双方の影響を受けた「多言語能力」となる事実を認識し、日本の英語教育コンテクストでは本能力を目標とすることが妥当と述べる。そのパラダイム転換の後、今後の英語教育、および第二言語習得研究では両言語を考慮に入れた教育、研究が肝要であると指摘する。

7.2 中間言語モデルと多言語能力モデル

　本節ではSLAにおける中間言語モデル（Selinker, 1972）と多言語能力モデル（Cook, 1992）を描写し、後者に不明瞭な点はあるものの、現在の日本の研究、教育慣例の実態を鑑みると、応用価値は高いことを指摘する。

7.2.1 中間言語モデル

　中間言語（interlanguage）とは、第二言語習得研究（以降、SLA）では、説明

する必要が無いほどよく知られた概念であり、第二言語習得途上にある「学習者」の言語体系の総称を指し、母語と目標言語を両極としたその途中段階にある言語を指す (Selinker, 1972)。しかし Selinker (1972) はこの概念の提唱時、子供の文法が不完全な大人の文法ではなく独立した体系を持つのと同様、中間言語を母語話者文法の不完全な形態とみなすのではなく、独立した存在としてその体系性自体を描写し分析することの重要性を指摘していたことは往々にして忘れられているようである (Johnson & Johnson, 1998；Cook, 2002a)。つまり中間言語理論の本質は、第二言語習得における中間言語のどの程度が第一言語の転移により (interlingual)、どの程度が第二言語規則内の影響 (e.g., 過剰般化) によるものか (intralingual)、など学習者の言語体系自体を研究対象とすることであり、学習者の母語、目標言語を基に相対的に良し悪しの価値判断を行うもの、換言すれば第一言語の存在をある意味において問題視する、または目標言語の母語話者規範の絶対視を主張するものではなかったのである。

　しかしながら、おそらく①母語と目標言語を両端とする「途中」段階の「中間」言語という用語、および②単一言語話者偏向社会における研究慣例―現代社会の趨勢において単一言語話者が多数派を占めるがゆえに単一言語話者を「普通」、「基準」、「規範」とすることを当然視する慣例 (Cook, 1992) ―のため、SLA の潮流は、中間言語理論の上記の基本理念をふまえるのではなく、母語話者規範への近似を言語習得的「発達」と単純に解したようである (図 7-1 参照)。さらに第一言語からの転移は目標言語規則と一致するものは「正の転移」(positive transfer)、一致しないものは「負の転移」(negative transfer) と呼ばれ、後者は教育的介入などを経て排除されるべきものと考えられるようになった。*Encyclopedic Dictionary of Applied Linguistics* (Johnson & Johnson, 1998, p. 176) の interlanguage の項目には次のように記されている。

The more far-reaching implication that interlanguage should not be judged by native standards has not been taken as seriously by researchers as it might be. Most SLA research methodology, perhaps inevitably, assumes that learner lan-

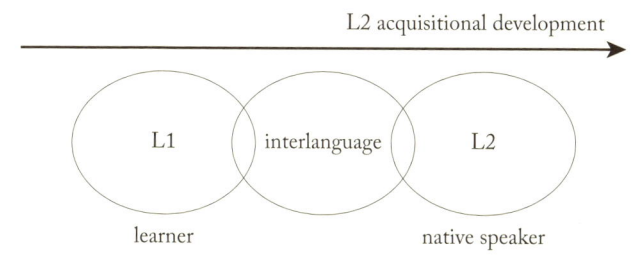

第7章 中間言語モデルから多言語能力モデルへ　165

```
                    L2 acquisitional development →

         ( L1    ( interlanguage )    L2 )

         learner                    native speaker
```

図 7-1　中間言語理論に基づく SLA の主流の第二言語習得モデル

guage should be compared with natives, not treated as an independent system of its own.... In other words the interlanguage concept...has still led researchers to see knowledge of one language as being the norm against which other forms of language knowledge are measured, rather than crediting L2 users with a different type of language knowledge in their own right.

　その SLA の趨勢における母語話者規範の必要性の過剰解釈により構築された中間言語モデル（図7-1）により、SLA、および英語教育では母語話者規範（通例、英国英語または米国英語）からの発音、語彙、文法、談話、語用のあらゆる差異は、「逸脱」、「誤り」とされ、その誤りの原因として、さまざまな可能性が検討されているものの、第一言語の干渉（L1 interference）、または第一言語・文化からの負の転移（negative transfer）と結論付ける研究も数多くなされてきた（SLA の概要は Ellis［1997, 2008］などを参照）。
　つまり中間言語理論の提唱者である Selinker（1972）の当初の意図とは異なり、学習者の母語を「エラー」の源泉とし、目標言語の絶対的な母語話者規範を当然視する向きがあり、この傾向は本論執筆時まで連綿と続いているといってよい（Cook, 2002b, 2007；末延，2010）。

7.2.1.1　中間言語モデルに基づくコーパス研究

　第1章にて既に示したように、上記の中間言語モデルにおける母語話者比較志向や絶対視の傾向は、学習者コーパス研究（以降、LC）に過剰に強い

といわれてきた。LC は学習者と母語話者比較に基づく「過剰」、「過小」使用、すなわち何らかの「差異」の統計的検出に熱心であり、その差異の理由や原因、またその差異がもたらすコミュニケーション上の効果や、実際に意思疎通を阻害するか否かの厳正な調査を行わずして問題視するものが余りに多い。つまり「誤り分析」(error analysis、詳細は Corder, 1971；James, 1998 等参照) における「誤り」の①同定 (identification)、②描写 (description)、③説明 (explanation)、④評価 (evaluation) という 4 段階 (Ellis, 2008) において、現時点での LC の主流は①、②を厳密な信頼性を持って行うが、③、④、とりわけ④の「評価」の必要性を過小評価している向きが如実に認められる。

　この観点から述べると、社会的受容度の水準の評価の視点 (Timmis, 2002；He & Zhang, 2010) を除けば、Seidlhofer (2001) が提示した三単現の s の省略などの文法的 "ELF forms" (1.4 参照)、すなわち母語話者とは異なるがコミュニケーションを阻害しない形式の公示は、「エラー」の評価の重要性を訴えるという意味で再評価されてよいのかもしれない。何をもってその「誤り」を評価するか、また重大視するかは既に過去に研究されてきたが、英語使用の更なる拡大や ELF の着目を鑑みると再訪すべき話題といえるだろう。

　この母語話者比較を重要な研究手続きの一部とする Contrastive Interlanguage Analysis (CIA) (Granger, 1998, 2002) を LC の基本的なメソッドとし、この領域を牽引してきた Granger (2009) は、上記の批判に対し次の 3 点を回答としている。1) CIA は LC に必須の手法ではない。2) 比較参照用のコーパスは母語話者コーパスである絶対的な必要性はなく、研究目的に応じて VOICE などの ELF 使用者コーパスを含めてさまざまある。3) CIA によって検出された母語話者と非母語話者間の多くの微妙な差異は実際の教育現場では無視される可能性は高いかもしれない。また同論文内で EIL/ELF 研究に言及し、一定程度理解を示していることから (Granger, 2009, p. 25)、第 1 部で述べた学習者コーパス研究と使用者コーパス研究のある意味で相反する研究方向性が今後、調和、統合されていくことが期待できる。

　しかしながら、Granger (2009) は上記のように述べながらも、LC におけ

る母語話者比較の有用性を強く主張しており、母語話者規範を念頭に置くことが必須、または不可避と判断しているようにも解釈できる。彼女は、LCを「比較謬見」(comparative fallacy, Bley-Vroman, 1983) に陥り、中間言語自体を掴めないと批判するSLA研究者の研究も、結局は背後に母語話者目標の前提が透けて見えるため、このような研究手法を"comparative hypocrisy"(偽善的比較、p.18) という用語を用いて反駁している。またLCの成果をふまえて言語教育のターゲット項目を選定する際、次の2種類の学習者に応じて判断すべきと述べている。"(A)ny learner who wants to achieve near-native proficiency"と"learners whose language learning aims are less ambitious"(p.22).

　これらの記述を見る限り、単一言語話者偏向社会における研究慣例 (Cook, 1992)、およびnative-speakerism (Holliday, 2005, 2006) は根強いとの認識を新たにせざるを得ない。筆者は第1章で既に述べたように、英語母語話者「データ」を「規範」ではなく、あくまで相対的な一つの軸として利用する価値はあると判断しており[1]、その意味ではCIAの有用性を否定する気は無い。彼女の述べるように、CIAは学習者言語的特徴 (learner language) や非母語話者的特徴 (nonnativeness) (Granger, 1998) の検出方法として非常に有益なテクニックである。しかし言語能力観として、単一の母語話者像—実際には理想上に過ぎず観念上の像—を想定することは非常に危険であるし、もとより非母語話者的特徴と学習者言語的特徴は全く以って別物である。"proficient"(Council of Europe, 2001/2002)、"mastery"(Saito, 1928) が母語話者への近似を必ずしも意味しないことは、既に示したとおりである (第2章参照)。

　また学習者の第二言語の学習目標は"near-native proficiency"か"less ambitious"かの2分では捉えきれないことは言うまでもないだろう；ambitiousにL1-L2 bilingual proficiency、より正確には"L1-based L2 proficiency"を目指すことは可能であるし、後述のように実際の言語習得ではそのような能力を構成するのである。ここで筆者が強く述べたいことは次のことである。結局のところ、研究手法自体ではなく、研究対象へのアプローチ、研究結果の

解釈が、当該研究の社会的意味、価値を決定づける。今後のSLA研究、とりわけ母語話者比較の手続きをとる研究は、はたして母語話者との差異自体が実際にコミュニケーション上の問題を生むのか否か、またその非母語話者的特徴は話者のアイデンティティを示すものか否か、そして結果的にその母語話者的特徴は学習者にとって習得すべきものなのか否か、という具体的な対話者や学習者の母語と目標言語、双方の視点をふまえた解釈が肝要であろう（Fujiwara, 2004, 2007a, 2007c）。

7.2.1.2　中間言語モデルにおける本研究成果の解釈：化石化

　CIAの紹介上、Granger（1998, 2009）は上記で既にふれた「学習者的言語特徴」と「非母語話者的特徴」を交換可能な同義語としているようであるが、この2つは明確に区分するべきである。前者は、目標言語や言語習得の最終目標が何であれ、言語習得の過程を一定程度修了した際に消えるもの、つまり移りゆく特徴群であり、後者は消えず安定して残る特徴群である。本稿で述べるところの「学習者」の言語特徴と、「使用者」の言語特徴といってもよい。しかしながら、SLAでは中間言語モデルに基づくがゆえ、英語母語話者近似への歩みを止めた時に「学習者」のその言語的特徴は「化石化」した（fossilized）という形容が成される。

　上記のSLAにおける中間言語モデルの視座より本研究結果を解釈した場合、日本語借用（文化関連の名詞借用）、内容語・名詞句依存（機能語、とりわけ代名詞抑制）、形式的スタイル（句動詞・縮約形回避）、定型性（定冠詞、および同じ名詞の反復利用）、社会的義務認識（should、mustの多用）は、語彙、談話、語用的特徴における母語話者規範からの「逸脱」、すなわち程度の差はあれ「誤り」の類であり、しかも日本語、および日本文化を背景とする理論的説明が可能であるため「転移」、しかも「負」の転移である。付け加えて、習得途上の学習者コーパス、一定程度習得過程を修了した使用者コーパスでも通底して確認される特徴であることから、これらは「化石化」した言語的振舞と言える。

　この視座に従うのであれば、まさに上記は言語習得に「失敗」した結果を

示す言語的証拠である。それゆえ、今後はL1借用を行わず、機能語(とりわけ代名詞や等位接続詞など)、句動詞、縮約形の使用の奨励(口語化、インフォーマル化の促進(cf. Leech et al., 2009))、語彙多様性向上の追求、社会的・伝統的義務認識の相対的降下(Leech et al. (2009)の用語では「民主化」、「個人化」の奨励)を目指す学習、および指導が必要という指摘がなされることとなるのであろうか。この見方が中間言語理論を応用したSLAの主流の解釈となり得るが、この「化石化」という解釈が果たして妥当か、一考の余地があるのではないだろうか。次節では中間言語モデルから多言語能力モデルに焦点を移し、上記の「日本的」といえる可能性の高い英語使用について再度解釈を加える。

7.2.2 多言語能力モデル

　ここで今一度述べるが、上記の日本的英語使用と推察される項目は、英文記事を執筆する日本人ジャーナリストの英語、換言すれば国際的に通用する日本人英語使用者による職業人英語と内円コーパス等との探索的比較分析を経て、抽出されたものである。つまりそれらは「化石化」したという負の評価を受けるべきものではなく、L1を基にした言語能力上、「習熟」した達成段階における英語のJapanization、すなわち「日本英語」の特徴の一部を成す正の評価を受けるべきものと考える。

　小宮(2012)は日本におけるEFL学習を4段階に分類し、最終的な習熟段階における母語話者との差異の内、①国際的に理解可能かつ②効果的な言語的差異を"innovation"と呼び、訂正などの教育的介入の必要は無く、この段階の話者は「日本英語」の規範を構築しつつあると捉えている。その分類に照らし合わせた上で、本研究にて対象とした第二言語使用者、英字記事ジャーナリストやエッセイストは疑いの余地なく習熟段階にあり、抽出された言語的諸特徴は国際的にintelligibleかつeffectiveなものといえよう。また興味深いことに、第6章で示したように学習者の段階からも、その特徴の萌芽は確認できるのである。その意味において、「学習段階からみられる英語使用の特徴から未来の日本人英語の特徴を予測する研究には挑戦的意義が

ある」(小宮, 2012) のかもしれない。どうあれ第二言語である英語はもちろんのこと、第一言語である日本語の存在を忘れてはならない。

　上記のような発達段階の前提となる能力観として、筆者の見立てによれば、Vivian Cook の多言語能力モデルが有力ではないだろうか。日本人英語学習者・使用者の言語能力は、日本語から英語へあくなき近似をするのではなく、また日本語と英語が並列に無関係に発達するのでもなく、内在する日本語を第一言語、英語を第二言語として双方で構成される多言語能力 (multi-competence, Cook, 1992)、"the knowledge of more than one language in the same mind" (Cook, 2002a, p. 11) として発達するという能力観である。類似の能力観として、CEFR (Council of Europe, 2001/2002) の複言語・複文化能力 (plurilinguistic/pluricultural competence)、米国の現代語学会 (MLA, 2007) の提唱した言語・文化横断能力 (translingual/transcultural competence) もあるが、SLA、応用言語学の視座に関連が深く、日本のようなアジア圏の EFL 教育コンテクストも視野にある multi-competence のモデルをここでは採用したい[2]。

　以下の図 7-2 は、多言語能力の分離から統合までの連続体のモデルを図示したものである (Cook, 2002a, p. 11)。「分離」(separation) とは L1 と L2 が完全に独立したシステムを維持し無関係の状態、「結合」(inter-connection) とは両言語が一定程度関連をもった状態、「統合」(integration) とは両言語のシステムが完全に一致する状態であり、分離と統合を両極とした連続体で多言語能力の多様性を示している。まず触れておくべきこととして、第二言語学習者・使用者の言語能力は完全な分離でも完全な結合のいずれでもなく、その中間のどこかに必ず位置し、二言語は少なからず overlap する。その意味では multi-competence の訳語として、「多「重」言語能力」と呼んでもよいかもしれない。実際に "overlapping systems" (Cook, 2002a, p. 18) という用語の使用が散見される。

　またこのモデルに示された結合度合は、①言語的側面、②発達段階、③二言語間の言語的距離、④個人差により、多様に異なることを前提としている。つまり各使用者に応じた個人差や、言語的側面による差異、たとえば発

```
     separation      interconnection      integration
 ←─────────────────────────────────────────────────→
```

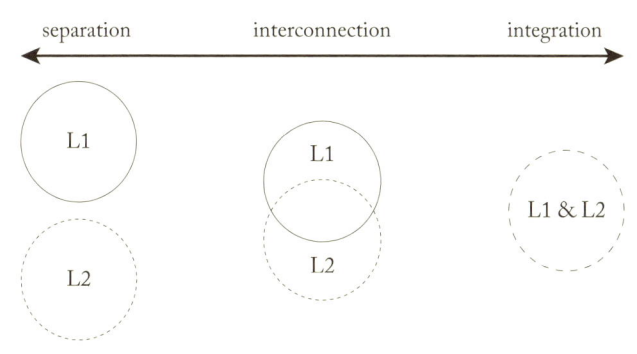

```
      ( L1 )           ( L1 )
                       ( L2 )           ( L1 & L2 )
      ( L2 )
```

図 7-2　多言語能力の分離―統合の連続体（Cook, 2002a, p. 11）

音面は結合するが、文法面はほぼ分離という多様性や、言語習得の状況により結合度合が変化していくことを認めるという、かなりの多様性を積極的に認めるモデルである。言語習得の最終段階についての記述も大変興味深い――"there is no single final state of L2 use common to everybody"（Cook, 2002a, p. 13）．もちろんのこと、理想化された母語話者ではない。

　本モデルを直接的、間接的に支持する実証的証拠は散見されるものの（詳細は Cook, 1992, 2002a, 2007；Cook & Bassetti, 2011）、上述のように、非常に多様かつ複雑な言語能力態を積極的に認めるモデルであるため、十分な調査結果の蓄積はまだなされていないようである。しかし当モデルは近年の脳科学の研究の支持を得つつある上（Ojima, 2012）、筆者の第二言語使用者として、また英語教育者としての直感、および経験にも合致する。それゆえ、日本の英語教育界に応用する価値は高いと考える。

7.3　日本の英語教育における多言語能力モデルの利点

　この多言語能力モデルを、現在の主流とみられる中間言語モデルに代えて日本の英語教育コンテクスト、および第二言語習得研究に応用する利点は少なくとも3つあると筆者は考える。

1) L1 から L2 への絶対的な近似を前提としていない、つまり母語話者規範を最終目標としないため、日本の学習者、英語教師、ひいては社会全般に益することが期待できる。
2) 第一言語から第二言語への転移とともに第二言語から第一言語への転移、つまりいわゆる "cross-linguistic influence" の説明により適したモデルである。
3) 上述のように、言語的側面、発達段階、二言語間の距離に応じて、separation、interconnection、integration の連続体の形態がさまざま異なる可能性を認めているため、外円の英語、拡大円の英語を含め、さまざまな第二言語としての英語変種に対し説明力が高い。

下記に各点について論を深める。

7.3.1 実現可能な英語教育の目標の提示

　第一に母語話者を最終的な目標としないことで、日本の英語学習者、教師、ひいては社会全般に益する可能性があることについてふれる。まずこのパラダイムシフトで、学習者に現実的かつ達成可能なモデルを示すことが可能となる。母語話者目標の妥当性は過去より疑義が示されてきたことは既に述べてきたとおりである (e.g., Kachru, 1976, 1986, 1992；Rampton, 1990；Medgyes, 1992；Kramsch, 1998；Bamgbose, 1998；Widdowson, 1994, 1997, 1998；Cook, 1999；Brumfit, 2001；Alptekin, 2002；Brutt-Griffler, 1998, 2002)。中でも Cook (1999) は母語話者基準を "unrealistic, unattainable, undesirable" な目標と端的に喝破している。

　近年、動機づけの分野にて、「可能自己」(possible self, Markus & Nurius, 1986) の概念を応用した L2 自己 (L2 self, Dörnyei, 2009) の研究が着目を浴びつつあるようである。可能自己の研究では、実現不可能な目標提示が必ずしも動機付け低下に至るとは前提としないようであるが、彼らに自己実現可能な具体的目標を提示し、明確な L2 self を認識させることで動機付けの向上を図ることの意義は大きいだろう。その際、コミュニケーション能力の具体

的な内容においては、CEFR-J（投野（編），2013）の利用が期待される。CEFR は、いわゆる「母語話者」を理想とした能力観ではないことは既にふれたとおりであり、これらの CAN-DO リストとともに、母語と目標言語、両方からなる言語能力観（CEFR の用語では複言語主義）も日本に浸透することを願いたい。

また学習者だけでなく、日本の英語教育現場を担う初等、中等、高等教育の日本人教員への正の波及効果も忘れてはならない。彼らが劣った「英語母語話者」ではなく、「第二言語使用者」としてのロールモデル、少なくとも日本人としての英語学習・習得の成功者のサンプルとして自信を持ち教壇に立つことを促すことが期待できる（Kirkpatrick, 2006；He & Zhang, 2010）。その上、教員達が上記のように自覚することによって責任の重大さを認識し、自己研鑽に励み続ける教員になることも望めるのではないだろうか。母語話者の「影」に過ぎないのであれば、この程度の英語力でもしょうがないと諦めるものがいてもおかしくない。

また英語母語話者を最終的、または理想的な目標と据えないことで、Holliday（2005, 2006）の述べる「母語話者信奉」（native-speakerism）の緩和、願わくは社会的に歪な言論を生み続けるシステムからの脱却が期待できる。「母語話者信奉」は、提唱者の定義によれば下記のものである。

> Native-speakerism is a pervasive ideology within ELT, characterized by the belief that 'native-speaker' teachers represent a 'Western culture' from which spring the ideals both of the English language and of English language teaching methodology.　　　　　　　　　　　(Holliday, 2006, p. 385).

つまり「西洋」の生み出す英語母語話者、および英語教育スタイルが、学習者のおかれたコンテクストや実証的証拠にかかわらず、英語学習において最善であると信奉するイデオロギーである。彼は「母語話者」の概念も含めて、上記の思考形態自体がイデオロギー上のものに過ぎないと述べ、国、地域の文化、学問としての英語教育文化、学校、教師と学習者の学校文化に配

慮した適切な教育手法（appropriate methodology）を探求することが肝要と指摘している（Holliday, 1994）。

近年の日本の中等英語教育、とりわけ高等学校における"Communicative Approach"や"Communicative Language Teaching"などの内容重視、やりとり重視の指導法への傾倒は、現在の学習指導要領、また社会一般より求められている英語力観と、実際の教育現場を鑑みると、現時点では必要と考えているが、あくまで冷静に日本の社会的、教育的コンテクストを考えて決断を下すべきことは言うまでもない。その点では、日野（2005）による国際英語の視点からの日本の英語教育のカリキュラム、教材、教授法、評価の試案が参考になろう。

7.3.2　両言語の相互の影響の理解

次に当該モデルはL1とL2の相互の影響、すなわちcross-linguistic influenceやコードスイッチング、また翻訳の現象を説明する上でより適しているといえる。中間言語モデルでは、L1の言語的・文化的転移に限定的な焦点を当てているが、多言語能力モデルでは、実は第一言語自体も習得した第二言語の影響を受け、相互に近づく現象を明確に図示することが可能である。筆者が執筆する本論における日本語の名詞の前の「当」、「当該」、「本」は、習得した英語の定冠詞の転移の可能性が高い（なお、今回の出版の際、これらの表現の相当量を「この」などに書き直している）。日本人英語使用者の書く日本語論文をコーパス化し、同ジャンルの日本語単一言語話者のコーパスを比較した際に、おそらく英語の影響を如実に受けた日本語の使用の証左が多く確認されるであろう（たとえば代名詞使用や無生物主語文等）。この研究方向性は、第二言語の習得を早めるなどの直接的な実利は少ないと思われるものの、SLAの裏の側面であり、両側面を研究することにより、第二言語習得という事象の解明により近付くことが期待できる（英語習得が日本語処理に与える影響については、Ojima 2012参照）。

7.3.3　第二言語としての英語変種に対する説明力

　最後に言語的側面、発達段階、二言語間の距離に応じて、separation、interconnection、integration の連続体における形態がそれぞれ異なる可能性を認めているため (Cook, 2002a, p. 12、および図 7-2 参照)、さまざまな第二言語形態、つまり諸英語、国際英語、国際共通語としての英語、学習者言語、それぞれの説明を柔軟に行い得ることが期待できる。つまり文法面においては第一言語と第二言語のシステムをほぼ分離させるが (separation)、発音面、語彙面では相互に関連性を持ち (interconnection)、談話・語用面ではほぼ融合 (integration) というように、柔軟に各言語状態を説明し得ることを可能にする。過去の第二言語習得研究においても言語教育的指導が十分に「機能」する側面と第一言語の影響が如実に残る側面などが確認されていることから、単一な一次元に収束しがちな中間言語モデル (図 7-1) よりも、複層的に言語能力を捉え得る多言語能力モデル (図 7-2) の方が今後の英語教育、第二言語習得研究に応用可能性は高いと考える。

　上記の理由、および英語使用者の観察と経験 (e.g., Saito, 1928；國弘, 1970；鈴木, 1971；本名, 1990；日野, 2008)、および本研究と諸研究により実証的に支持される事実を改めて確認し、日本の英語教育コンテクストでは本能力モデル、すなわち第一言語と第二言語双方が影響し合う多言語能力を最終的な目標とすることが妥当と述べ、今後の英語教育、および第二言語習得研究では二言語双方を考慮に入れた研究、および教育が肝要であることを指摘したい。

7.4　結語

　本章では、前章で示したメタレビューの結果―すなわち英語を学習過程にある日本人英語学習者と国際コンテクストに通用するプロフェッショナルである日本人英語使用者が、一部の言語特徴において、連続体を成す証拠―を以て、日本の英語教育上、母語話者言語能力を最終目標とすることが前提とされてしまった学習者と母語話者が連続体を成す中間言語モデル (Selinker,

1972）を採用するのではなく、日本人英語使用者のL1（i.e., 日本語）とL2（i.e., 英語）が有機的に結合する多言語能力モデル（multi-competence model, Cook, 1992）を前提とした英語教育を模索することの重要性を主張した。次章では、本研究の意義を概括すると共に、研究の限界点、および今後の展望を述べる。

注

1 この点について、SLAの母語話者モデルを問題視した先駆者であるVivian Cookも同様の趣旨を述べている：" Comparison is indeed a useful research technique.... What is unacceptable from the L2 user perspective is not so much the use of native speaker comparison as a tool but drawing conclusions from it that treat the L2 user as a deficient native speaker...."（Cook, 2002a, p. 21）

2 多言語能力、複言語・複文化能力、言語・文化横断能力は、提唱された背景は異なれど、1）いわゆる理想化された「母語話者」をモデルとしないこと、2）学習者の母語を含めた言語能力観であることは類似している。以下にその類似点を示す抜粋を示す。

複言語能力（plurilingual competence）や複文化能力（pluricultural competence）とは、コミュニケーションのために複数の言語を用いて異文化間の交流に参加できる能力のことをいい、一人一人が社会的存在として複数の言語に、全て同じようにとは言わないまでも、習熟し、複数の文化での経験を有する状態のことをいう

（Council of Europe, 2001/2002［吉島・大橋他訳］, p. 182）

"Advanced language training often seeks to replicate the competence of an educated native speaker, a goal that postadolescent learners rarely reach. The idea of translingual and transcultural competence, in contrast, places value on the ability to operate between languages."　　　　　　　　　　　　　　　　　　　　　　　　（MLA, 2007, p. 3–4）

第 8 章
結論と今後の展望

8.1 概要

　最終章である第 8 章では、本書の全体を概括し、本研究の意義および限界点を記述し、今後の展望を述べる。本研究では、日本人の英語使用を、学習者水準と使用者水準に区別し、比較的信頼性の高い使用者の言語サンプルを収集し、内円英語とは異なる可能性の高い潜在的な「日本英語」の特徴の抽出に一定程度の成果を収めた。しかしながら、「日本英語」の総体は、拙著のみでは全くもって網羅することはできない。本書は「編纂」と「応用」の一部、より率直に述べれば、ごく一部の更に初段階を行ったに過ぎない。今後、1) 本研究で見出された「日本英語」の潜在的諸特徴のいずれかに具体的に焦点を当てた詳細な量的かつ質的分析、2) 日本人英語使用者が英語を使用する上での他の言語使用域のコンポーネントの構築 (Morrow, 1997a；藤原, 2006；Fujiwara, 2007b)、そして 3) 内円英語、外円英語、拡大円英語、および学習者コーパスを用いた諸研究の成果の多層的な追検証を必要とする。この使用者コーパス研究を皮切りに、さまざまな言語使用域に特化したコンポーネントの編纂を進めるとともに、学習者コーパスと使用者コーパスを用いた真に発達的な第二言語習得研究、および多様な「日本英語」の描写的研究を継続的に行う必要があることを述べ、本書を終える。

8.2 本研究の意義

8.2.1 研究的意義

　まず本書を概括する。本研究プロジェクトの主たる目的は、先人達 (e.g.,

Saito, 1928；國弘，1970；鈴木，1971；本名，1990；日野，2008）が述べる日本語、および日本文化の基に成り立つ「日本英語」の特徴を、その一部を構成する「国際英語としての「日本英語」」—日本人英語使用者による国際的に通用する職業人英語—に分析範囲を限定し、実証的に探索することであった。具体的には、学習者、使用者コーパス編纂の歴史的観点から、コーパス言語学、国際英語関連領域（EIL、WE、ELF）の経緯を概括し、拡大円、とりわけアジア圏における「使用者」レベルのコーパス編纂および研究の必要性を述べ（第1章）、コーパス構築時における「学習者」と「使用者」の区分を精査し、「日本人英語使用者」を「日本語を母語とし、日本で初等、中等教育課程を経て、仕事で英語を使用するもの」(Fujiwara, 2007b)と定義し、関連する留意条件を述べ（第2章）、彼らの産出する英語を「日本人英語使用者コーパス」(JUCE)として、現実的に収集可能な領域から編纂を試み（第3章）、そのJUCEを用いた言語的分析を語彙的側面（第4章）、談話・語用的側面（第5章）に焦点を当て実行した。次に、その一連の分析により見出された国際英語としての「日本英語」の諸特徴の多くは、実は過去の日本人英語学習者コーパス研究の成果と、若干の差異はあれど、同様の傾向を確認できること、また日本語、および日本文化の影響と説明が可能なことを示し（第6章）、これらの結果をもって、日本人英語学習者は英語母語話者になることが前提とされたSLAにおける中間言語モデルではなく、日本人英語使用者のL1(i.e., 日本語)とL2(i.e., 英語)が有機的に結合する多言語能力モデル(Cook, 1992, 2002a, 2007)を前提とした英語教育を模索することの重要性を主張した（第7章）。

　本研究の最も重要な研究的意義は、上記の概括でふれたように、日本人の英語使用を、学習者水準と使用者水準を明確に区別し、使用者レベルにおける言語サンプルを収集し、内円の英語とは異なる「日本英語」の諸特徴の抽出に一定程度の成果を収めたことにある。第1章で述べたように、「日本英語」の否定論者、または消極的評価者は、明らかに学習途上にある中高大生の日本人学習者の英語サンプルを主として用いて、SLAの中間言語モデルに基づく慣例に従い英語母語話者と比較し、日本人の英語は「不十分」な英

語であるとのレッテルを貼ってきた。一方、「日本英語」の肯定論者、積極的評価者は、その先見性には敬意を払うべきものの、その存在や特徴を prescriptive に、top-down に述べる傾向がみうけられた。このような状況の下、本研究は、再現性を担保した手続きをふまえた上で、各種統計分析を駆使し、内円英語話者の英語とは異なり、かつ日本人学習者と使用者の英語に通底する要素、すなわち「日本英語」の特徴を量的、記述的 (descriptive) アプローチにより実証したことに意義がある。これは後述する本研究の限界点を考慮したとしても、筆者の管見の限り、貴重な研究的試みといってよいだろう。

8.2.2 教育的意義

本研究成果は今後の SLA、応用言語学などの英語教育関連領域に対し、研究上、教育上の示唆を与えることが期待される。すなわち、習熟段階に達した国際的に通用する日本人英語使用者の英語も、母語話者の英語とは乖離があることを示すことで、母語話者基準の無批判な信奉に疑問を呈すことができるだろう。その事実をふまえた上で、日本の英語習得の技能面における最終目標を国外母語話者基準 (exonormative standard) ではなく国内使用者基準 (endonormative standard) に変更し、実現可能な目標の設定へ向けての更なる議論、および言語習得における日本語の存在意義の再評価が成されることが期待される。

しかしながら、本研究成果の教育領域への直接的な応用に対しては慎重にならなければならない。第 1 章で論じたように、ELF 研究の趨勢における目的は "ELF forms"、すなわち「頻繁かつ体系的に使用され、第一言語が異なる話者達に共有され、母語話者規範とは異なるがコミュニケーションを阻害しない言語形式」(Jenkins, 2006, p. 161、筆者訳) を体系化し、非母語話者間、つまり彼女の述べる「共通語」のやりとりにおける英語使用者の言語的参照点にすることであり、既に一定程度、発音面 (Jenkins, 2000)、文法面 (Seidlhofer, 2004) における ELF forms を明らかにしてきた。しかしながら、ELF 研究者も認めるように、現実世界の言語運用の描写が教育上のモデル

に直結する訳ではない（Widdowson, 2003；Seidlhofer, 2004；Takatsuka, 2008）。また補足として、学習者コーパス研究を牽引する研究者もこの点は一致する（Granger, 2009）。この指摘は、極端な例かもしれないが、英語母語話者が特定の宗教に根差す表現や社会的に容認され難い卑言を頻用していることが明らかとなったとしても、その関連の表現が日本の英語教育コンテクストにて重要視されないことからも、当然のことと言えよう（cf. Leech, 1998）。

　また描写研究の教育への応用において忘れてはならないのは、教育の制度上、最も関連の深い研究者、英語教師、学習者、また一般人の言語態度、および認識である（Timmis, 2002；He & Zhang, 2010）。既に幾度かふれたように、Outer Circle の一部では非母語話者基準の社会的容認度はかなり高いが（Timmis, 2002）、Expanding Circle では一部の言語項目（e.g., 発音）を除き、低いことが報告されている（He & Zhang, 2010）。

　しかしながら、この非母語話者の英語母語話者規範に対する現在の態度の有り様は、30、40年以上前―すなわちEIL、WE、ELFの国際英語関連領域の黎明期または成立以前―の母語話者規範が当然視、および絶対視されていた時代には考え難いものであることは疑いの余地がない。今後、英語が国際的役割を一層担うようになり、各地域において相当数以上の英語使用者が存在するようになれば―つまり多様な英語への認識が高まれば―状況はより非母語話者基準の容認の方向へ進むことが予想されよう。正にSeidlhofer (2004, p.225) が指摘するように、"if a language is perceived to be changing in its forms and its uses, it is reasonable to expect that something in the teaching of it will also change" と言える。

　つまり言語教育内容の精選には、①「このような特徴がある」という descriptive、②「このような特徴を持つべきだ」という prescriptive の双方向のアプローチが生み出す議論や検討を経た上で、世に提示し、最終的に③地域、国レベルなどにおける社会的な consensus が得られなければならない。既にふれたように、国際語としての「日本英語」の教育的モデルを先行研究と自身の日本人としての英語使用の経験と観察に基づき精査し、「創造」する

という非常に画期的な試みが行われつつある（日野，2008；Hino, 2009, 2012b）。本研究成果は、その研究者自身より提示するという意味で"prescriptive"なモデル—Hino（2012b）の立場をより正確に述べれば、prescriptiveではなくtentativeに提案する教育モデルであるが—の構築においても参考となり得る一資料となるだろう。要するに、コーパス研究による国際英語としての「日本英語」の描写研究の成果を英語教育に援用する際には、研究の更なる蓄積と研究者、教育者、学習者を含めた慎重な検討が必要なのである。使用者レベルの拡大円英語のdescriptiveな研究は緒についたばかりであることを忘れてはならない。

8.2.3 英語教育関連者の意識に対する意義

上記のように、この研究成果を直接、早急に教育現場に応用することは困難であるが、本研究が英語教育関連者、とりわけ現場に立つ英語教員の指導上のビリーフに与える影響にまずは期待したい。繰り返し述べるが、至極当たり前なことは、日本人英語学習者は、日本語を忘却しながら英語を習得し、「英語単一言語話者」になるのではなく、日本語を第一言語、英語を第二言語として、有機的、効果的に両言語を活用する「日本人英語使用者」になるのである（藤原，2006, 2012a；Fujiwara, 2007b）。その意味において、日本人英語教員は、中高大生等の日本人英語学習者にとって先達であり、自身の英語学習経緯、使用経験をふまえ、指導上の軽重の選別に対する経験的理解があり（Medgyes, 1992）、二言語ともに使用できるからこそ日英の言語距離の大きさを考慮した英語指導が可能となる（小宮，2010）。本研究成果によって、英語母語話者がモデルなのではなく自身がロールモデルであること（e.g., Kirkpatrick, 2006；日野，2010）の理念上の認識と責任、および言語項目の軽重の選別における指導上の理解を高めることを期待したい。

日本の英語教育学者であり教員養成者であるTakatsuka（2008）は、ELF研究の成果（Jenkins, 2000；Seidlhofer, 2004）を鑑み、母語話者基準の正確さに固執するのではなく、非母語話者基準のコミュニケーション上の成功度合いに焦点を当てたテスト慣例の確立をまず行い、指導面に波及効果を与えるこ

と、それにはまず多くの現場の英語教員の理解が必要との見解を示している。ELF 基準と日本人英語使用者基準という違いはあれど、筆者も現場の英語教員の理解をまずは望む。具体的には母語話者らしさを追求する目的ではなく、学習者が英語で自己表現し得る使用者になることを目指して、教材作成、指導、および評価における言語項目の重点化、軽量化などを行う際に、本書が一助となることを期待したい。

8.2.4　国外母語話者基準より国内使用者基準へ

　上記の大枠としての主張、つまり大多数の日本人英語学習者にとって「英語母語話者」の言語使用は「基準」、「規範」、「模範」にはなり得ないため、研究、教育実践、議論を経て「日本人英語使用者」による「基準」、「規範」、「模範」を構築すべきである、すなわち最終目標を国外母語話者基準 (exonormative standard) ではなく国内使用者基準 (endonormative standard) に変更すべきである、という主張は、本論において一貫し、かつ最も重要なものの1つである。この主張に対し、よく耳にする反対意見は、筆者なりに要約すると、次のようなものである（「ニホン英語」を取り巻く言論は、末延 (2010) に詳しい）。

> 「国際英語関連領域の考え方は理解します。応用言語学や SLA の知見を考えても、L1 の言語、文化を基盤とした英語になることは、確かにそうなのでしょう。とはいえ、目標を母語話者から非母語話者に変更することで英語能力は劣化するのではありませんか。よって到達し得ないとしても、結果的に「日本英語」になるにしても、英語母語話者を理想として目指すべきではありませんか」

　このような意見は、L2 モデル、ひいては「日本英語」のモデルが不明瞭な現状 (Cook, 2002b；日野, 2010) では分からなくはないが、「単一能力基準」と「理想の母語話者」像の前提が明確なことから、"native-speakerism" (Holliday, 2005, 2006) の影響を受けた発言であり、おそらく平行線になるた

め、どのように述べてよいか分からない時がある。以下にこの点についての現時点での筆者の考えを述べておきたい。

　まず上記の第2章で既に述べたように、流暢性、正確性、適切性、複雑性、談話的結束性などの「指標」は同じとしても、別の「基準」を持つことは可能である。上記の発言は「英語母語話者」を単一の基準にするがゆえに、「劣化」と述べられるのである。第7章に示した多言語能力観(Cook, 1992, 2002a, 2007)、つまり能力像自体、多様な形態をとり得ると捉えれば、第二言語使用者の英語と単一言語話者の英語は同一の基準で量的に測れるものではなく、質が異なるといえる(Cook, 1999)。

　さらに、第二言語としての英語使用の際、さまざまな背景を持つ対話者を想定する国際英語の見地から述べれば、話すスピードは早ければ早い方がよい訳ではない(鈴木, 1975)。また言語使用は複雑であれば複雑なほど、お互いの言語理解が高まる訳でもなく、一方、簡単であれば簡単であるほど、適切な相互理解を図れる訳でもない。適切性に至っては、英語母語話者—それが英国英語であれ米国英語であれ—の社会語用論的規範が世界の英語学習者の基準であり得るわけがない(Fujiwara, 2007c)。「理想」の言語使用とは、結局のところ、個人で決めるものであり、他者から決められるものではない。その意味では鈴木(2011)の「国際英語とは自分英語である」という主張も一定程度、頷けるかもしれない。

　また上記の意見に対し、英語教育に深く携わるものの1人として複雑な思いはあるが、述べたいことは次のことである。現在までの日本における「英語母語話者」モデルに基づく英語教育が十分な成果を上げるほど、成功してきたか、という問いである(cf. 末延, 2010)。既に述べてきたように、残念ながら、日本の英語教育は成功したといえる状況ではなく(大谷, 2007)、英語教育の改善は、前述の「英語が使える日本人の育成計画」、「国際共通語としての英語力向上のための5つの提言と具体的施策」(文部科学省, 2003, 2011)、さらには「グローバル化に対応した英語教育改革実施計画」(文部科学省, 2013)に見受けられるように、緊要の問題との声が非常に高い。その意味ではHino(2012b)の示す日本英語のモデルを一旦採用して

みてはどうだろうか。このモデルの採用は、我々の言語、文化、社会に合わせた英語のモデルを目指して学習することを意味するので、学習・教育効果を高めることが期待できよう。

現在の英語母語話者モデルの教育は、端的に述べれば、monolingual 的思考様式から派生する歪な native-speakerism の影響を強く受けたものであり、この手の英語教育は、そのまさに基準の性質上、「劣った英語母語話者」を量産し続けるものといってよい。言語が何であれ、SLA の性質上、最終的に母語話者とはならないため、学習者に絶えず劣等感を与える教育目標なのである。しかしパラダイムを「英語使用者」基準に変更することは、教育により、日本語単一言語話者より日英二言語併用者（バイリンガル）へと繋がる連続体を歩み続ける、成長を日々感じることのできるものとなるだろう。

また多言語能力観により、各人に必要とされる多様な言語能力像をイメージでき、さまざまな英語教育現場へ応用可能となる。つまり全体として日本人英語使用者を目標とし、具体的な言語能力像は各教育現場で設定すればよい。画一的な基準、画一的な目標は、本来、教育にあわない。以上を本研究の意義と主たる主張とし、以下には本研究の限界点を述べる。

8.3 研究の限界

上述のように、本研究は内円の英語とは異なる「日本英語」の諸特徴を descriptive に抽出することに一定程度の成果を収めた。しかしながら、至極当然ではあるが、国際英語としての「日本英語」の総体は膨大な言語的特徴を有することが予測され、本書では網羅することはできない。

既に幾度かふれたように、本分析以前には、「日本英語」の使用者レベルでの実証的研究による知見が存在しないため、本研究ではあえて特段の前提を持たず、仮説探索的データ分析（exploratory approach）を施行した。このような状況では、若干の関連ある成果から必要以上に研究方向性が影響を受け、先行研究から期待される結果に帰着する偏向および固執を持つ危険性があると判断したためである。その結果として、各種内円英語コーパス、言語

資料を用いて追検証は行ったものの、その分析の性質上、談話的・語用的言語側面の分析(第5章)の一部は表層的な分析レベルに留まらざるを得ない。よって今後、何らかの言語項目に明確な焦点を当てて、より計画された言語分析手法、および手順を用いて、仮説検証的データ分析(confirmatory approach)を行う必要がある。

その上記に示した諸特徴の一部の分析が表層的であること以外に、主として①国際英語としての「日本英語」のサンプリングにおける代表性の問題、②比較対照データの限定性の問題の2点が重要と考えられる。以下にこれらについて詳述する。

8.3.1 サンプリングにおける代表性の問題

第2章、第3章で示したように、日本人英語使用者コーパスプロジェクト(藤原, 2006；Fujiwara, 2007b)における「日本人英語使用者」の定義は「日本語を母語とし、日本で初等、中等教育課程を経て、仕事で英語を使用するもの」(Fujiwara, 2007b)であり、対象者として、海外派遣の会社員、技術者、研究者、外交官、ジャーナリストなどを念頭におき(D'Angelo, 2005参照)、言語収集対象の使用域としてICE(Greenbaum, 1996)の収集ジャンルを参考にし、2005年より構築を開始した。しかしながら、コーパスの構築には多大な時間、労力、資金が必要であるため(齊藤俊雄, 2005)、JUCEプロジェクトの第一段階では、データ収集が比較的容易なジャーナリストの英語のみを対象とすることとなった(藤原, 2006；Fujiwara, 2007b)。

本研究ではジャーナリズムの書き言葉の「日本英語」と比較対照できる内円英語コーパスなどを利用し、一定程度の成果を得たものの、言わずもがなであるが、日本人ジャーナリストの英語は「国際英語としての「日本英語」」のごく小さな捕集合に過ぎない。今後、さまざまな言語使用域に特化した他コンポーネントの構築が必要であろう。

第3章にてICEのテクストカテゴリーを提示し、他のコンポーネント構築の可能性については既に吟味したが、その点について再度振り返ると、極度に構築可能性の低いものが多々ある認識を改めざるを得ない。たとえば

Pornpimol (1984) の「タイ英語」の分析のように、現地語から英語へ翻訳されたものを含めない限り、小説 (novels, stories) や国会討議 (parliamentary debates) の構築はほぼ不可能に近い。また日本人同士の spoken のやり取りもほぼ行われないため (Schell, 2008)、いずれかと言えば、written に偏る仕様になるであろう (Morrow, 1997a)。日本の英語教育コンテクストでは、英語母語話者が多種多様なコンテクストで如何に振舞うかの描写よりも、日本人英語使用者の L2 使用に基づくコーパスが必要とされるという認識が肝要である (Morrow, 1997a；Cook, 1999)。

筆者の日本人英語使用者コーパス構築の提案（藤原，2006；Fujiwara, 2007b）の約 10 年前に、Morrow (1997a) は "Toward building a corpus of Japanese-English: Some considerations" という題の論文にて、「日本英語コーパス」の可能性を吟味している。その際、BROWN、LOB コーパスのジャンルを参照し、「日本英語」の変種コーパスとして構築可能なコンポーネントに対し次の 4 つのジャンルを提案している。

> Press: reportage, editorial, reviews
> Business: correspondence, reports
> Learned and scientific writing
> Miscellaneous (manuals, brochures, etc)

本プロジェクトの第一段階では上記の Press に該当するコンポーネントを構築したといえる。

編纂可能性、および社会的有用性を考慮すると、次に構築すべき言語使用域は、日本人英語使用者による "learned and scientific writing"、またはより広く学術論文、および国際学会の研究発表などの学術的領域の英語使用であろうか。Biber et al. (1999) が関与した Longman Spoken and Written English Corpus の最もマクロなカテゴリーは、conversation、fiction、journalistic prose、academic prose の 4 領域であり、前者 2 つが日本人の英語使用上、あまり用いられない領域であるのであれば、後者 2 つの構築をまずは試みる

ことが妥当と考えられるだろう。

　ウェブ上で閲覧可能な学術論文に関しては、研究対象者に対するアプローチは異なれど、既に田中等（田中他，2004；田中・柴田・富浦，2011）により一定程度収集が行われている。彼らのコーパスおよび ELF 的見地から作成された学術領域の英語使用を収集した ELFA（Mauranen, 2003, 2006, 2007）などを参考にし、改めて編纂する必要があると思われる。

　最後に spoken については、既に言及したように Kirkpatrick（2010）は、VOICE（Seidlhofer, 2001）の比較対照用コーパスとして、同様の仕様を持つアジア版使用者コーパスの構築プロジェクトを立ち上げており（the Asian Corpus of English: ACE）、日本のコンポーネントは中京大学の James D'Angelo を中心として編纂がほぼ完了しつつある（D'Angelo et al., 2012）。筆者は上記 ACE の日本コンポーネント編纂チームの一員でもあり、今後も可能であればビジネスコンテクストで使用される英語サンプル（e.g., business meeting）、または written の correspondence、reports の抽出、および収集に取り組めればと考えている。

8.3.2　比較対照データの限定性の問題

　本書では日本人英語使用者の言語的諸特徴の抽出に際し、まずは各種内円英語コーパス（自作版 Time コーパス、BNC と COCA の新聞コンポーネント）、およびワードリスト（the Guardian Word List）を比較対照データとした。そしてその主たる成果は、1）内円英語話者の英語とは異なり、2）かつ学習段階にある日本人学習者と熟達段階にある日本人英語使用者の英語に通底し、かつ 3）日本語、および日本文化を背景とする可能性が高いと推定される要素、すなわち「日本英語」の特徴を量的、記述的観点により実証的に示すことにより、彼らの発達段階は、SLA における中間言語モデルが前提とする母語話者を最終目標とする発達段階とは異なる可能性が高いことを示したことである。その成果により、日本の英語教育、および SLA の趨勢における、母語話者基準をやみくもに—「母語話者」が厳密には何を意味し、その指導、評価における利用が学習者、社会にどのような影響を与えるかの

深い理解さえ行わず—仰ぐことに警鐘を鳴らすことを意図した。なお母語話者信奉の日本の英語教育コンテクストにおける負の影響は、少々古いがラミス (1976)、Kubota (1999) に詳しい。その意味においては、本論ではまず各種内円英語に焦点をおいて、比較を行う必要があったといえよう。

　しかしながら、「日本英語」の独自の特徴を厳密に同定する上では、上記の内円の英語との2者比較では限界がある。つまり「韓国英語」、「中国英語」などの第三の基点を持ち、3者以上の比較を行わなければ、厳密には「日本英語」の特徴を抽出したとはいえない。Contrastive Interlanguage Analysis (CIA) については既にふれたが、Granger (1998) は母語話者と非母語話者の比較に付け加えて、異なる第一言語を有する他の非母語話者グループを加える分析手法の必要性を主張し、多くの学習者コーパス研究はその手法を踏襲している。というのも、2者比較ではその特徴が L1 によるものなのか、学習途上普遍的に見受けられる "developmental error" (Dulay & Burt, 1974) なのか、不明瞭であるためである。

　上記の学習者コーパス研究の学習言語の特徴の抽出と本研究の非母語話者の特徴、より正確には L1 に根差した L2 使用者の特徴の抽出という目標は異なるものの、Granger (1998) の CIA は方法論上、重要な指摘をしている。既に確認したように、Ishikawa (2011b) は内円英語4種とアジアの外円英語3種の英字記事データの多重比較を行っており、より明確に各英語変種の性質を捉えることを可能としている。この場合、多種多様な母語を背景とするもの達に共通する特徴かついわゆる「エラー」は、学習者コーパス研究では developmental error であろうが、使用者コーパス研究にてエラーとは言い切れない非母語話者的特徴で共通するものが抽出された場合、それは「国際共通語としての英語」の特徴と言える。今後は他の英語変種の同様の仕様のコーパス編纂、および分析時に第三の基軸としての利用が望ましいだろう。

　まとめると、本研究の限界点として、①国際英語としての「日本英語」のサンプリングにおける代表性の問題、②比較対照データの限定性の問題の2点が挙げられる。しかしながら、8.2 の研究の意義の節で示したように、「日本英語」に対する学習者レベルではなく使用者レベルのコーパスの編纂、お

および descriptive な分析自体が初の試みと考えられるため、研究の初段階としては一定程度の成果を収めたといってよいであろう。次節ではこれらの問題点などをふまえて、本研究プロジェクトの今後の展開について述べる。

8.4　今後の展望

本書全体、とりわけ上述の研究上の限界点をふまえると、今後の研究方向性として、1) 本研究成果で見出された「日本英語」の潜在的諸特徴の一部に焦点を当てた詳細な量的かつ質的分析、2) 日本人英語使用者が英語を使用する上での他の言語使用域のコンポーネントの構築 (Morrow, 1997a；藤原, 2006；Fujiwara, 2007b)、および 3) 内円英語、外円英語、拡大円英語、学習者コーパスを用いた諸研究成果の多層的な追検証の3点を進めるべきと思われる。

上述のように課題山積であり、未だ使用者レベルの「日本英語」の描写的分析は緒についたばかりである。しかし、本書を終えるにあたり、日本の英語達人に挙げられる Saito (1928, Preface) が "the Japanese speaker of English should be original" と述べた意味、国際英語関連分野の創始者の1人である Larry Smith 氏が第12回 International Association for World Englishes 学会 (2006) の基調講演で述べた "native speaker of Japanese English" の概念が、客観的論拠をもって、一定程度理解を深めることができたのではないかと考える。再度繰り返すが、日本人英語学習者は単一言語英語母語話者 (monolingual native speaker of English) になるのではなく、日本人英語使用者 (Japanese user of English)、日本語-英語併用者 (Japanese-English bilingual)、日本人英語話者 (Japanese speaker of English) となり、本来的に日本英語の母語話者 (native speaker of Japanese English) (cf. 竹下, 2004) である。

本書が何らかの形で踏み石となり、上記の事象に対し日本の言語学、応用言語学関連の研究会、および英語教育界の理解が高まることを期待したい。またもう少し望むことが許されるのであれば、他の言語使用域の日本人英語使用者コーパス編纂プロジェクトの設立を望む。研究者1人の力では、コー

パス編纂は遅々として進まないのが現実である。そしてコーパス構築後に、母語話者ではなく使用者コーパスと学習者コーパスの比較対照分析が進められ、真の意味での第二言語習得の詳細な発達段階を描くことができること、その研究結果が英語教育へ応用されることを切に願う。

Appendices

Appendix 1：CLAWS4, c7 タグセット (http://ucrel.lancs.ac.uk/claws7tags.html)

APPGE	possessive pronoun, pre-nominal (e.g., my, your, our)
AT	article (e.g., the, no)
AT1	singular article (e.g., a, an, every)
BCL	before-clause marker (e.g., in order (that), in order (to))
CC	coordinating conjunction (e.g., and, or)
CCB	adversative coordinating conjunction (but)
CS	subordinating conjunction (e.g., if, because, unless, so, for)
CSA	as (as conjunction)
CSN	than (as conjunction)
CST	that (as conjunction)
CSW	whether (as conjunction)
DA	after-determiner or post-determiner capable of pronominal function (e.g., such, former, same)
DA1	singular after-determiner (e.g., little, much)
DA2	plural after-determiner (e.g., few, several, many)
DAR	comparative after-determiner (e.g., more, less, fewer)
DAT	superlative after-determiner (e.g., most, least, fewest)
DB	before determiner or pre-determiner capable of pronominal function (all, half)
DB2	plural before-determiner (both)
DD	determiner (capable of pronominal function) (e.g., any, some)
DD1	singular determiner (e.g., this, that, another)
DD2	plural determiner (these, those)
DDQ	wh-determiner (which, what)
DDQGE	wh-determiner, genitive (whose)
DDQV	wh-ever determiner (whichever, whatever)

EX	existential there
FO	formula
FU	unclassified word
FW	foreign word
GE	germanic genitive marker - (' or's)
IF	for (as preposition)
II	general preposition
IO	of (as preposition)
IW	with, without (as prepositions)
JJ	general adjective
JJR	general comparative adjective (e.g., older, better, stronger)
JJT	general superlative adjective (e.g., oldest, best, strongest)
JK	catenative adjective (able in be able to, willing in be willing to)
MC	cardinal number, neutral for number (two, three..)
MC1	singular cardinal number (one)
MC2	plural cardinal number (e.g., sixes, sevens)
MCGE	genitive cardinal number, neutral for number (two's, 100's)
MCMC	hyphenated number (40–50, 1770–1827)
MD	ordinal number (e.g., first, second, next, last)
MF	fraction, neutral for number (e.g., quarters, two-thirds)
ND1	singular noun of direction (e.g., north, southeast)
NN	common noun, neutral for number (e.g., sheep, cod, headquarters)
NN1	singular common noun (e.g., book, girl)
NN2	plural common noun (e.g., books, girls)
NNA	following noun of title (e.g., M.A.)
NNB	preceding noun of title (e.g., Mr., Prof.)
NNL1	singular locative noun (e.g., Island, Street)
NNL2	plural locative noun (e.g., Islands, Streets)
NNO	numeral noun, neutral for number (e.g., dozen, hundred)
NNO2	numeral noun, plural (e.g., hundreds, thousands)
NNT1	temporal noun, singular (e.g., day, week, year)
NNT2	temporal noun, plural (e.g., days, weeks, years)
NNU	unit of measurement, neutral for number (e.g., in, cc)

NNU1	singular unit of measurement (e.g., inch, centimetre)
NNU2	plural unit of measurement (e.g., ins., feet)
NP	proper noun, neutral for number (e.g., IBM, Andes)
NP1	singular proper noun (e.g., London, Jane, Frederick)
NP2	plural proper noun (e.g., Browns, Reagans, Koreas)
NPD1	singular weekday noun (e.g., Sunday)
NPD2	plural weekday noun (e.g., Sundays)
NPM1	singular month noun (e.g., October)
NPM2	plural month noun (e.g., Octobers)
PN	indefinite pronoun, neutral for number (none)
PN1	indefinite pronoun, singular (e.g., anyone, everything, nobody, one)
PNQO	objective wh-pronoun (whom)
PNQS	subjective wh-pronoun (who)
PNQV	wh-ever pronoun (whoever)
PNX1	reflexive indefinite pronoun (oneself)
PPGE	nominal possessive personal pronoun (e.g., mine, yours)
PPH1	3rd person sing. neuter personal pronoun (it)
PPHO1	3rd person sing. objective personal pronoun (him, her)
PPHO2	3rd person plural objective personal pronoun (them)
PPHS1	3rd person sing. subjective personal pronoun (he, she)
PPHS2	3rd person plural subjective personal pronoun (they)
PPIO1	1st person sing. objective personal pronoun (me)
PPIO2	1st person plural objective personal pronoun (us)
PPIS1	1st person sing. subjective personal pronoun (I)
PPIS2	1st person plural subjective personal pronoun (we)
PPX1	singular reflexive personal pronoun (e.g., yourself, itself)
PPX2	plural reflexive personal pronoun (e.g., yourselves, themselves)
PPY	2nd person personal pronoun (you)
RA	adverb, after nominal head (e.g., else, galore)
REX	adverb introducing appositional constructions (namely, e.g.)
RG	degree adverb (very, so, too)
RGQ	wh- degree adverb (how)
RGQV	wh-ever degree adverb (however)

RGR	comparative degree adverb (more, less)
RGT	superlative degree adverb (most, least)
RL	locative adverb (e.g., alongside, forward)
RP	prep. adverb, particle (e.g., about, in)
RPK	prep. adv., catenative (about in be about to)
RR	general adverb
RRQ	wh- general adverb (where, when, why, how)
RRQV	wh-ever general adverb (wherever, whenever)
RRR	comparative general adverb (e.g., better, longer)
RRT	superlative general adverb (e.g., best, longest)
RT	quasi-nominal adverb of time (e.g., now, tomorrow)
TO	infinitive marker (to)
UH	interjection (e.g., oh, yes, um)
VB0	be, base form (finite i.e. imperative, subjunctive)
VBDR	were
VBDZ	was
VBG	being
VBI	be, infinitive (To be or not... It will be ...)
VBM	am
VBN	been
VBR	are
VBZ	is
VD0	do, base form (finite)
VDD	did
VDG	doing
VDI	do, infinitive (I may do... To do...)
VDN	done
VDZ	does
VH0	have, base form (finite)
VHD	had (past tense)
VHG	having
VHI	have, infinitive
VHN	had (past participle)

VHZ	has
VM	modal auxiliary (can, will, would, etc.)
VMK	modal catenative (ought, used)
VV0	base form of lexical verb (e.g., give, work)
VVD	past tense of lexical verb (e.g., gave, worked)
VVG	-ing participle of lexical verb (e.g., giving, working)
VVGK	-ing participle catenative (going in be going to)
VVI	infinitive (e.g., to give... It will work...)
VVN	past participle of lexical verb (e.g., given, worked)
VVNK	past participle catenative (e.g., bound in be bound to)
VVZ	-s form of lexical verb (e.g., gives, works)
XX	not, n't
ZZ1	singular letter of the alphabet (e.g., A,b)
ZZ2	plural letter of the alphabet (e.g., A's, b's)

Appendix 2：JUCE の多用語の調整頻度、TIME との比較による対数尤度比、内容語・機能語区分、および JACET8000 のレベル

Rank	Key Word	JUCE PMW	TIME PMW	LL Keyness	Cont.Func.	JACET8000 Level
1	SAID	5421.9	1109.3	3124.57	C	1
2	PERCENT	1427.5	39.3	1683.64	C	1
3	PREFECTURE	471.1	0.0	658.26	C	0
4	THE	60532.1	53153.1	508.34	F	1
5	IN	23341.9	18856.2	488.33	F	1
6	COUNTRIES	690.8	128.7	425.53	C	1
7	FISCAL	425.3	27.5	422.89	C	5
8	ECONOMIC	709.1	145.4	406.90	C	1
9	POSTAL	282.8	2.9	366.06	C	7
10	MINISTER	601.3	115.9	361.36	C	2
11	GOVERNMENT	1165.0	445.1	334.70	C	1
12	MINISTRY	313.4	15.7	332.03	C	3
13	NUCLEAR	550.4	130.7	279.37	C	2
14	POLICY	690.8	209.3	272.59	C	2
15	TRILLION	297.1	25.5	270.23	C	0
16	SHRINE	207.6	2.0	270.19	C	7
17	IMPERIAL	215.7	4.9	260.55	C	4
18	BANK	442.6	88.4	259.01	C	1
19	INTERNATIONAL	669.5	210.3	252.88	C	1
20	PRIME	498.5	121.8	246.40	C	2
21	HOWEVER	706.1	243.7	235.81	C	1
22	PRIVATIZATION	189.2	3.9	231.02	C	5
23	CORP	312.4	51.1	209.71	C	4
24	HE	7119.0	5523.9	203.21	F	1
25	VISIT	381.5	89.4	195.89	C	1
26	REFORM	395.8	97.3	194.57	C	4
27	COOPERATION	207.6	17.7	189.39	C	0
28	CABINET	217.7	22.6	184.32	C	4
29	WARD	237.1	31.4	179.22	C	4
30	EMPEROR	138.4	2.0	175.13	C	3
31	TALKS	310.3	66.8	171.24	C	1

Rank	Key Word	JUCE PMW	TIME PMW	LL Keyness	Cont.Func.	JACET8000 Level
32	DOMESTIC	301.2	64.8	166.18	C	4
33	SYSTEM	691.9	295.7	163.90	C	1
34	STATION	298.1	65.8	161.10	C	1
35	NATIONS	253.3	45.2	160.76	C	1
36	MUSIC	686.8	299.7	156.50	C	1
37	RELATIONS	271.7	57.0	153.07	C	2
38	FINANCIAL	477.2	170.0	152.34	C	2
39	CONFERENCE	333.7	89.4	150.74	C	2
40	SECTOR	186.2	22.6	147.05	C	4
41	BILATERAL	109.9	1.0	143.50	C	6
42	ISSUE	536.2	217.1	139.88	C	1
43	REGIONAL	204.5	33.4	137.41	C	4
44	ITS	2941.4	2128.2	131.46	F	1
45	SALES	571.8	248.6	131.22	C	1
46	SYMPOSIUM	93.6	0.0	130.78	C	0
47	FIRMS	268.6	67.8	128.74	C	2
48	BANKS	223.8	46.2	127.79	C	1
49	DURING	745.8	375.3	125.05	F	1
50	ALSO	1927.0	1297.0	124.26	C	1
51	FOREIGN	549.4	242.7	122.26	C	1
52	OVERSEAS	213.7	44.2	121.69	C	3
53	DIET	214.7	45.2	120.62	C	2
54	INCLUDING	737.6	376.3	119.64	C	4
55	WILL	3216.1	2400.4	119.33	F	1
56	REFORMS	156.7	20.6	118.88	C	4
57	VISITS	175.0	28.5	117.82	C	1
58	BANKING	142.4	15.7	117.47	C	4
59	AFFAIRS	194.3	37.3	117.06	C	2
60	REALIGNMENT	95.6	2.0	116.88	C	0
61	FILM	736.6	379.3	116.77	C	1
62	SAKE	149.6	19.7	113.61	C	2
63	CLASSICAL	141.4	16.7	113.13	C	3
64	ECONOMY	424.3	170.0	112.73	C	2
65	SIGHT	171.9	29.5	112.03	C	1
66	TO	28139.1	25737.0	110.13	F	1

Rank	Key Word	JUCE PMW	TIME PMW	LL Keyness	Cont.Func.	JACET8000 Level
67	DEVELOPMENT	349.0	127.7	107.05	C	1
68	YEAR	2235.3	1597.6	106.89	C	1
69	PARTY	669.5	343.9	106.74	C	1
70	DUE	276.7	85.5	106.66	C	4
71	STRONG	398.8	160.2	105.56	C	1
72	JOINT	180.1	36.4	104.55	C	4
73	RULING	180.1	36.4	104.55	C	4
74	PROFIT	257.4	76.6	103.62	C	2
75	PREFECTURAL	73.3	0.0	102.35	C	0
76	ORCHESTRA	134.3	18.7	99.05	C	3
77	FRAMEWORK	77.3	1.0	98.71	C	4
78	DIPLOMACY	103.8	7.9	98.47	C	7
79	AT	6005.9	4970.7	98.36	F	1
80	STAGE	274.7	91.4	96.40	C	1
81	PERIOD	274.7	92.4	95.04	C	1
82	RESIDENTS	227.9	65.8	94.96	C	4
83	SHOULD	1031.7	636.7	94.61	F	1
84	BETWEEN	859.7	505.0	93.46	F	1
85	BEAT	223.8	65.8	91.39	C	1
86	NET	194.3	50.1	91.22	C	2
87	INCREASE	269.6	92.4	90.94	C	1
88	ADDED	272.7	94.3	90.73	C	5
89	INTERVIEW	235.0	72.7	90.41	C	2
90	TIES	155.7	31.4	90.34	C	2
91	MONETARY	110.9	12.8	89.74	C	4
92	LEAGUE	249.3	81.6	89.40	C	2
93	TAX	323.5	126.7	89.23	C	2
94	BY	6099.5	5112.2	87.59	F	1
95	RELOCATION	69.2	1.0	87.56	C	0
96	STANCE	100.7	9.8	87.42	C	4
97	WAS	6062.9	5079.8	87.38	F	1
98	FARMING	84.4	4.9	86.36	C	3
99	EXCHANGE	196.4	54.0	86.24	C	1
100	SUCH	1167.0	768.4	82.88	F	1
101	BAMBOO	70.2	2.0	82.57	C	0

Rank	Key Word	JUCE PMW	TIME PMW	LL Keyness	Cont.Func.	JACET8000 Level
102	HELD	319.5	130.7	81.91	C	1
103	CENTRAL	311.3	125.8	81.56	C	1
104	DIPLOMATIC	152.6	34.4	81.07	C	4
105	DEFLATION	68.2	2.0	79.84	C	0
106	CURRENCY	128.2	23.6	79.65	C	4
107	PANEL	146.5	32.4	79.03	C	2
108	BUSINESS	862.8	534.5	78.01	C	1
109	DEFENSE	360.2	162.1	77.21	C	2
110	BALLET	66.1	2.0	77.12	C	3
111	STRUCTURAL	76.3	4.9	75.97	C	4
112	REVISION	65.1	2.0	75.76	C	5
113	SURPLUS	84.4	7.9	74.62	C	4
114	HALL	171.9	48.1	74.14	C	2
115	CARRIER	99.7	13.8	73.84	C	4
116	ACTIVITIES	182.1	54.0	73.60	C	1
117	EXPENDITURES	51.9	0.0	72.50	C	4
118	PROMOTE	127.2	26.5	71.98	C	2
119	UNITS	163.8	45.2	71.75	C	2
120	THEATER	224.9	80.6	71.17	C	2
121	POSTWAR	81.4	7.9	70.92	C	0
122	PRINCESS	86.5	9.8	70.41	C	2
123	MOTOR	145.5	36.4	70.41	C	3
124	LOANS	124.1	26.5	68.90	C	4
125	SHAREHOLDERS	112.9	21.6	68.22	C	4
126	GROWTH	326.6	149.3	67.79	C	1
127	MUST	468.0	250.6	67.00	F	1
128	DANCERS	83.4	9.8	66.83	C	3
129	VENUE	83.4	9.8	66.83	C	4
130	MEMBER	287.9	124.8	66.46	C	1
131	PUBLIC	724.4	447.1	66.42	C	1
132	DANCE	198.4	68.8	65.82	C	1
133	METERS	68.2	4.9	65.68	C	2
134	QUANTITATIVE	57.0	2.0	64.91	C	6
135	AIRCRAFT	86.5	11.8	64.44	C	4
136	PLAY	544.3	311.5	64.30	C	1

Rank	Key Word	JUCE PMW	TIME PMW	LL Keyness	Cont.Func.	JACET8000 Level
137	AGENCY	226.9	87.4	64.24	C	2
138	INTEGRATION	78.3	8.8	63.97	C	4
139	OPPOSITION	188.2	64.8	62.98	C	2
140	LABOR	221.8	85.5	62.81	C	2
141	CORPORATE	258.4	109.1	62.66	C	4
142	FUTURE	397.8	205.4	62.64	C	1
143	CANNOT	194.3	68.8	62.61	F	0
144	THEATRE	68.2	5.9	61.87	C	2
145	ECONOMIES	65.1	4.9	61.86	C	2
146	FOREIGNERS	93.6	15.7	61.80	C	3
147	NOTED	153.6	46.2	61.16	C	1
148	IRONING	43.7	0.0	61.12	C	2
149	REGION	180.1	61.9	60.45	C	2
150	EXPRESSED	110.9	24.6	59.77	C	1
151	POLICIES	153.6	47.2	59.65	C	2
152	PERFORM	118.0	28.5	58.98	C	2
153	ELECTION	366.3	187.7	58.76	C	2
154	SOCIETY	280.8	128.7	58.00	C	1
155	PEACE	171.9	59.0	57.92	C	1
156	EFFORTS	220.8	89.4	57.59	C	1
157	FESTIVAL	187.2	68.8	57.10	C	2
158	HANDSETS	58.0	3.9	56.90	C	0
159	PLAINTIFFS	40.7	0.0	56.86	C	4
160	MEASURES	140.4	42.2	55.82	C	1
161	PARTICIPANTS	106.8	24.6	55.77	C	4
162	EASING	63.1	5.9	55.66	C	2
163	LOWER	272.7	125.8	55.60	C	1
164	CURRENT	354.1	183.7	55.00	C	2
165	FACILITY	111.9	27.5	55.00	C	3
166	CONCERT	132.3	38.3	54.92	C	2
167	CONVENIENCE	82.4	13.8	54.62	C	6
168	STRUCTURE	84.4	14.7	54.38	C	2
169	TOURNAMENT	86.5	15.7	54.18	C	3
170	OPERA	100.7	22.6	53.70	C	4
171	GROUP	678.6	435.3	53.70	C	1

Rank	Key Word	JUCE PMW	TIME PMW	LL Keyness	Cont.Func.	JACET8000 Level
172	MAKERS	116.0	30.5	53.46	C	3
173	MISSILE	95.6	20.6	52.68	C	4
174	DEREGULATION	37.6	0.0	52.60	C	8
175	AREA	271.7	128.7	52.30	C	1
176	BASE	221.8	95.3	52.02	C	1
177	RELATED	177.0	66.8	51.82	C	4
178	EXPORTS	88.5	17.7	51.79	C	2
179	ABDUCTION	53.9	3.9	51.78	C	0
180	LAWMAKERS	100.7	23.6	51.75	C	0
181	DEMAND	263.5	123.8	51.67	C	1
182	TRADE	268.6	127.7	51.30	C	1
183	JAZZ	119.0	33.4	51.20	C	5
184	MINISTRY'S	36.6	0.0	51.17	C	3
185	VISITORS	124.1	36.4	50.92	C	2
186	PROMOTION	74.3	11.8	50.78	C	3
187	INSTRUMENT	59.0	5.9	50.73	C	2
188	MUSICIANS	95.6	21.6	50.67	C	3
189	MARKET	736.6	489.3	50.32	C	1
190	COMPETITION	245.2	113.0	50.09	C	2
191	TEMPLE	80.4	14.7	50.05	C	2
192	PROJECT	259.4	122.8	50.04	C	1
193	VARIOUS	213.7	92.4	49.55	C	1
194	ARTS	124.1	37.3	49.37	C	1
195	PENINSULA	63.1	7.9	49.19	C	8
196	PACIFIC	101.7	25.5	49.01	C	0
197	SUMMIT	70.2	10.8	48.89	C	3
198	MUSICIAN	65.1	8.8	48.62	C	3
199	LOCAL	548.4	341.9	48.41	C	1
200	CONDUCTOR	67.2	9.8	48.15	C	6
201	EMBASSY	76.3	13.8	48.08	C	5
202	RAILWAY	50.9	3.9	47.96	C	2
203	NATION'S	187.2	76.6	47.92	C	1
204	OPENS	117.0	34.4	47.80	C	1
205	BANK'S	39.7	1.0	47.44	C	1
206	NATIONALISM	39.7	1.0	47.44	C	5

Rank	Key Word	JUCE PMW	TIME PMW	LL Keyness	Cont.Func.	JACET8000 Level
207	EXPECTED	289.0	147.4	46.87	C	4
208	PREVIOUS	182.1	74.7	46.49	C	2
209	DEVELOPING	158.7	59.9	46.42	C	2
210	MEETING	260.5	127.7	46.41	C	1
211	BID	98.7	25.5	46.15	C	4
212	MAJOR	447.7	267.3	46.11	C	1
213	AMENDMENTS	54.9	5.9	45.86	C	4
214	OPERATING	146.5	53.1	45.65	C	4
215	CONSUMPTION	110.9	32.4	45.58	C	4
216	FLAMENCO	32.6	0.0	45.49	C	0
217	NORMALIZATION	32.6	0.0	45.49	C	0
218	PREFECTURES	32.6	0.0	45.49	C	0
219	COALITION	126.2	41.3	45.25	C	4
220	DISTRICT	183.1	76.6	45.09	C	2
221	CONSTITUTION	145.5	53.1	44.87	C	3
222	STRENGTHEN	73.3	13.8	44.86	C	4
223	MINISTER'S	41.7	2.0	44.81	C	2
224	PENS	41.7	2.0	44.81	C	2
225	RECALLED	64.1	9.8	44.75	C	2
226	ISLANDS	59.0	7.9	44.51	C	1
227	PERSPECTIVES	47.8	3.9	44.18	C	3
228	GUITAR	110.9	33.4	44.04	C	3
229	EXHIBITION	70.2	12.8	43.95	C	2
230	PERFORMED	116.0	36.4	43.91	C	2
231	HISTORICAL	101.7	28.5	43.86	C	2
232	DELEGATION	52.9	5.9	43.45	C	4
233	AGREEMENT	157.7	61.9	43.35	C	2
234	PERFORMING	93.6	24.6	43.18	C	2
235	CONTEMPORARY	118.0	38.3	42.74	C	3
236	IMPLEMENTING	30.5	0.0	42.64	C	4

Appendix 3：JUCE の少用語の調整頻度、TIME との比較による対数尤度比、内用語・機能語区分、および JACET8000 のレベル

Rank	Key Word	JUCE PMW	TIME PMW	LL Keyness	Cont.Func.	JACET8000 Level
1	YOU	1708.3	4112.0	−1023.45	F	1
2	LIKE	924.8	2166.5	−511.88	F	1
3	THAT	9190.5	12448.9	−497.47	F	1
4	YOUR	469.0	1371.6	−461.36	F	1
5	IT'S	1101.9	2254.0	−403.54	F	1
6	SAYS	2195.6	3583.4	−337.03	C	1
7	BUT	3996.5	5803.0	−336.21	F	1
8	YOU'RE	73.3	462.8	−314.14	F	1
9	THERE'S	145.5	617.0	−312.73	F	1
10	THEY'RE	66.1	442.1	−310.24	F	1
11	KIDS	155.7	623.9	−300.22	C	1
12	JUST	1001.2	1925.8	−297.05	C	1
13	DON'T	468.0	1134.8	−285.55	C	1
14	WEEK	243.2	704.5	−233.84	C	1
15	WE'RE	89.5	408.7	−220.64	F	1
16	THAT'S	301.2	769.3	−211.40	F	1
17	GET	703.0	1338.2	−200.81	C	1
18	OR	2123.4	3131.4	−194.86	F	1
19	US	264.5	683.9	−191.55	C	1
20	FEDERAL	24.4	229.9	−190.75	C	4
21	ISN'T	95.6	378.3	−179.72	F	1
22	HE'S	207.6	566.9	−172.91	F	1
23	DO	1004.2	1676.2	−170.28	C	1
24	GAY	21.4	203.4	−169.51	C	4
25	ABORTION	0.0	122.8	−168.97	C	4
26	A	23836.4	26683.2	−164.61	F	1
27	SENATOR	6.1	150.3	−164.26	C	4
28	EVEN	972.7	1600.6	−154.76	C	1
29	ANY	454.8	906.9	−152.80	C	1
30	WEBSITE	0.0	111.0	−152.75	C	0
31	SEX	62.1	283.0	−152.58	C	2

Rank	Key Word	JUCE PMW	TIME PMW	LL Keyness	Cont.Func.	JACET8000 Level
32	AND	21390.5	23978.2	−151.05	F	1
33	GOING	348.0	744.8	−147.21	C	1
34	MOST	863.8	1437.5	−144.48	C	1
35	KNOW	358.1	753.6	−143.59	C	1
36	ONLINE	52.9	253.5	−142.26	C	5
37	CONGRESS	25.4	189.6	−141.13	C	2
38	WHAT	1411.2	2113.5	−140.96	F	1
39	ALL	1627.9	2369.9	−138.65	C	1
40	SEARCH	54.9	251.5	−136.08	C	1
41	MARRIAGE	57.0	252.5	−132.95	C	2
42	WHO	2645.3	3545.0	−131.53	F	1
43	HAVE	3659.7	4694.6	−128.98	C	1
44	SENATE	8.1	129.7	−128.48	C	4
45	WHITE	185.2	464.7	−124.00	C	1
46	GUY	45.8	220.1	−123.83	C	1
47	WHY	324.6	671.1	−122.97	F	1
48	SAY	484.3	888.2	−120.53	C	1
49	AREN'T	37.6	197.5	−118.64	F	1
50	IF	1622.8	2296.2	−116.40	F	1
51	OUT	1588.2	2245.1	−113.24	C	1
52	GUYS	21.4	154.3	−112.90	C	1
53	THEY	2919.0	3781.8	−111.70	F	1
54	I'M	309.3	629.8	−111.45	F	1
55	VIDEO	85.5	282.0	−110.46	C	1
56	WON'T	89.5	285.9	−107.69	F	1
57	MOVIE	174.0	416.6	−102.46	C	1
58	LITTLE	335.8	647.5	−100.43	C	1
59	WE	1825.3	2479.0	−99.79	F	1
60	GOD	33.6	170.0	−99.49	C	2
61	WANT	446.7	794.9	−98.90	C	1
62	FLU	1.0	78.6	−98.79	C	7
63	THAN	1527.2	2126.2	−98.77	F	1
64	DOESN'T	214.7	471.6	−98.40	C	1
65	THOSE	640.0	1042.5	−97.19	F	1
66	FEW	352.0	663.2	−96.81	C	1

Rank	Key Word	JUCE PMW	TIME PMW	LL Keyness	Cont.Func.	JACET8000 Level
67	SHE'S	62.1	220.1	−93.53	F	1
68	CHURCH	18.3	127.7	−91.75	C	1
69	DR	28.5	150.3	−90.68	C	1
70	WALL	31.5	155.2	−88.95	C	1
71	THEM	1059.1	1536.7	−88.38	F	1
72	MORE	2489.7	3194.3	−87.76	C	1
73	SOME	1184.3	1677.2	−85.37	C	1
74	LESS	287.9	553.2	−84.97	C	1
75	HERE'S	5.1	83.5	−83.39	C	1
76	CITY	305.2	572.8	−82.75	C	1
77	OUR	698.0	1073.9	−80.36	F	1
78	CAN'T	204.5	424.5	−78.44	F	1
79	HEDGE	3.1	71.7	−77.67	C	5
80	WEBSITES	0.0	56.0	−77.05	C	0
81	ABOUT	2361.5	3001.7	−76.77	F	1
82	REPORTING	22.4	122.8	−76.14	C	1
83	OFF	499.6	813.6	−75.76	C	1
84	CAN	1574.0	2088.9	−72.71	F	1
85	LAST	996.1	1412.9	−72.51	C	1
86	LEAST	206.5	416.6	−72.10	C	1
87	ISLAMIC	8.1	83.5	−71.73	C	0
88	SO	1736.8	2271.5	−71.68	F	1
89	RESEARCHERS	18.3	109.1	−71.37	C	2
90	MAYBE	69.2	206.3	−71.21	C	1
91	PRESIDENT'S	6.1	76.6	−70.74	C	1
92	MUSLIM	7.1	79.6	−70.57	C	0
93	EVERY	343.9	599.4	−69.98	F	1
94	THING	234.0	450.0	−69.28	C	1
95	CITY'S	21.4	114.0	−69.28	C	1
96	BLACK	134.3	306.6	−68.99	C	1
97	EVER	197.4	397.9	−68.79	C	1
98	GOT	324.6	568.9	−67.60	C	1
99	DRUG	40.7	151.3	−67.59	C	2
100	WHAT'S	87.5	231.9	−67.53	F	1
101	POLICE	72.2	206.3	−67.12	C	1

Rank	Key Word	JUCE PMW	TIME PMW	LL Keyness	Cont.Func.	JACET8000 Level
102	FOLKS	8.1	79.6	−67.06	C	2
103	MAY	920.8	1304.8	−66.61	F	1
104	YOU'VE	36.6	142.5	−66.59	F	1
105	MILLIONS	26.5	121.8	−66.24	C	1
106	TALK	122.1	284.0	−66.21	C	1
107	COLLEGE	117.0	275.1	−65.46	C	1
108	THINGS	319.5	557.1	−65.16	C	1
109	WORTH	72.2	203.4	−64.83	C	1
110	GETS	94.6	236.8	−62.86	C	1
111	VACCINE	2.0	56.0	−62.42	C	7
112	INTELLIGENCE	18.3	100.2	−62.01	C	2
113	MART	18.3	99.2	−60.99	C	0
114	BOYS	23.4	110.0	−60.84	C	1
115	FED	24.4	112.0	−60.69	C	2
116	MOM	25.4	113.0	−59.61	C	1
117	SPYWARE	0.0	43.2	−59.48	C	0
118	MILK	8.1	72.7	−58.97	C	2
119	MILES	15.3	90.4	−58.95	C	1
120	HURRICANE	9.2	74.7	−58.10	C	6
121	CABLE	5.1	62.9	−57.74	C	4
122	HARRY	14.2	86.5	−57.26	C	0
123	SOMEONE	91.6	224.0	−57.22	F	1
124	WEEKS	88.5	219.1	−57.10	C	1
125	COUPLES	34.6	127.7	−56.65	C	1
126	ONE	2326.9	2868.1	−56.60	F	1
127	COUNTY	9.2	72.7	−55.85	C	4
128	HOW	973.7	1331.4	−55.74	F	1
129	INTO	1193.4	1585.8	−55.62	F	1
130	TOO	528.0	797.8	−55.25	C	1
131	STUDIO	35.6	127.7	−54.95	C	2
132	MUCH	758.0	1072.9	−54.45	C	1
133	DIDN'T	283.9	485.4	−53.35	C	1
134	CONGRESSIONAL	4.1	56.0	−53.21	C	7
135	GOLD	28.5	112.0	−52.90	C	1
136	PRETTY	74.3	190.6	−52.75	C	1

Rank	Key Word	JUCE PMW	TIME PMW	LL Keyness	Cont.Func.	JACET8000 Level
137	HOME	491.4	745.8	−52.63	C	1
138	LIBERALS	1.0	44.2	−52.61	C	4
139	SMART	16.3	86.5	−52.40	C	3
140	ENOUGH	248.3	436.3	−52.24	C	1
141	CONGRESSMAN	0.0	37.3	−51.37	C	8
142	MEDICARE	0.0	37.3	−51.37	C	0
143	ANYONE	71.2	183.7	−51.28	F	1
144	BET	3.1	51.1	−51.27	C	3
145	SORT	48.8	146.4	−50.87	C	1
146	OLYMPIC	19.3	91.4	−50.73	C	0
147	SEEM	106.8	236.8	−50.30	C	1
148	MIGHT	356.1	570.9	−50.17	F	1
149	EMAIL	0.0	36.4	−50.01	C	0
150	NEW	2000.3	2470.1	−49.56	C	1
151	GOLF	6.1	59.0	−49.42	C	3
152	PERHAPS	96.7	220.1	−49.29	C	1
153	GETTING	198.4	363.5	−49.19	C	1
154	GOOD	572.8	835.2	−49.15	C	1
155	UP	2028.8	2497.6	−48.74	C	1
156	STILL	671.5	952.1	−48.73	C	1
157	TANNING	0.0	35.4	−48.66	C	5
158	LOOK	305.2	502.1	−48.44	C	1
159	KIND	238.1	414.6	−48.30	C	1
160	GAMBLING	5.1	55.0	−48.21	C	7
161	WE'VE	41.7	130.7	−48.06	F	1
162	YOU'LL	37.6	122.8	−47.47	F	1
163	JOURNAL	11.2	69.8	−46.96	C	4
164	SURGERY	14.2	76.6	−46.87	C	3
165	STATE	261.5	442.1	−46.86	C	1
166	SHOW	372.4	582.7	−46.64	C	1
167	BIG	408.0	626.9	−46.61	C	1
168	MILLION	535.2	781.1	−46.21	C	1
169	AUTISM	1.0	39.3	−46.09	C	0
170	COUTURE	0.0	33.4	−45.96	C	0
171	IT	6399.6	7183.4	−45.55	F	1

Rank	Key Word	JUCE PMW	TIME PMW	LL Keyness	Cont.Func.	JACET8000 Level
172	KID	39.7	123.8	−45.30	C	1
173	BROWN	33.6	113.0	−45.29	C	2
174	MOVIES	120.1	247.6	−45.10	C	1
175	SCIENTISTS	14.2	74.7	−44.83	C	1
176	PRESIDENT	537.2	779.2	−44.71	C	1
177	FATS	0.0	32.4	−44.61	C	2
178	TENNIS	2.0	42.2	−44.60	C	2
179	STREET	134.3	266.3	−44.22	C	1
180	GO	484.3	713.3	−44.05	C	1
181	CONSERVATIVE	45.8	132.6	−44.01	C	4
182	SENATORS	3.1	45.2	−43.87	C	4
183	EVIDENCE	35.6	115.0	−43.87	C	2
184	GUN	15.3	75.7	−43.58	C	1
185	CHURCHES	0.0	31.4	−43.26	C	1
186	INSURGENCY	0.0	31.4	−43.26	C	0
187	THOUSANDS	40.7	122.8	−43.05	C	1
188	CHRISTIAN	35.6	114.0	−43.04	C	1
189	MORAL	14.2	72.7	−42.81	C	3
190	CASE	209.6	365.5	−42.75	C	1
191	NOMINEE	3.1	44.2	−42.65	C	8
192	DONE	140.4	271.2	−42.21	C	1
193	REAL	318.5	504.0	−42.20	C	1
194	FORT	1.0	36.4	−42.19	C	7
195	GOD'S	1.0	36.4	−42.19	C	2
196	TRANS	1.0	36.4	−42.19	C	0
197	TELL	116.0	236.8	−42.14	C	1
198	RÉSUMÉ	0.0	30.5	−41.90	C	4
199	DISEASE	56.0	146.4	−41.78	C	1
200	BAD	162.8	300.7	−41.58	C	1
201	BEHAVIOR	36.6	114.0	−41.56	C	1
202	ACCESS	44.8	127.7	−41.49	C	2
203	PAGES	27.5	97.3	−41.27	C	1
204	NOMINATION	5.1	49.1	−41.18	C	6
205	PSYCHOLOGIST	5.1	49.1	−41.18	C	3
206	RELIGIOUS	24.4	91.4	−41.09	C	2

Appendices 209

Rank	Key Word	JUCE PMW	TIME PMW	LL Keyness	Cont.Func.	JACET8000 Level
207	STATE'S	2.0	39.3	−40.83	C	1
208	TERROR	7.1	54.0	−40.58	C	4
209	PARENTS	249.3	411.7	−40.28	C	1
210	EVERYONE	105.8	219.1	−40.27	F	1
211	DOWNLOAD	5.1	48.1	−40.02	C	0
212	MUSLIMS	4.1	45.2	−39.99	C	0
213	LOT	360.2	550.2	−39.94	C	1
214	RACE	57.0	145.4	−39.88	C	1
215	GAS	64.1	156.2	−39.64	C	1
216	NOT	3246.6	3773.0	−39.63	F	1
217	FILES	1.0	34.4	−39.59	C	3
218	EVANGELICAL	0.0	28.5	−39.20	C	8
219	YES	80.4	179.8	−38.90	C	1
220	MILE	5.1	47.2	−38.87	C	1
221	HOCKEY	4.1	44.2	−38.81	C	7
222	VIOLENCE	28.5	96.3	−38.79	C	2
223	SKI	2.0	37.3	−38.33	C	6
224	DID	478.2	688.8	−38.19	C	1
225	SURE	142.4	266.3	−38.05	C	1
226	ARE	4409.5	5006.1	−37.99	F	1
227	SCREENERS	0.0	27.5	−37.85	C	0
228	CHICKEN	15.3	68.8	−36.72	C	2
229	NOW	1135.5	1442.4	−36.65	C	1
230	CONSERVATIVES	17.3	72.7	−36.55	C	4
231	KING	54.9	137.6	−36.54	C	1
232	LET'S	30.5	97.3	−36.54	F	4
233	PLENTY	25.4	87.4	−35.91	C	2
234	DESIGNERS	10.2	57.0	−35.83	C	3
235	FAITH	23.4	83.5	−35.73	C	2
236	SPEND	71.2	161.1	−35.64	C	1
237	WOULDN'T	61.0	145.4	−35.43	F	1
238	CHRISTIANS	3.1	38.3	−35.37	C	1
239	PORTS	3.1	38.3	−35.37	C	2
240	DOWN	545.3	759.5	−35.30	F	1
241	BREAST	4.1	41.3	−35.28	C	3

Rank	Key Word	JUCE PMW	TIME PMW	LL Keyness	Cont.Func.	JACET8000 Level
242	DOPAMINE	0.0	25.5	−35.14	C	0
243	PREP	0.0	25.5	−35.14	C	0
244	PRIVACY	7.1	49.1	−35.07	C	5
245	STAR	137.4	253.5	−34.99	C	1
246	WAY	793.6	1045.4	−34.60	C	1
247	DAD	11.2	58.0	−34.50	C	1
248	TALKING	67.2	153.3	−34.49	C	6
249	CATHOLIC	9.2	53.1	−34.11	C	1
250	SIBLINGS	9.2	53.1	−34.11	C	8
251	BEST	377.5	555.1	−34.04	C	1
252	MONEY	355.1	526.6	−33.57	C	1
253	DOZENS	11.2	57.0	−33.50	C	3
254	WEREN'T	24.4	82.5	−33.24	F	1
255	RISK	97.7	195.5	−33.23	C	2
256	FRIENDS	177.0	302.6	−33.23	C	1

関連業績一覧

第 1 章
藤原康弘．（2012）．「コーパス言語学と国際英語関連分野（EIL，WE，ELF）の学際的領域―英語使用者コーパスの必要性―」『愛知教育大学外国語研究』45，21–52．

第 2 章
Fujiwara, Y. (2010). Conference reviews: The 26th national conference of the Japanese Association for Asian Englishes. *Asian Englishes*, 13(1), 90–94.

藤原康弘．（2011）．「「日本人英語使用者」の構成概念構築への実証的試み：語用論，コーパス言語学的見地から」H23 年度 中部地区英語教育学会愛知地区大会，発表資料（於愛知学院大学）．

Fujiwara, Y. (2011). Corpora in the Expanding Circle: From learner corpora to user corpora. In L. Guilner (Moderator), *Applying corpus analysis to the study of Asian Englishes*. Symposium conducted at the 28th National Conference of the Japanese Association for Asian Englishes, Kyoto University of Foreign Studies.

第 3 章
藤原康弘．（2006）．「日本人英語使用者コーパス：JUCE」田畑智司（編）『言語文化共同プロジェクト・電子化言語資料分析研究 2005–2006』（pp. 47–56）．大阪：大阪大学大学院言語文化研究科．

Fujiwara, Y. (2007). Compiling a Japanese User Corpus of English. *English Corpus Studies*, 14, 55–64.

藤原康弘．（2010）．「日本人英語使用者コーパスの編纂と応用：今後の研究方向性」第 17 回愛知教育大学英語英文学会，発表資料（於愛知教育大学）．

第 4 章
藤原康弘．（2007）．「OEDs の中の日本語からの外来語の形式的・意味的特徴の量的分析」田畑智司（編）『言語文化共同プロジェクト・電子化言語資料分析研究 2006–2007』（pp. 51–61）．大阪：大阪大学大学院言語文化研究科．

藤原康弘．（2011）．「日本語から英語への旧新借用語の形式的・意味的特徴の比較分析―オックスフォード系英語辞書，日本人英語使用者コーパスに焦点を当てて」日野信行（編）『言語文化共同プロジェクト 2010・新しい英語教育の方向性』（pp.

31–40)．大阪：大阪大学大学院言語文化研究科．
藤原康弘．（2012）．「日本語から英語への借用傾向抽出の実証的試み」『アジア英語研究』14, 20–41.
藤原康弘．（2007）．「OEDs，JUCE の中の日本語からの借用語，貸出語の形式的・意味的特徴の量的分析」第 30 回英語コーパス学会，発表資料(於立教大学)．
藤原康弘．（2007）．「OEDs，JUCE の中の日本語からの借用語，貸出語の形式的・意味的特徴の量的・質的分析」第 22 回日本アジア英語学会全国大会，発表資料(於熊本学園大学)．
藤原康弘．（2011）．「日本語から英語への借用語の形式的・意味的属性の統計分析―借用傾向抽出の試み―」第 28 回日本アジア英語学会全国大会，発表資料(於京都外国語短期大学)．

第 5 章

藤原康弘．（2012）．「「日本英語」の談話的特徴抽出の試み：品詞情報の多変量解析」日野信行（編）『言語文化共同研究プロジェクト 2011・英語教育の新たなる展開』(pp. 23–32)．大阪：大阪大学大学院言語文化研究科．

第 6 章

Fujiwara, Y. (2013). Describing discourse/pragmatic characteristics of "Japanese English" as an international language. In N. Hino (Moderator), *The future of Japanese English for international communication*. Symposium conducted at the 32nd National Conference of the Japanese Association for Asian Englishes, Osaka University.

第 7 章

Fujiwara, Y. (2013). Discourse characteristics of English in news articles written by Japanese journalists: 'Positive' or 'negative'? Paper session presented at Corpus Linguistics 2013, Lancaster University, England.

助成金

2006 年度日本「アジア英語」学会研究助成費
 研究題目：日本人英語使用者コーパス作成とその利用：Japanese User Corpus of English

平成 24 年度科学研究費補助金(若手研究 B)
 研究題目：国際英語としての「日本英語」の語用論的特徴の分析（課題番号：24720218）

平成 25 年度科学研究費補助金(研究成果公開促進費)
 刊行物名：国際英語としての「日本英語」のコーパス研究（申請番号：255069）

参考文献

赤野一郎・井村誠．(2005)．「コーパスを編纂する」齊藤俊雄・中村純作・赤野一郎（編）『英語コーパス言語学―基礎と実践：改定新版』(pp. 49–69)．東京：研究社．

赤野一郎・堀正広・投野由紀夫（編）．(近刊)．『英語教師のためのコーパス活用ガイド』東京：大修館書店．

朝尾幸次郎・投野由紀夫．(2005)．「コーパスと英語教育」齊藤俊雄・中村純作・赤野一郎（編）『英語コーパス言語学―基礎と実践：改定新版』(pp. 250–265)．東京：研究社．

安藤貞雄．(1986)．『英語の論理・日本語の論理―対象言語学的研究』東京：大修館書店．

石川慎一郎．(2008)．『英語コーパスと言語教育―データとしてのテクスト』東京：大修館書店．

石川慎一郎．(2012)．『ベーシックコーパス言語学』東京：ひつじ書房．

石川慎一郎・前田忠彦・山崎誠（編）．(2010)．『言語研究のための統計入門』東京：くろしお出版．

石田知美．(2011)．「日本人英語学習者コーパスを用いた法助動詞の使用に関する研究」*JACET Chubu Journal*, *9*, 57–73．

和泉絵美・井佐原均・内元清貴（編）．(2005)．『日本人1200人の英語スピーキングコーパス』東京：アルク．

井上聡．(2012)．「学習者の品詞使用能力の検討―NS-NNSコーパスに基づく計量分析」石川慎一郎（編）『統計手法を利用した言語データ分類』(統計数理研究所共同研究リポート No. 277) (pp. 53–61)．東京：統計数理研究所．

内田富男．(2007a)．「第11章　決定詞の発達」投野由紀夫（編）『日本人中高生一万人の英語コーパス―中高生が書く英文の実態とその分析』(pp. 95–100)．東京：小学館．

内田富男．(2007b)．「第12章　助動詞の発達」投野由紀夫（編）『日本人中高生一万人の英語コーパス―中高生が書く英文の実態とその分析』(pp. 101–108)．東京：小学館．

大谷泰照．(1991)．「外国語としての英語の到達点」『英語教育』*40*(9), 8–11．

大谷泰照．(2007)．『日本人にとって英語とは何か』東京：大修館書店．

大塚高信・中島文雄（編）．(1987)．*The Kenkyusha dictionary of English linguistics and phi-*

lology. 東京：研究社.
岡秀夫．（2012）．「Plurilingualism を考える―コード・スイッチングの視点から」東京大学ポール・ロシター教授 退官記念出版委員会（編）*West to East, East to West: Studies in the field of English education dedicated to professor Rossiter on his retirement*（pp. 2–24）．東京：成美堂．
加島祥造．（1981）．『ジャパングリッシュ―外来語から英語へ』東京：三天書房．
簡月真．（2011）．『台湾に渡った日本語の現在―リンガフランカとしての姿』東京：明治書院．
木村まきみ．（1996）．「OED の中の日本語からの借用語の特徴―OED2 on CD-ROM を使った研究」『英語コーパス研究』*3*, 105–118.
木村まきみ．（1998）．「Time, The Times における日本語からの借用語」『英語コーパス研究』*5*, 63–79.
國廣哲彌．（1976）．「日・英語の発想と表現」『英語教育』*25*(10), 6–8.
國弘正雄．（1970）．『英語の話しかた』東京：サイマル出版．
國弘正雄．（1976）．「論理をとりまく風景―東洋と西洋と日本と英米と」『英語教育』*25*(1)14–18.
窪田光男．（2005）．『第二言語習得とアイデンティティ：社会言語学的適切性のエスノグラフィー的ディスコース分析』東京：ひつじ書房．
国立国語研究所（編）．（2004）．『分類語彙表：増補改訂版』東京：大日本図書．
小磯かをる．（2009）．「日本人英語使用者の特徴と英語能力―JGSS-2002 と JGSS2006 のデータから」『日本版 General Social Surveys 研究論文集』*9*, 123–137.
小林雄一郎．（2010）．「多変量アプローチによる英語学習者のレトリック分析」田畑智司（編）『統計学的アプローチによるテキスト分析』（統計数理研究所共同研究リポート No. 245）（pp. 1–22）．東京：統計数理研究所．
小宮富子．（2007）．「日本人英語における定冠詞の特徴と安定化について」『アジア英語研究』*9*, 7–24.
小宮富子．（2010）．「第 8 章　日本人と英語」塩沢正・吉川寛・石川有香（編）『英語教育学体系第 3 巻　英語教育と文化―異文化間コミュニケーション能力の養成』（pp. 167–179）．東京：大修館書店．
小宮富子．（2012）．「社会言語学と英語教育：日本人が英語を学ぶということ」大学英語教育学会第 51 回国際大会，発表資料（於愛知県立大学）．
齊藤俊雄．（2005）．「英語コーパス言語学とは何か」齊藤俊雄・中村純作・赤野一郎（編）『英語コーパス言語学―基礎と実践：改定新版』（pp. 3–20）．東京：研究社．

斎藤兆史．(2000)．『英語達人列伝—あっぱれ，日本人の英語』東京：中央公論新社．
斎藤兆史．(2001)．『日本人のための英語』東京：講談社．
島田めぐみ．(2006)．「ハワイの英語新聞に見られる日本語からの借用語」『東京学芸大学紀要人文社会科学系Ⅰ』57, 115–123．
清水伸一．(2007)．「第 4 章　英語になりにくい日本語(語彙レベル)」投野由紀夫(編)『日本人中高生一万人の英語コーパス—中高生が書く英文の実態とその分析』(pp. 33–36)．東京：小学館．
末延岑生．(1990)．「第 11 章　ニホン英語」本名信行(編)『アジアの英語』(pp. 257–286)．東京：くろしお出版．
末延岑生．(2010)．『ニホン英語は世界で通じる』東京：平凡社．
杉浦正利(編)．(2008)．『平成 17 〜 19 年度科学研究費補助金基盤研究(B)研究成果報告書：英語学習者のコロケーション知識に関する基盤的研究』愛知：名古屋大学．
杉浦正好．(1995a)．「英語の中の日本語」『名古屋短期大学研究紀要』33, 69–78．
杉浦正好．(1995b)．「NEWSWEEK に現れた日本語の分析」『時事英語学研究』34, 29–38．
杉浦正好．(2003)．「英語の中の日本語借用語」久田晴則(編)『文化のカレードスコープ—英米言語・文化論集』(pp. 215–224)．東京：英宝社．
杉浦正好．(2005)．「英語の中の日本語—ニュージーランドを中心に—」『時事英語学研究』44, 15–28．
鈴木孝夫．(1971)．「English から Englic へ」『英語教育』19(10), 4–5．
鈴木孝夫．(1975)．『閉ざされた言語・日本語の世界』東京：新潮社．
鈴木孝夫．(1996)．『教養としての言語学』東京：岩波新書．
鈴木孝夫．(2009)．『日本語教のすすめ』東京：新潮社．
鈴木孝夫．(2011)．『あなたは英語で戦えますか：国際英語とは自分英語である』東京：冨山房インターナショナル．
大学英語教育学会基本語改定委員会．(2003)．『大学英語教育学会基本語リスト JACET List of 8000 Basic Words』東京：大学英語教育学会．
高見敏子．(2012)．「Bank of English と British National Corpus における英国全国紙の POS タグ分析」*The Northern Review*, 38, 41–69．
竹下裕子．(2004)．「New Englishes—新しい英語とその可能性」竹下裕子・石川卓(編)『世界は英語をどう使っているか〈日本人の英語〉を考えるために』東京：新曜社．
竹蓋幸生．(1979)．「コンピューターによる英文，英単語の計量的比較法—英語教材

の客観的比較,検討法開発の試み」*Language Laboratory*, *16*, 1–25.
竹蓋幸生. (1982). 『日本人英語の科学—その現状と明日への展望』東京：研究社.
田中省作・藤井宏・富浦洋一・徳見道夫. (2004). 「品詞 n-gram 分布に基づいた NS/NNS 論文の分類モデルと日本人英語科学技術論文の特徴抽出」英語コーパス学会第 24 回大会, 発表資料(於日本大学).
田中省作・柴田雅博・富浦洋一. (2011). 「Web を源とした質情報付き英語科学論文コーパスの構築法」『英語コーパス研究』*18*, 61–71.
田畑智司. (2003). 「コーパスとテクスト」『英語コーパス研究』*10*, 177–203.
田畑智司. (2004). 「コーパス言語学のための多変量解析入門」英語コーパス学会第 24 回大会, ワークショップ資料(於日本大学).
玉崎孫治. (1999). 「日本人英語のテクスト性」『アカデミア　文学・語学編』*67*, 657–683.
中條清美・西垣知佳子・内堀朝子・キャサリン, オヒガン. (2008). 「データ駆動型学習による効果的な英語初級者向け文法指導の試み」『日本大学生産工学部研究報告 B』*41*, 15–33.
中條清美・内堀朝子・西垣知佳子・宮崎海理. (2009). 「コーパスを利用した基礎文法指導とその評価」『日本大学生産工学部研究報告 B』*42*, 53–65.
津田幸男. (2006). 『英語支配とことばの平等』東京：慶應義塾大学出版会.
津田幸男. (2011). 『日本語防衛論』東京：小学館.
寺内一・小池生夫・高田智子. (2008). 「企業が求める英語力調査」小池生夫(編)『第二言語習得研究を基盤とする小，中，高，大の連携をはかる英語教育の先導的基礎研究：平成 16 年度〜平成 19 年度科学研究費補助金(基盤研究(A))最終報告書』千葉：明海大学.
寺沢拓敬. (2013). 「『日本人の 9 割に英語はいらない』は本当か？—仕事における英語の必要性の計量分析—」『関東甲信越英語教育学会誌』*27*, 71–83.
寺沢拓敬. (2014). 「日本社会における英語使用の必要性：社会統計に基づく英語教育政策／目的論の検討」吉島茂(編)『外国語教育 V　一般教育における外国語教育の役割と課題』(pp. 231–250)東京：朝日出版.
寺澤芳雄(編). (2002). *The Kenkyusha companion to the English language and linguistic terms*. 東京：研究社.
東京成徳英語研究会(編). (2004). 『OED の日本語 378』東京：論創社.
投野由紀夫(編). (2007). 『日本人中高生一万人の英語コーパス—中高生が書く英文の実態とその分析』東京：小学館.

投野由紀夫（編）．（2013）．『CAN-DO リスト作成・活用　英語到達度指標 CEFR-J ガイドブック（CD-ROM 付）』東京：大修館書店．

投野由紀夫・金子朝子・杉浦正利・和泉絵美（編）．（2013）．『英語学習者コーパス活用ハンドブック』東京：大修館書店．

鳥飼玖美子．（2011）．『国際共通語としての英語』東京：講談社．

中山行弘．（1990）．「第 12 章　ノンネイティブ・スピーカー・イングリッシュ　ニッポン人とアメリカ人の考え方」本名信行（編）『アジアの英語』（pp. 287–307）．東京：くろしお出版．

西垣知佳子・中條清美・木島綾子．（2010）．「パラレルコーパスを利用した英語上級者用データ駆動型英語学習の実践の試み」『千葉大学教育学部研究紀要』58, 279–286.

日本学術会議言語・文学委員会．（2010）．「日本の展望—学術からの提言 2010　報告：言語・文学分野の展望—人間の営みと言語・文学研究の役割」http://www.scj.go.jp/ja/member/iinkai/tenbou/teigen.html

野地美幸・江村健介．（2007）．「公立中学校・高等学校英語教員を対象とした『英語が使える日本人』に関する意識調査」『上越教育大学研究紀要』26, 65–77.

橋本禮子．（2004）．「はしがき」『OED の日本語 378』（pp. iii–xviii）．東京：論創社．

早川勇．（1996）．「OED2 における日本語の初出年調査」『言語』25(12), 103–108.

早川勇．（2004）．「海を越えた日本語の履歴 (1)」『愛知大学言語と文化』11, 51–66.

早川勇．（2005a）．「海を越えた日本語の履歴 (2)」『愛知大学言語と文化』12, 97–112.

早川勇．（2005b）．「英語に入った日本語の同化度—1990 年における—」『愛知大学言語と文化』13, 1–23.

早川勇．（2006）．『英語になった日本語』神奈川：春風社．

日臺滋之．（2007）．「第 10 章　接続詞の発達」投野由紀夫（編）『日本人中高生一万人の英語コーパス—中高生が書く英文の実態とその分析』（pp. 88–94）．東京：小学館．

ピーターセン・マーク．（1988）．『日本人の英語』東京：岩波書店．

ピーターセン・マーク．（1990）．『続・日本人の英語』東京：岩波書店．

ピーターセン・マーク．（2013）．『実践　日本人の英語』東京：岩波書店．

日野信行．（2003）．「「国際英語」研究の体系化に向けて：日本の英語教育の視点から」『アジア英語研究』5, 5–43.

日野信行．（2005）．「国際英語と日本の英語教育」『英語教育の基礎知識：教科教育法

の理論と実践』(pp. 11–34)．東京：大修館書店．

日野信行．(2008)．「国際英語」小寺茂明・吉田晴世(編)『スペシャリストによる英語教育の理論と応用』(pp. 15–32)．東京：松柏社．

日野信行．(2010)．「第 8 章　日本人と英語」塩沢正・吉川寛・石川有香(編)『英語教育学体系第 3 巻　英語教育と文化―異文化間コミュニケーション能力の養成』(pp. 182–192)．東京：大修館書店．

日野信行．(2011)．「WE・EIL・ELF―国際英語論における 3 種のパラダイムの比較」『新しい英語教育の方向性』(pp. 1–10)．大阪：大阪大学大学院言語文化研究科．

藤原康弘．(2006)．「日本人英語使用者コーパス：JUCE」田畑智司(編)『言語文化共同プロジェクト・電子化言語資料分析研究 2005–2006』(pp. 47–56)．大阪：大阪大学大学院言語文化研究科．

藤原康弘．(2007)．「OEDs の中の日本語からの外来語の形式的・意味的特徴の量的分析」田畑智司(編)『言語文化共同プロジェクト・電子化言語資料分析研究 2006–2007』(pp. 51–61)．大阪：大阪大学大学院言語文化研究科．

藤原康弘．(2011)．「日本語から英語への旧新借用語の形式的・意味的特徴の比較分析―オックスフォード系英語辞書，日本人英語使用者コーパスに焦点を当てて」日野信行(編)『言語文化共同プロジェクト 2010・新しい英語教育の方向性』(pp. 31–40)．大阪：大阪大学大学院言語文化研究科．

藤原康弘．(2012a)．「コーパス言語学と国際英語関連分野(EIL，WE，ELF)の学際的領域―英語使用者コーパスの必要性―」『愛知教育大学外国語研究』45，21–52．

藤原康弘．(2012b)．「日本語から英語への借用傾向抽出の実証的試み」『アジア英語研究』14，20–41．

藤原康弘．(2012c)．「『日本英語』の談話的特徴抽出の試み：品詞情報の多変量解析」日野信行(編)『言語文化共同研究プロジェクト 2011・英語教育の新たなる展開』(pp. 23–32)．大阪：大阪大学大学院言語文化研究科．

堀正広．(2013)．「新渡戸稲造の英文から我々は何を学ぶか―語彙力か文法力かレトリックか，あるいは―」第 85 回日本英文学会，発表資料(於東北大学)．

本名信行(編)．(1990)．『アジアの英語』東京：くろしお出版．

本名信行．(2006)．『英語はアジアを結ぶ』東京：玉川大学出版部．

村木新次郎．(1987)．「言語間の意味分野別語彙量の比較―日本語・中国語・ドイツ語の場合」水谷静夫教授還暦記念会(編)『計量国語学と日本語処理―理論と応用』

(pp. 93–107). 東京：秋山書店.

森住衛. (2008).「日本人が使う EIAL―立脚点・内実の方向性・教科書の扱い―」『アジア英語研究』*10*, 7–23.

文部科学省. (2003).「『英語が使える日本人』の育成のための行動計画」
http://www.mext.go.jp/b_menu/shingi/chukyo/chukyo3/015/siryo/04042301/011/002.htm

文部科学省. (2011).「国際共通語としての英語力向上のための5つの提言と具体的施策～英語を学ぶ意欲と使う機会の充実を通じた確かなコミュニケーション能力の育成に向けて」
http://www.mext.go.jp/component/b_menu/shingi/toushin/__icsFiles/afieldfile/2011/07/13/1308401_1.pdf

文部科学省. (2013).「グローバル化に対応した英語教育改革実施計画」
http://www.mext.go.jp/b_menu/houdou/25/12/__icsFiles/afieldfile/2013/12/17/1342458_01_1.pdf

矢野安剛. (1990).「ノンネイティブ・スピーカー・イングリッシュ　イギリス人の考え方」本名信行(編)『アジアの英語』(pp. 309–326). 東京：くろしお出版.

山岡清二. (1976).「英語力は論理の世界から」『英語教育』*25*(1), 22–24.

ラミス・ダグラス. (1976).『イデオロギーとしての英会話』東京：晶文社.

渡辺武達. (1983).『ジャパリッシュのすすめ：日本人の国際英語』東京：朝日新聞社.

渡辺武達. (2004).『グローバル化と英語革命―ジャパリッシュのすすめ』東京：論創社.

Aijmer, K. (2002). Modality in advanced Swedish learners' written interlanguage. In S. Granger, J. Hung, & S. Petch-Tyson (Eds.), *Computer learner corpora, second language acquisition, and foreign language teaching* (pp. 55–76). Amsterdam:John Benjamins.

Aijmer, K. (Ed.). (2009). *Corpora and language teaching*. Amsterdam: John Benjamins.

Aijmer, K. & Altenberg, B. (Eds.). (1991). *English corpus linguistics: Studies in honor of Jan Svartvik*. London: Longman.

Alptekin, C. (2002). Towards intercultural communicative competence in ELT. *ELT Journal*, *56*(1), 57–64.

Alptekin, C. (2010). Redefining multicompetence for bilingualism and ELF. *International Journal of Applied Linguistics*, *20*(1), 95–110.

Bachman, L.F. (1990). *Fundamental considerations in language testing*. New York: Oxford

University Press.

Baker, P. (2009). The BE06 Corpus of British English and recent language change. *International Journal of Corpus Linguistics, 14*(3), 312–337.

Bamgbose, A. (1998). Torn between the norms: Innovations in world Englishes. *World Englishes, 17*(1), 1–14.

Berns, M. (2008). World Englishes, English as a lingua franca, and intelligibility. *World Englishes, 27*(3/4), 327–334.

Biber, D., Johansson, S., Leech, G., Conrad, S., & Finegan, E. (Eds.). (1999). *Longman grammar of spoken and written English*. London: Longman.

Bley-Vroman, R. (1983). The comparative fallacy in interlanguage studies: The case of systematicity. *Language Learning, 33*, 1–17.

Bolton, K. (2004). World Englishes. In A. Davies & C. Elder (Eds.), *The handbook of applied linguistics* (pp. 369–396). Oxford, England: Blackwell.

Bolton, K. & Davis, D. (2006). A content analysis of World Englishes. *World Englishes, 25*(1), 5–6.

Brumfit, C. (2001). *Individual freedom in language teaching: Helping learners to develop a dialect of their own*. New York: Oxford University Press.

Brutt-Griffler, J. (1998). Conceptual questions in English as a world language: Taking up an issue. *World Englishes, 17*(3), 381–392.

Brutt-Griffler, J. (2002). *World English: A study of its development*. Clevedon: Multilingual Matters.

Buripakdi, A. (2011). Thai journalists' views on the notion of world Englishes. *The Journal of English as an International Language, 1*, 59–80.

Canale, M. (1983). From communicative competence to communicative language pedagogy. In J. C. Richards, & R. W. Schmidt (Eds.), *Language communication* (pp. 2–27). London: Longman.

Cannon, G. (1994). Recent Japanese borrowings into English. *American Speech, 69*(4), 373–397.

Chujo, K., Utiyama, M., & Nishigaki, C. (2007). Towards building a usable collection for the ELT classroom. In E. Hidalgo, L. Quereda, & J. Santana (Eds.), *Corpora in the foreign language classroom* (pp. 47–69). Amsterdam: Rodopi.

Connor, U., Nagelhout, E., & Rozycki, W. (2008). Introduction. In U. Connor, E. Nagelhout, & W. Rozycki (Eds.), *Contrastive rhetoric: Reaching to intercultural rhetoric* (pp.

1-8). Amsterdam: John Benjamins.

Cook, V. (1992). Evidence for multicompetence. *Language Learning, 42*(4), 557–591.

Cook, V. (1999). Going beyond the native speaker in language teaching. *TESOL Quarterly, 33*, 185–209.

Cook, V. (2002a). Background to the L2 user. In V. Cook (Ed.), *Portraits of the L2 user* (pp. 1–28). Clevedon: Multilingual Matters.

Cook, V. (2002b). Language teaching methodology and the L2 user perspective. In V. Cook (Ed.), *Portraits of the L2 user* (pp. 327–343). Clevedon: Multilingual Matters.

Cook, V. (2007). The goals of ELT: Reproducing native-speakers or promoting multicompetence among second language users? In J. Cummins & C. Davison (Eds.), *International handbook of English language teaching* (pp. 237–248). New York: Springer.

Cook, V., & Bassetti, B. (Eds.). (2011). *Language and bilingual cognition*. New York: Psychology Press.

Corder, P. (1971). Idiosyncratic dialects and error analysis. *International Review of Applied Linguistics, 5*, 161–169.

Council of Europe (Eds.). (2001/2002). *Common European framework of reference for languages: Learning, teaching, assessment* (3rd ed.). Cambridge University Press.［吉島茂・大橋理恵他（訳）．（2004）．『外国語教育Ⅱ―外国語の学習，教授，評価のためのヨーロッパ共通参照枠―』東京：朝日出版社．］

Crystal, D. (2003). *English as a global language* (2nd ed.). Cambridge: Cambridge University Press.

D'Angelo, J. (2005). Educated Japanese English: expanding oral/aural core vocabulary. *World Englishes, 24*(3), 329–349.

D'Angelo, J. (2013). Japanese English? Refocusing the discussion. *Asian English Studies, 15*, 99–124.

D'Angelo, J., Sharma, A., & Thompson, A. (2012). Building the Japan Component of the ACE. Symposium conducted at the 5th international conference of English as a lingua franca, Istanbul, Turkey.

Dagut, M., & Laufer, B. (1985). Avoidance of phrasal verbs: A case for contrastive analysis. *Studies in Second Language Acquisition, 7*, 73–79.

Dubey, S. V. (1991). The lexical style of Indian English newspapers. *World Englishes, 10*(1), 19–32.

Dulay, H. & Burt, M. (1974). Errors and strategies in child second language acquisition.

TESOL Quarterly, 8, 129–136.

Dörnyei, Z. (2009). The L2 motivational self system. In Z. Dörnyei, & E. Ushioda (Eds.), *Motivation, language identity and the L2 self* (pp. 9–42). Bristol: Multilingual Matters.

Eder, M. (2011). Style-markers in authorship attribution: A cross-language study of the authorial fingerprint. *Studies in Polish linguistics, 6*, 101–116.

Eder, M. (2013). Mind your corpus: Systematic errors in authorship attribution. *Literary and linguistic computing*, published online July 23, 2013, doi:10.1093/llc/fqt039

Educational Testing Service. (2008). Correlation table: TOEIC listening and reading scores descriptors and European CEFR levels. Retrieved from http://users.skynet.be/toeic.belned/TOEIC_can-do-levels.pdf

Educational Testing Service. (2013). Test and score data summary for TOEFL iBT tests and TOEFL PBT tests: January 2012–December 2012 test data. Retrieved from http://www.ets.org/s/toefl/pdf/94227_unlweb.pdf

Ellis, R. (1997). *Second language acquisition*. Oxford: Oxford University Press.

Ellis, R. (2008). *The study of second language acquisition* (2nd ed.). Oxford: Oxford University Press.

Fairclough, N. (Ed.). (1992). *Critical language awareness*. London: Routledge.

Fairclough, N. (2003). *Analysing discourse: Textual analysis for social research*. London: Routledge

Fujiwara, Y. (2003). The use of reason-consequence conjuncts in Japanese learners' written English. *English Corpus Studies, 10*, 91–104.

Fujiwara, Y. (2004). An intercultural pragmatics study on Japanese resistivity and American acceptability in refusals. *Intercultural Communication Studies, 13*(2), 75–99.

Fujiwara, Y. (2007a). A web-based survey on British pragmatics acceptability for Japanese refusals: Toward intercultural pragmatics. *Intercultural Communication Studies, 16*(1), 137–152.

Fujiwara, Y. (2007b). Compiling a Japanese User Corpus of English. *English Corpus Studies, 14*, 55–64.

Fujiwara, Y. (2007c). Critical language testing on pragmatic tests: Are pragmatic tests really appropriate in Japan? *Asian Englishes, 10*(1), 24–43.

Fujiwara, Y. (2007d). Pragmatic development of Japanese learners of English at the junior high school level: In the case of requests. *CASELE Bulletin, 37*, 41–50.

Fujiwara, Y. (2010). Conference reviews: the 26th national conference of the Japanese Association for Asian Englishes. *Asian Englishes*, *13*, 1, 90–94.

Fujiwara, Y. (2011). Corpora in the Expanding Circle: From learner corpora to user corpora. In L. Guilner (Moderator), *Applying corpus analysis to the study of Asian Englishes*. Symposium conducted at the 28th National Conference of the Japanese Association for Asian Englishes, Kyoto University of Foreign Studies.

Fujiwara, Y. (2013a). Describing discourse/pragmatic characteristics of "Japanese English" as an international language. In N. Hino (Moderator), *The future of Japanese English for international communication*. Symposium conducted at the 32nd National Conference of the Japanese Association for Asian Englishes, Osaka University.

Fujiwara, Y. (2013b). Discourse characteristics of English in news articles written by Japanese journalists: 'Positive' or 'negative'? Paper session presented at Corpus Linguistics 2013, Lancaster University, England.

Gilner, L., & Morales, F. (2011). The ICE-core word list: The lexical foundation of 7 varieties of English. *Asian Englishes*, *14*(1), 4–21.

Gilquin, G., Cock, S., & Granger, S. (Eds.). (2010). *LINDSEI CD-ROM and handbook: Louvain International Database of Spoken English Interlanguage*. Louvain-la-Neuve: Louvain University Press.

Granger, S. (1998). Leaner English around the world. In S. Granger (Ed.), *Learner English on computer* (pp. 13–24). Longman.

Granger, S. (2002). A bird's-eye view of learner corpus research. In S. Granger, J. Hung, & S. Petch-Tyson (Eds.), *Computer learner corpora, second language acquisition, and foreign language teaching* (pp. 3–33). Amsterdam:John Benjamins.

Granger, S. (2009). The contribution of learner corpora to second language acquisition and foreign language teaching: A critical evaluation. In K. Aijmer (Ed.), *Corpora and language teaching* (pp. 13–32). Amsterdam: John Benjamins.

Greenbaum, S. (1988). A proposal for an international computerized corpus of English. *World Englishes*, *7*(3), 315.

Greenbaum, S. (Ed.). (1996). *Comparing English worldwide: the International Corpus of English*. New York: Oxford University Press.

Halliday, M. A. K., McIntosh, A., & Strevens, P. (1964). *The linguistic sciences and language teaching*. London: Longman.

Handford, M. (2010). *The language of business meetings*. Cambridge: Cambridge University Press.

He, D., & Zhang, Q. (2010). Native speaker norms and China English: From the perspective of learners and teachers in China. *TESOL Quarterly, 44*(4), 769–789.

Hinkel, E. (1995). The use of modal verbs as a reflection of cultural values. *TESOL Quarterly, 29*(2), 325–343.

Hino, N. (2001). Organizing EIL studies: Toward a paradigm. *Asian Englishes, 4*(1), 34–65.

Hino, N. (2009). The teaching of English as an international language in Japan: An answer to the dilemma of indigenous values and global needs in the Expanding Circle. *AILA Review, 22,* 103–119.

Hino, N. (2012a). Englishes in the Expanding Circle: Second class citizens in the community of World Englishes? In N. Hino (Ed.), *New developments in English language teaching* (pp. 1–11). Osaka: Graduate School of Language and Culture, Osaka University.

Hino, N. (2012b). Endonormative models of EIL for the Expanding Circle. In A. Matsuda (Ed.), *Principles and practices of teaching English as an international language* (pp. 28–43). Bristol: Multilingual Matters.

Hino, N. (2012c). Negotiating indigenous values with Anglo-American cultures in ELT in Japan: A case of EIL philosophy in the Expanding Circle. In A. Kirkpatrick (Ed.), *English as an international language in Asia: Implications for language education* (pp. 157–173). New York: Springer.

Holliday, A. (1994). *Appropriate methodology and social context.* Cambridge: Cambridge University Press.

Holliday, A. (2005). *The struggle to teach English as an international language.* Oxford: Oxford University Press.

Holliday, A. (2006). Native-speakerism. *ELT Journal, 60*(4), 385–387.

Honna, N. (2006). East Asian Englishes. In B. Kachru, Y. Kachru, & C. Nelson (Eds.), *The handbook of World Englishes* (pp. 114–129). Oxford: Blackwell.

Honna, N. (2008). *English as a multicultural language in Asian contexts: Issues and ideas.* Tokyo: Kurosio Publishers.

Honna, N. (2011, 9). *Three challenging issues in English language teaching in Japan: For self-expressive activities.* Paper session presented at The JACET 50th Commemorative International Convention, Fukuoka, Japan.

House, J. (1999). Misunderstanding in intercultural communication: Interactions in English as a lingua franca and the myth of mutual intelligibility. In C. Gnutzmann (Ed.),

Teaching and learning English as a global language (pp. 73–89). Tubingen: Stauffenburg.

Hulstijn, J. H., & Marchena, E. (1989). Avoidance: Grammatical or semantic causes? *Studies in Second Language Acquisition, 11*, 241–255.

Hunston, S. (2002). *Corpora in applied linguistics*. Cambridge: Cambridge University Press.

Hyland, K., & Milton, J. (1997). Qualification and certainty in L1 and L2 students' writing. *Journal of Second Language Writing, 6*(2), 183–205.

Ishikawa, S. (2010). Modality expression in interlanguage: A study based on learner corpus. In G. Weir, & S. Ishikawa (Eds.), *Corpus, ICT, and language education* (pp. 19–30). Glasgow: University of Strathcly.

Ishikawa, S. (2011a). A new horizon in learner corpus studies: The aim of the ICNALE project. In G. Weir, S. Ishikawa, & K. Poonpon (Eds.), *Corpora and language technologies in teaching, learning and research* (pp. 3–11). Glasgow: University of Strathcly.

Ishikawa, S. (2011b, 7). *English in Asia: What ICNALE Corpus tells us*. Paper session presented at the 28th national conference of the Japanese Association for Asian Englishes, Kyoto Junior College of Foreign Languages, Japan.

James, C. (1998). *Errors in language learning and use*. London: Longman.

Jenkins, J. (2000). *The phonology of English as an international language*. Oxford: Oxford University Press.

Jenkins, J. (2003). *World Englishes: A resource book for students*. New York: Routledge.

Jenkins, J. (2006). Current perspectives on teaching World Englishes and English as a lingua franca. *TESOL Quarterly, 40*(1), 157–181.

Jenkins, J. (2007). *English as a lingua franca: Attitudes and identity*. Oxford: Oxford University Press.

Johnson, K., & Johnson, H. (Eds). (1998). *Encyclopedic dictionary of applied linguistics*. Oxford: Blackwell.

Jung, K., & Min, S. J. (1999). Some lexico-grammatical features of Korean English newspapers. *World Englishes, 18*(2), 23–37

Kachru, B.B. (1976). Models of English for the third world: White man's linguistic burden or language pragmatics. *TESOL Quarterly, 10*(2), 221–239.

Kachru, B.B. (1985). Standards, codification and sociolinguistic realism: The English language in the Outer Circle. In R. Quirk, & H. G. Widdowson (Eds.), *English in the world: Teaching and learning the language and literatures* (pp. 11–30). Cambridge: Cambridge University Press.

Kachru, B.B. (1986). *The alchemy of English: The spread, functions and models of non-native English in the world.* Oxford: Pergamon Press.

Kachru, B.B. (Ed.). (1992). *The other tongue: English across cultures* (2nd ed.). Urbana: University of Illinois Press.

Kachru, B.B. (2008). The first step: The Smith paradigm for intelligibility in world Englishes. *World Englishes, 27*(3/4), 293–296.

Kaneko, T. (2005). English lexical phrases used by Japanese university students. In Y. Ikegami (Ed.), *Report of the Grant-in-Aid for scientific Research (B) Supported by Japan Society for the Promotion of Science (2003–2006)* (pp. 34–49). Tokyo: Showa Women University.

Kanno, Y. (2007). ELT policy directions in multilingual Japan. In J. Cummins & C. Davison (Eds.), *International handbook of English language teaching* (pp. 63–73). New York: Springer.

Kimura-Kano, M. (2005). Coexisting patterns of existing vocabulary with newer loanwords in British English: A study of synonyms focusing on Japanese and German loanwords in BNC. *English Corpus Studies, 12,* 1–18.

Kimura-Kano, M. (2006). *Lexical borrowing and its impact on English.* Tokyo: Hituzi Syobo.

Kirkpatrick, A. (2006). Which model of English: Native-speaker, nativised or lingua franca? In R. Rubdy & M. Saraceni (Eds.), *English in the world: Global rules, global roles* (pp. 71–83). London: Continuum.

Kirkpatrick, A. (2007). *World Englishes: Implications for international communication and English language teaching.* Cambridge: Cambridge University Press.

Kirkpatrick, A. (2010). Researching English as a lingua franca in Asia: the Asian Corpus of English (ACE) project. *Asian Englishes, 13*(1), 4–19.

Kobayashi, T. (2003). The use of three conjunctions making reason: A corpus-based study. In Y. Ikegami (Ed.), *Report of the Grant-in-Aid for scientific Research (C) Supported by Japan Society for the Promotion of Science (2000–2002)* (pp. 72–82). Tokyo: Showa Women University.

Komiya, T. (1998). The definite article in Japanese English. *JACET Bulletin, 29,* 97–108.

Kramsch, C. (1998). The privilege of the intercultural speaker. In M. Byram, & M. Fleming (Eds.), *Language learning in intercultural perspective* (pp. 16–31). Cambridge: Cambridge University Press.

Kubota, R. (1999). Japanese culture constructed by discourses: Implications for applied linguistic research and ELT. *TESOL Quarterly, 33*(1), 9–36.

Laufer, B., & Eliasson, S. (1993). What causes avoidance in L2 learning: L1-L2 difference, L1-L2 similarity, or L2 complexity? *Studies in Second Language Acquisition, 15*, 35–48.

Leech, G. (1991). The state of the art in corpus linguistics. In K. Aijmer, & B. Altenberg (Eds.), *English corpus linguistics: Studies in honor of Jan Svartvik* (pp. 8–29). London: Longman.

Leech, G. (1992). Corpora and theories of linguistic performance. In J. Svartvik (Ed.), *Directions in corpus linguistics: Proceedings of Nobel Symposium 82, Stockholm, 4–8 August 1991* (pp. 105–122). Berlin: Mouton de Gruyter.

Leech, G. (1998). Preface. In S. Granger (Ed.), *Learner English on computer* (pp. xiv–xx). Longman.

Leech, G., Garside, R., & Bryant, M.(1994). CLAWS4: The tagging of the British National Corpus. In *Proceedings of the 15th International Conference on Computational Linguistics* (COLING 94) (pp.622–628). Kyoto, Japan.

Leech, G., Hundt, M., Mair, C., & Smith, N.(2009). *Change in Contemporary English: A Grammatical Study*. Cambridge: Cambridge University Press.

Liao, Y., & Fukuya, Y. J. (2004). Avoidance of phrasal verbs: The case of Chinese learners of English. *Language Learning, 54*, 193–226.

Liu, D. (2011). The most frequently used English phrasal verbs in American and British English: A multicorpus examination. *TESOL Quarterly, 45*(4), 661–688.

Lowenberg, P. (1992). Testing English as a world language: Issues in assessing non-native proficiency. In B, Kachru (Ed.), *The other tongue: English across cultures* (2nd ed.) (pp. 108–121). Urbana: University of Illinois Press.

Markus, H., & Nurius, P. (1986). Possible selves. *American Psychologist, 41*(9), 954–969.

Matsuno, K. (2004). A comparative study of country image between the Brown corpus and Frown corpus. *English Corpus Studies, 11*, 81–99.

Mauranen, A. (2003). The corpus of English as lingua franca in academic settings. *TESOL Quarterly, 37*, 513–527.

Mauranen, A. (2006). A rich domain of ELF - the ELFA corpus of academic discourse. *Nordic Journal of English Studies, 5*(2), 145–159.

Mauranen, A. (2007). English as an academic lingua franca - the ELFA project. *Nordic Journal of English Studies, 7*(3), 199–202.

Mauranen, A. (2013). Hybridism, edutainment, and doubt: Science blogging finding its feet. *Nordic Journal of English Studies, 13*(1), 7–36.

McEnery, A. M., & Wilson, A. (2001). *Corpus linguistics* (2nd ed.). Edinburgh: Edinburgh University Press.

Medgyes, P. (1992). Native or nonnative: Who's worth more? *ELT Journal, 46*(4), 340–349.

Miki, N. (2010). Correspondence analysis of SV-/S-Aux pairings in English editorials in Japan and the UK. In T. Tabata (Ed.), *The institute of statistical mathematics Cooperative research report 245, Statistical approaches to text analysis* (pp. 75–97). Tokyo: The Institute of Statistical Mathematics.

Modern Language Association. (2007). Foreign languages and higher education: New structures for a changed world. Retrieved from http://www.mla.org/pdf/forlang_news_pdf.pdf.

Morizumi, M. (2009). Japanese English for EIAL: What it should be like and how much has been introduced. In K. Murata, & J. Jenkins (Eds.), *Global Englishes in Asian contexts: Current and future debates* (pp. 73–93). Hampshire: Palgrave Macmillan.

Morrow, P. (1987). The users and uses of English in Japan. *World Englishes, 6*(1), 49–62.

Morrow, P. (1995). English in a Japanese company: The case of Toshiba. *World Englishes, 14*(1), 87–98.

Morrow, P. (1996). Toward a description of Japanese-English: Some discourse features. *Journal of Sugiyama Jogakuen University. Humanities, 27*, 57–65.

Morrow, P. (1997a). Toward building a corpus of Japanese-English: Some considerations. *Nagoya Gakuin Daigaku Gaikokugo Kyoiku Kiyo, 27*, 7–14.

Morrow, P. (1997b). Patterns of lexis in the writing of Japanese EFL students: A comparative study. *PASAA A Journal of Language Teaching and Learning in Thailand, 27*, 89–99.

Morrow, P. (2004). English in Japan: The world English perspective. *JALT Journal, 26*(1), 79–100.

Nelde, P. (2006). Four propositions for a European language policy. *Intercultural Communication Studies, 15*(3), 43–54.［藤原康弘（訳）．（2009）．「ヨーロッパの言語政策における四つの提言」ベイツ・ホッファ・本名信行・竹下裕子（編）『共生社会の異文化間コミュニケーション―新しい理解を求めて』(pp. 342–364). 東京：三修社.］

Nelson, C. (2008). Intelligibility since 1969. *World Englishes, 27*, 3/4, 297–308.

Nelson, G. (2002). International Corpus of English: Markup manual for written texts. Retrieved from http://www.ucl.ac.uk/english-usage/ice/

Nelson, G. (2006). The core and periphery of world Englishes: A corpus-based exploration. *World Englishes, 25*(1), 115–129.

Nishiyama, S. (1995). Speaking English with a Japanese mind. *World Englishes*, *14*(1), 27–36.

Ogawa, Y. (2003). A corpus analysis of Japanese EFL students' essays focused on stylistic differentiation. In Y. Ikegami (Ed.), *Report of the Grant-in-Aid for scientific Research (C) Supported by Japan Society for the Promotion of Science (2000–2002)* (pp. 101–111). Tokyo: Showa Women University.

Ojima, S. (2012). Expected and unexpected effects of foreign-language proficiency: Brain potential studies. In S. Ojima, Y. Otsu, J. Connolly, & G. Thierry (Eds.), *Future trends in the biology of language* (pp. 119–135). Tokyo: Keio University Press.

Pak, C., & Acevedo, R. (2008). Spanish-language newspaper editorials from Mexico, Spain, and the U.S. In U. Connor, E. Nagelhout, & W. Rozycki (Eds.), Contrastive rhetoric: Reaching to intercultural rhetoric (pp. 123–146). Amsterdam: John Benjamins.

Pakir, A. (2009). English as a lingua franca: Analyzing research frameworks in international English, world Englishes, and ELF. *World Englishes*, *28*(2), 224–235.

Platt, J., Weber, H., & Lian, H. (1984). *The new Englishes*. London: Routledge & Kegan Paul.

Pornpimol, C. (1984). A sociolinguistic study of an additional language: English in Thainland. (Unpublished doctoral dissertation). University of Illinois, USA.

Prator, C. H. (1968). The British heresy in TESL. In J. A. Fishman, C. A. Ferguson & J. Das Gupta (Eds.), *Language problems of developing nations* (pp. 459–76). New York: Wiley.

Prodromou, L. (2006). Defining the 'successful' bilingual speaker of English. In R. Rubdy, & M. Saraceni (Eds.), *English in the world: Global rules, global roles* (pp. 51–70). London: Continuum.

Prodromou, L. (2008). *English as a lingua franca: A corpus-based analysis*. London: Continuum.

Quirk, R., Greenbaum, S., Leech, G., & Svartvik, J. (1985). *A comprehensive grammar of the English language*. London: Longman.

Rampton, B. (1990). Displacing the 'native speaker': Expertise, affiliation, and inheritance. *ELT Journal*, *44*(2), 97–101.

Rayson, P. (2009). Wmatrix: a web-based corpus processing environment, Computing Department, Lancaster University.

Rayson P., Berridge D., & Francis B. (2004). Extending the Cochran rule for the comparison of word frequencies between corpora. In G. Purnelle, C. Fairon, & A. Dister (Eds.), *Le poids des mots: Proceedings of the 7th International Conference on Statistical analysis of textual data* (JADT 2004) (pp. 926–936). Louvain-la-Neuve, Belgium: Presses universitaires de Louvain.

Romaine, S. (1995). *Bilingualism* (2nd ed.). Oxford: Blackwell.

Saito, H. (1928). *Saito's Japanese-English Dictionary*. Tokyo: Nichieisha.

Schell, M. (2008). Colinguals among bilinguals. *World Englishes*, *27*(1), 117–130.

Schneider, W.E. (2003). The dynamics of new Englishes: From identity construction to dialect birth. *Language*, *79*(2), 233–281.

Seidlhofer, B. (1999). Double standards: Teacher education in the Expanding Circle. *World Englishes*, *18*(2), 233–45.

Seidlhofer, B. (2001). Closing a conceptual gap: The case for a description of English as a lingua franca. *International Journal of Applied Linguistics*, *11*, 135–158.

Seidlhofer, B. (2004). Research perspectives on teaching English as a lingua franca. *Annual Review of Applied Linguistics*, *24*, 209–239.

Seidlhofer, B. (2005). Standard future or half-baked quackery? Descriptive and pedagogic bearings on the globalisation of English. In C. Gnutzmann, & F. Intemann (Eds.), *The globalisation of English and the English language classroom* (pp. 159–173). Tubingen: Gunter Narr Verlag.

Seidlhofer, B. (2006). English as a lingua franca in the Expanding Circle: What it isn't. In R. Rubdy & M. Saraceni (Eds.), *English in the world: Global rules, global roles* (pp. 40–50). London: Continuum.

Seidlhofer, B. (2009). Common ground and different realities: world Englishes and English as a lingua franca. *World Englishes*, *28*(2), 236–245.

Seidlhofer, B. & Berns, M. (2009). Perspectives on English as a lingua franca: Introduction. *World Englishes*, *28*(2), 190–191.

Selinker, L. (1972). Interlanguage. *International Review of Applied Linguistics*, *10*, 209–241.

Shimamura, K. (2009). On the action plan 'Japanese with English abilities' by the Ministry of Education, Culture, Sports, Science and Technology (MEXT). *Bulletin of Fukuoka International University*, *22*, 1–8.

Siegal, M. (1996). The role of learner subjectivity in second language sociolinguistic competency: Western women. *Applied Linguistics*, *17*, 356–382.

Sinclair, J. (Ed.). (2004). *How to use corpora in language teaching*. Amsterdam: John Benjamins.

Smith, L. (1976). English as an international auxiliary language. *RELC Journal*, *7*(2), 38–53.

Also in L. Smith (Ed.) (1983), *Readings in English as an International Language* (pp. 1–5). Oxford: Pergamon Press.

Smith, L. (1978). Some distinctive features of EIIL vs. ESOL in English language education. In L. Smith (Ed.) (1983), *Readings in English as an International Language* (pp. 13–20). Oxford: Pergamon Press.

Smith, L. (1981). English as an international language: No room for linguistic chauvinism. *Nagoya Gakuin University Gaikokugo Kyoiku Kiyo, 3*, 27–32. Also in L. E. Smith (Ed.) (1983), *Readings in English as an International Language* (pp. 7–11). Oxford: Pergamon Press.

Smith, L. (Ed.). (1983). *Readings in English as an International Language.* Oxford: Pergamon Press.

Smith, L. (2004). From English as an International Auxiliary Language to World Englishes. In Y. Otsubo & G. Parker (Eds.), *Development of a teacher training program* (pp. 72–80). Tokyo: Sopueisha/Sanseido.

Smith L., & Bisazza, J. (1982). The comprehensibility of three varieties of English for college students in seven countries. *Language Learning, 32*(2), 259–269. Also in L. Smith (Ed.) (1983), *Readings in English as an International Language* (pp. 13–20). Oxford: Pergamon Press.

Smith, L., & Nelson, C. (1985). International intelligibility of English: Directions and resources. *World Englishes, 4*, 333–342.

Smith, L., & Rafiqzad, K. (1979). English for cross-cultural communication: The question of intelligibility. *TESOL Quarterly, 13*(3), 371–380.

Someya, Y. (2000). Online BLC KWIC Concordancer (An online public-domain concordancer, written in CGI Perl with an HTML interface, with a variety of corpus data including a one-million-word Business Letter Corpus). http://someya-net.com/concordancer/

Stanlaw, J. (2005). *Japanese English: Language and culture contact.* Hong Kong SAR: Hong Kong University Press.

Stubb, M. (2002). *Words and phrases: Corpus studies of lexical semantics.* Oxford: Blackwell.

Sugiura, M. (1997). A lexical analysis of newspaper editorials: The Asahi Evening News and The Times. *JACET Bulletin, 28*, 97–112.

Takami, M. (2003). Japanese EFL learners' use of coordinating conjunctions in spoken/written discourse. In Y. Ikegami (Ed.), *Report of the Grant-in-Aid for scientific Research*

(C) Supported by Japan Society for the Promotion of Science (2000–2002) (pp. 83–94). Tokyo: Showa Women University.

Takatsuka, S. (2008). English as a lingua franca: Recent developments in ELF research and their pedagogical implications. *Bulletin of Faculty of Education, Okayama University*, *137*, 79–90.

Tan, S. I. (2009). Lexical borrowing from Chinese languages in Malaysian English. *World Englishes*, *28*(4), 451–484.

Tay, M. (1982). The uses, users, and features of English in Singapore. In J. B. Pride (Ed.) *New Englishes* (pp. 51–70). Rowley, MA: Newbury House.

Terasawa, T. (2011). Japanese people's valuation of English skills: Sociometric analysis of JGSS-2010. *JGSS Monographs*, *11*, 47–57.

Thomas, J. (1995). *Meaning in interaction: An introduction to pragmatics*. London: Longman.

Timmis, I. (2002). Native-speaker norms and international English: A classroom view. *ELT Journal*, *56*(3), 240–249.

VOICE. (2011). What is VOICE? A computer corpus of English as a lingua franca. Retrieved from http://www.univie.ac.at/voice/page/what_is_voice

Widdowson, H. G. (1994). The ownership of English. *TESOL Quarterly*, *28*(2), 377–389.

Widdowson, H. G. (1997). EIL, ESL, EFL: Global issues and local interests. *World Englishes*, *16*(1), 135–146.

Widdowson, H. G. (1998). Context, community, and authentic language. *TESOL Quarterly*, *32*(4), 705–716.

Widdowson, H. G. (2003). *Defining issues in English language teaching*. New York: Oxford University Press.

Yang, J. (2005). Lexical innovations in China English. *World Englishes*, *24*(4), 425–436.

Yang, J. (2006). Learners and users of English in China. *English Today*, *22*(2), 3–10.

Yang, J. (2009). Chinese borrowings in English. *World Englishes*, *28*(1), 90–106.

おわりに

　本書の校正を終えつつある 2013 年末、文部科学省は「グローバル化に対応した英語教育改革実施計画」を公示し、その後に、当プランの実現に向けた学習指導要領の全面改定を早期に行う方針を公表しました。その案には、小学校における英語教育の拡充強化（開始年度の早期化と教科化など）、中・高等学校における英語教育の高度化（中学校の授業の英語化、および言語活動の高度化など）を試み、小・中・高を通じた英語教育全体の抜本的充実を図るとあります。これは 2013 年 5 月に教育再生実行会議より示された「これからの大学教育等の在り方について」や関連する施策と軸を一にするものといってよいでしょう。この年の瀬に振り返ってみると、今年は本当に多くの英語教育関係の議論が方々で行われていたように思われます。おわりに、この話題と本書との関連について、少しふれさせていただきたいと思います。

　これらの案に対し、英語教育界だけではなく、世の中全体で多くの議論が交わされているようです。私の管見の限りとなりますが、英語教育界ではその施策の大部分、または一部を問題視するものが通例のように思われます。たとえば話題の書となった『英語教育、迫りくる破綻』（大津・江利川・斎藤・鳥飼, 2013, 東京：ひつじ書房）を始めとして、外国語教育系の学会が連合で問題提起をした意見書（e.g.,「京都アピール」）は、専門家の知見に基づく現状認識や重要な視点、および示唆に富む代案を提供しており、大変参考になります。このように慎重に喧々諤々の議論を経ることによって、首尾一貫し実現可能なプランが最終的に実施されることを切に期待しております。

　ところで、このプランの 1 つ 1 つがどうかは勿論大きな問題でありますけれども、私はどちらかというと、このような案が 2000 年以降、何度も何度も公示され続けている背景の方が気になっています。もしかすると、今ま

でに英語教育を受けてきた人、現在受けている人、その人達の総意として、現在の英語教育に"no"を突き付けていることの表れではないのだろうかと。つまり英語教育界にいる我々はこちら側からのみの観点で判断しており、世の中の意見に気づいていないのではと、大変心配に思うことがあるのです。昨今の言語政策上の動きや、いわゆる「グローバル企業」内の英語公用語化の波、また書店の英語本コーナーの拡大や駅・電車の英会話学校、また大学の「グローバル」や留学を売りにする広告などを見るにつけ、公の英語教育や英語教師が理解を改めざるを得ない面もあるのではと思う時がありますが、いかがでしょうか。もしかすると一部の人にとってみれば、英語教育は既に「破綻」しているのかもしれないのです。

　また我々日本人の英語教師が、中高大生等の学習者のロール・モデルとして、範として振舞えていたのかどうか、という点も大変気になっております。自戒の念を込めて述べますが、私たち英語教師は教えている学生に対し、この授業についてくれば、この指示された学習を続けていけば、このような英語を使用できるものになる、という確固たるメッセージを十分に発してきたのでしょうか。本書でも再三述べたように、国際英語の視点では教育上のモデル話者はいわゆる「ネイティブ」ではなく、同じ母語を有する熟達した英語使用者です。その意味では日本の英語教育コンテクストにおいて、学習者にとって最も身近なロール・モデルは現場の英語教師であることは間違いありません。日本の小中高で英語で行う授業の効果はもっと検証されるべきですが、授業の内外で英語を使用し学習者に「英語を頑張れば、いつかあのようになれる」と思わせる上で、モデル、または少なくともサンプルを示す意義は十分にあるのではないかと考えます。これだけ英語教育が問題視され英語教師の英語力の向上までが公然と叫ばれている現状は、我々英語教師で打破する必要があるのではないでしょうか。

　また我々全体が母語の重要性を忘れてはならないと考えます。英語学習を突き詰めていけば、日本語と英語を効果的かつ柔軟に使用する話者、日本人英語使用者になります。この「グローバル化に対応した英語教育改革実施計画」でも、「日本人としてのアイデンティティ」の育成に関する検討項目と

して「我が国の歴史、伝統文化、国語に関する学習の一層の充実」を図るとあります。その「日本」自体のコンテンツを精査することも重要でしょう。一方で本書内で示した先行研究や本研究などをふまえて、日本語・日本文化に合致した英語、日本人としてのアイデンティティを示し得る英語、すなわち「日本英語」も並行して策定してはどうでしょうか。その「日本英語」モデルを策定し、現在の英米語モデルから変更すれば、英語学習を通じても「日本人としてのアイデンティティ」の確立に寄与することができるかもしれないのです。つまり「日本」に関する教育だけではなくて、「日本」を投影した英語の有り様を考え、それを教育するということです。

以上、この英語教育改革案に対する本書との関わりを述べました。以下では本文で示しきれていない本研究における筆者の立ち位置を3点述べておきたいと思います。

本研究は「日本英語」の特徴の抽出を「日本人英語使用者コーパス」の分析より試みているものでありますが、まず筆者は画一的な「日本英語」を想定している訳ではありません。言語や文化というのは本来、多様なものであることは言うまでもなく、社会言語学や応用言語学が示すように、もとより単一的な英語、米語、また日本語も存在していないと捉えています。つまり「日本英語」自体もかなりの多様性を成すものであり、本研究ではそのジャーナリズムの一部について考察を加えた結果、全体としてのゆるやかな傾向を示唆しているものとご了解いただければと思います。

付け加えて、その抽出された諸特徴からなる「日本英語」を学習者に押し付けるべきだと考えているわけでもありません。日本の教育文化的コンテクストから考えれば、現在の英米語ではなく、「日本英語」を基調にすべきと考えますが、様々な基準の存在を否定するものではありません。本書でも述べた通り、言語教育は勿論のこと、そもそも教育に画一的な規格は合わないのです。

最後にこの「日本人英語使用者コーパス」は英語にすれば、"a Japanese User Corpus of English" であり、"the" の定冠詞がつくものではありません。むしろ完成したコーパス自体というよりは、学習者、使用者コーパスの

作成の背景、理念における問題提起として捉えていただければ幸いです。今後、多様な他のコンポーネントの作成が方々で行われ、真の意味での発達的な第二言語習得研究が発展することが望まれます。そのための一助として、本書を役立てていただければ、それに勝る喜びはありません。

　末筆になりましたが、本書の出版を快くお引き受けくださったひつじ書房、房主の松本功氏、不注意な私にさりげなく的確な指示をくださった編集の森脇尊志氏、および本書の出版において財政的支援を提供していただいた独立行政法人日本学術振興会に心から感謝したいと思います。

2013 年 12 月
藤原　康弘

索引

A
ACE   187

B
Barbara Seidlhofer   23, 31
BE06 Corpus   75
BNC   128
Braj B. Kachru   19

C
CEFR   40, 54, 173
CLAWS   73, 109
COCA   129
communicative competence   55
comparative fallacy   28, 167
confirmatory approach   107, 185
Contrastive Interlanguage Analysis   166, 188
contrastive rhetoric   67
a Corpus of Successful Users of English   43
cross-linguistic influence   174

D
data-driven learning   77
David Crystal   16, 19, 51
developmental errors   33

E
ELF forms   25, 32
ELFA   43, 187
endonormative standard   179, 182
English as a foreign language   17
English as a lingua franca   23
English as a second language   17
English as an international (auxiliary) language   17
English as an intranational language   18
error analysis   166
established varieties   20
exonormative standard   179, 182
exploratory approach   107, 184

I
ICE   15, 28, 69
ICLE   15, 30
ICLE-JP   72, 151, 153
ICNALE   152, 158
institutionalized varieties   20
intelligibility   23
interlanguage   163
International English   34

J
JACET8000   119
JUCE   5, 65, 108
JEFLL Corpus   148, 153
Jennifer Jenkins   23

L
L1 interference   165
Larry E. Smith   17
learner   38
lexical cohesion   117

lingua franca 25
Lingua Franca Core 24
loan translation 89
loan word 89

M

metalinguistic commentary 85, 150
MicroConcord Corpus Collection A 72
multi-competence 170

N

native speaker fallacy 28
native speaker 38
native-speakerism 160, 167, 173
New Englishes 19, 21
nonce borrowing 85
nonnative speaker 38

O

OED 83, 88
OED online 87, 90, 102
overuse 118, 141

P

performance varieties 20
plurilinguistic/pluricultural competence 170

R

Randolph Quirk 34

S

Sidney Greenbaum 15
Sylviane Granger 15, 30

T

TIME Archives 90, 108
translingual/transcultural competence 170
typographic flagging 85

U

underuse 118, 141
unilateral idiomaticity 154

V

VOICE 30, 43

W

Wmatrix 74
World Englishes 19

あ

誤り分析 166

か

外国語としての英語 17
学習者 38, 39
学習者コーパス研究 27, 165
仮説検証的データ分析 107, 185
仮説探索的データ分析 107, 184
冠詞 124

き

機能語 119, 120, 123, 133
義務的法助動詞の多用傾向 139, 158
教育レベル 43, 48, 56, 61

く

句動詞　129, 154
國弘正雄　2, 17

け

形式的スタイル　134
言語・文化横断能力　170, 176
言語能力　43, 56

こ

語彙借用　82
語彙的結束性　117, 138
高コンテクスト文化　137
高頻度語　120
コードスイッチング　82, 148, 150
コーパス　14
コーパス言語学　14, 27
国外母語話者基準　179, 182
国際英語としての「日本英語」　6, 159, 178
国際共通語としての英語　23
国際［補助］語としての英語　17
国内語としての英語　18
国内使用者基準　179, 182
語用論的要件　41, 61

さ

斎藤秀三郎　2, 160

し

社会的・伝統的義務認識　155
社会的地位　43, 49, 56, 61
借用語　82, 83, 89
ジャンル　72, 101
縮約形　126, 154

使用者　39
使用者コーパス　43, 50
少用　118, 141
心理的要件　41, 61

す

鈴木孝夫　2, 132, 135

せ

制度性　18
接続語句　127

た

第一言語の干渉　165
待遇的配慮　137, 138
第二言語習得研究　38, 76
第二言語使用者　40, 60
第二言語としての英語　17
代名詞　124, 152
タグ付与　73
竹蓋幸生　4, 134
多言語能力　170
多用　118, 141
単一言語話者偏向社会における研究慣例　164

ち

中間言語　163
著者推定論　68

て

定冠詞の多用傾向　137, 156
定型性　135, 137, 155
低頻度語　120
データ駆動型学習　77

テクストカテゴリー　69
テクストマークアップ　73
転移　164

と

特徴語分析　117

な

内容語　119, 120, 128, 133
内容語依存　122, 132, 151

に

日本英語　2, 3, 22, 133, 159
　——語彙的特徴　145, 147
　——語用論的特徴　147, 155
　——談話的特徴　146, 151
日本語から英語への借用語　81, 147
日本人英語　4
日本人英語教員　181
日本人英語使用者　5, 50, 58, 61, 65, 181
日本人英語使用者コーパス　5, 65, 108

の

能力　51, 61

ひ

比較修辞学　67
比較謬見　28, 167
非母語話者　38
非母語話者基準の社会的容認度　180
標準化TTR　109, 135

ふ

複言語・複文化能力　170, 176

複言語主義　40, 173
複文化主義　41
分類語彙表　89

ほ

法助動詞　127
母語性　18, 25
母語話者　6, 38
母語話者信奉　173, 188
母語話者謬見　28
翻訳　117
翻訳借用　83, 89

み

3つの同心円　19
　——外円　19
　——拡大円　19
　——内円　19

よ

ヨーロッパ言語共通参照枠　40

れ

レンジ　86, 95, 101

[著者] 藤原康弘 (ふじわら・やすひろ)

略歴
岡山県出身。2001年、ロータリー財団国際親善大使としてランカスター大学大学院言語学研究科修士課程へ留学、翌年修了(M.A. in Language Studies)。2003年、岡山大学大学院教育学研究科修士課程修了(教育学修士)。2013年、大阪大学大学院言語文化研究科博士後期課程修了(言語文化学博士)。中学校、高等学校、中高一貫校、高等専門学校、短期大学、大学の非常勤、常勤講師を経て、現在、愛知教育大学教育学部、准教授。

主要著作・論文
『共生社会の異文化間コミュニケーション』(三修社、2009年、分担翻訳)、『英語教師のためのコーパス活用ガイド』(大修館書店、近刊、分担執筆)、Compiling a Japanese User Corpus of English. *English Corpus Studies* Vol. 14(2007年)、Critical language testing on pragmatic tests: Are pragmatic tests really appropriate in Japan? *Asian Englishes* Vol. 10(2007年)など。

シリーズ言語学と言語教育
【第31巻】
国際英語としての「日本英語」のコーパス研究
日本の英語教育の目標

発行　2014年2月14日　初版1刷

定価	7000円＋税
著者	©藤原康弘
発行者	松本功
装丁者	吉岡透(ae) /明田結希(okaka design)
印刷所	三美印刷 株式会社
製本所	株式会社 星共社
発行所	株式会社 ひつじ書房

〒112-0011　東京都文京区千石2-1-2 大和ビル2F
Tel 03-5319-4916　Fax 03-5319-4917
郵便振替　00120-8-142852
toiawase@hituzi.co.jp
http://www.hituzi.co.jp/

造本には充分注意しておりますが、落丁・乱丁などがございましたら、小社かお買上げ書店にておとりかえいたします。
ご意見、ご感想など、小社までお寄せ下されば幸いです。

ISBN978-4-89476-687-7　C3080
Printed in Japan

【刊行書籍のご案内】

シリーズ言語学と言語教育　29
学習者の自律をめざす協働学習
中学校英語授業における実践と分析

津田ひろみ 著　定価6,800円＋税

中学校英語授業での実践から、自律的学習者を育むための、メタ認知指導を重視した協働学習を分析。質的・量的調査により学習者の意識やその社会文化的役割を明らかにする。

英語教育、迫り来る破綻

大津由紀雄・江利川春雄・斎藤兆史・鳥飼玖美子 著　定価952円＋税

大学入試にTOEFL等の外部検定試験を導入する案が、自民党教育再生実行本部によって提案された。英語教育史上最大の危機を救うための、最強の4人組による反論と提言。